PETER JOCHEN WINTERS

Den Mördern ins Auge gesehen

AF799844

Reihe Zeitgeschichte*N*

Herausgegeben von
Sonja Häder und Ulrich Wiegmann

Band 14

PETER JOCHEN WINTERS

Den Mördern ins Auge gesehen

Berichte eines jungen Journalisten
vom Frankfurter Auschwitz-Prozess 1963–1965

(M) | METROPOL

Umschlagbild:
Der erste Auschwitzprozess wird am 20. Dezember 1963 im Plenarsaal der Frankfurter Stadtverordnetenversammlung eröffnet. Das Bild zeigt einen Blick auf die Pressefotografen und Kameraleute, die die Angeklagten aufnehmen.
© *picture alliance / Fotograf: Robert Witschel*

ISBN: 978-3-86331-253-4

© 2015 Metropol Verlag
Ansbacher Str. 70
10777 Berlin
www.metropol-verlag.de
Alle Rechte vorbehalten
Druck: buchdruckerei.de, Berlin

Inhalt

Vorwort
von Andreas Nachama ... 7

Einleitung
von Peter Jochen Winters ... 10

Beiträge aus „Christ und Welt"

Auschwitz-Prozess begonnen ... 27

Ein Kopfnicken bedeutete Todesurteil ... 31

Häftlinge in Maßanzügen ... 41

Wenn das Staatsschaf zum Wolf wird ... 47

Den Mördern ins Auge gesehen ... 60

Kein Interesse für Massenmord ... 66

Die Gewissensnot des Dr. Lucas ... 68

Finale. Beginn der Plädoyers ... 77

Schuld und Sühne bestimmen ... 82

Zwanzig Monate nach zwanzig Jahren ... 89

Deutscher Journalistenpreis 1964 ... 97

Beiträge aus der Frankfurter Allgemeinen Zeitung

Die „Karriere“ des Johannes Thümmler 103

Die Höllenecke, die nett eingerichtet war 107

Auschwitz-Arzt mit West-Kontakten 113

Dokumentenanhang

1. „Es sind schuldig ...“
Urteil in der Strafsache gegen Mulka u. a. des Schwurgerichts bei dem Landgericht Frankfurt am Main (Auszüge) 121

2. „Spezialist für KZ-Verbrecher“
Vernehmung des Zeugen Konrad Morgen im 1. Frankfurter Auschwitz-Prozess vor dem Landgericht Frankfurt am Main (Auszüge) 163

3. Todesstrafe wegen Verbrechen gegen die Menschlichkeit
Urteil des Obersten Gerichts der DDR gegen den Auschwitz-Arzt Dr. Fischer (Auszüge) 185

Dienstgradvergleich 227
Ausgewählte Literatur 228
Personenregister 231
Lebenslauf 235

Vorwort

Für die Jahrgänge, die vor 1940 geboren wurden, war die Erinnerung an die Zeit des Nationalsozialismus durch eigene Erinnerungen geprägt, für die nach 1945 Geborenen ganz wesentlich durch die in den 1960er-Jahren in der Politik zweimal geführten Verjährungsdebatten über die NS-Morde und -Gräueltaten sowie die in der Publizistik stark rezipierten NS-Prozesse, allen voran der Eichmann- und der Auschwitz-Prozess. NS-Prozesse und ihre in der Öffentlichkeit sehr umstrittene Bedeutung wurden wesentlich stärker wahrgenommen als ungewohnte zeitgeschichtliche Forschungen, die sich erst mühsam einen Weg durch das Dickicht der jüngsten Vergangenheit zu bahnen hatten, während sich die Prozessberichte mit der Schuld von Angeklagten, mit ihren konkreten Taten, auseinandersetzen mussten.

Während es in Wochenschauen und, soweit in den Haushalten bereits vorhanden, im Fernsehen aus dem Jerusalemer Eichmann-Prozess „Courtroom"-Berichte gab, waren es im Fall des Frankfurter Auschwitz-Prozesses Reporterberichte im Hörfunk und insbesondere die Berichterstattung in Tages- und Wochenzeitungen, die den Blick der Zeitgenossen bestimmten. Der auf den Seiten 99 bis 100 dieses Bandes abgedruckte Auszug aus der Entscheidung der Jury für den Deutschen Journalistenpreis 1964 für Peter Jochen Winters belegt die Bedeutung dieser Prozessberichte.

Peter Jochen Winters hat sehr früh in der Frankfurter Allgemeinen Zeitung (1968–1999), deren Politischer Korrespondent in Berlin er seit 1972 war, über die „Topographie des Terrors" berichtet („Ein Grundriß wird zur Gedenkstätte"[1]) und war seit 1989 zunächst Mitglied der vom

1 F. A. Z., 8. Oktober 1987, abgedruckt in: Gottfried Korff/Reinhard Rürup (Hrsg.), Berlin, Berlin. Bilder einer Ausstellung. Eine Dokumentation, Berlin 1988, S. 182 f.

Kultursenator berufenen Fachkommission zur Gestaltung des „Prinz-Albrecht-Geländes", dann nach Einrichtung der Gremien der Stiftung Topographie des Terrors bis 2007 Mitglied des Arbeitsausschusses.

In diesen Sitzungen und im Kontext der zahlreichen Begegnungen wurde Peter Jochen Winters für die Stiftung und insbesondere auch für mich zu einem ganz besonderen Ratgeber. Weit über seine Erfahrungen als Prozessberichterstatter hinaus hat er viele Personen der Zeitgeschichte interviewt oder getroffen und ist nicht zuletzt damit zu einem wichtigen Stichwort- und Anstoßgeber zu grundsätzlichen historischen Positionen geworden.

Gemeinsam mit ihm ist mir die Beschäftigung mit der Politikwissenschaft des 17. Jahrhunderts. Er schrieb seine Dissertation bei den Professoren Arnold Bergstraesser und Erik Wolf über „Die ‚Politik' des Johannes Althusius und ihre zeitgenössischen Quellen" – ich hatte mich dem Einfluss der calvinistischen Politikwissenschaftler am Berliner Hof von Kurfürst Friedrich Wilhelm (dem Großen) – etwa eine Generation später – auseinandergesetzt. Hier lassen sich auch viele Publikationen von Winters in wissenschaftlichen Zeitschriften und Handbüchern einordnen, die weit über das Journalistische hinausgehen.

In den vielen Jahren, in denen sich unsere Wege am Rande der Gremiensitzungen regelmäßig kreuzten, habe ich von Peter Jochen Winters manche historische Räuberpistole erfahren: Wie er 1966 Gespräche mit dem von Hitler testamentarisch als seinen Nachfolger bestimmten Großadmiral Karl Dönitz geführt hat oder auch über seine Zeit als ständiger Korrespondent der F. A. Z. in der DDR. Seine Buchpublikationen stehen immer im Fadenkreuz der wichtigen Ströme der Politik in Deutschland: 2009 zusammen mit dem Berliner Historiker Andreas Malycha „Die SED. Geschichte einer deutschen Partei" oder sein 260 Seiten umfassendes Porträt über den Geheimdienstchef der DDR, Markus Wolf.[2]

2 Peter Jochen Winters, Markus Wolf, in: Nicole Glocke/Peter Jochen Winters, Im geheimen Krieg der Spionage. Hans-Georg Wieck (BND) und Markus Wolf (MfS). Zwei biografische Porträts, Halle 2014, S. 231–493.

Jetzt erlebe ich ihn als Unruheständler, der zuweilen bei den öffentlichen Vorträgen der Stiftung Topographie des Terrors bei so spannenden Veranstaltungen wie *Kontinuität oder Neubeginn* mit Egon Bahr Gesprächspartner ist oder die Moderation von Markus Wolfs Bericht über seine Rolle als Berichterstatter beim Nürnberger Hauptkriegsverbrecherprozess übernommen hat.[3]

Dem Verleger sei Dank für die Neupublikation der Prozessberichte von Peter Jochen Winters, die Klassiker geworden sind in dem Sinn, dass sie auch Jahrzehnte nach ihrer Publikation spannendste Lektüre bleiben und tiefe Einblicke in das Prozessgeschehen geben.

Berlin, im Juni 2015
Prof. Dr. Andreas Nachama
Direktor der Stiftung Topographie des Terrors

3 *Kontinuität oder Neubeginn? Presse und journalistische Karrieren in Westdeutschland nach 1945*, Podiumsgespräch mit Prof. Egon Bahr und Dr. Peter Jochen Winters, Moderation: Prof. Dr. Andreas Nachama, 15. Oktober 2013; *Berichterstatter beim Nürnberger Hauptkriegsverbrecherprozess*, Vortrag: Markus Wolf, Moderation: Dr. Peter Jochen Winters, 1. November 2005; *Der Auschwitz-Prozeß im Licht der Öffentlichkeit*, Gespräch mit Inge Deutschkron und Dr. Peter Jochen Winters, Moderation: Alfred Eichhorn, 17. November 2004.

Einleitung

Mit der Verkündung des Urteils am 19. August 1965 und der Begründung, die am 20. August fortgesetzt wurde, endete der große Frankfurter Auschwitz-Prozess nach 183 Verhandlungstagen. Fünfzig Jahre später beschäftigt die deutsche Justiz die Aufarbeitung nationalsozialistischer Gewaltverbrechen immer noch: In Lüneburg musste sich mehr als siebzig Jahre nach seiner Dienstzeit der „Buchhalter von Auschwitz", der 93 Jahre alte Oskar Gröning, wegen Beihilfe zum Mord an 300 000 Menschen verantworten. Er war als SS-Unterscharführer zwei Jahre in der Gefangeneneigentumsverwaltung des Konzentrationslagers Auschwitz tätig, wo er das Geld der Lagerinsassen und der ermordeten Häftlinge zählte und für die SS verbuchte. Eingesetzt war er aber auch auf der Rampe in Auschwitz-Birkenau, wo die Deportationszüge ankamen und die Menschen für die Gaskammern „selektiert" wurden. Er hatte dort das Gepäck der Häftlinge zu bewachen und vor Diebstahl durch SS-Angehörige oder Funktionshäftlinge zu schützen. Nach Auffassung der Staatsanwaltschaft und des Gerichts, die offenbar den Fall Demjanjuk zum Vorbild genommen haben, leistete er damit seinen Beitrag zum Tötungsgeschehen in Auschwitz.

Als Redakteur der Wochenzeitung „Christ und Welt" – damals die deutsche Wochenzeitung mit der höchsten Auflage, seit 1971 als eigenständiges Publikationsorgan vom Zeitungsmarkt verschwunden – war ich Berichterstatter im großen Frankfurter Auschwitz-Prozess. Ich war damals 30 Jahre alt und damit Vertreter einer Generation, die die NS-Diktatur nur als Kinder erlebt hat. Während meines Studiums in den fünfziger Jahren hatte ich mich ausgehend vom Attentat auf Hitler am 20. Juli 1944 mit der Problematik des Widerstandsrechts, des Eides und des Tyrannenmordes beschäftigt. Bei „Christ und Welt" hatte ich die Gelegenheit, mit dem Chefredakteur Giselher Wirsing diesen Themenkomplex und seine eigene problematische Vergangenheit im „Dritten Reich“ kontrovers zu diskutieren. Es bedurfte einiger Anstrengungen, ihn dazu zu bewegen, mich über den Auschwitz-Prozess ohne Auflagen und ohne seine Zensur frei berichten zu lassen. Von dem Prozess versprach ich mir Erkenntnisse nicht zuletzt darüber, wie ein Volk – das sich als ein Volk der Dichter und Denker verstand – es zulassen konnte, dass in seinem Namen so ungeheure Verbrechen wie der Völkermord an den Juden, den Sinti und Roma („Zigeunern“) und Tötungen von geistig und körperlich Behinderten („Lebensunwertes Leben“) mithilfe so vieler, dem „Führer“ blind ergebener Täter an den Schreibtischen und in Vernichtungs- und Konzentrationslagern sowie Krankenanstalten geschehen konnten. Es waren Fragen der Nachgeborenen an die Generation der über die nationalsozialistische Vergangenheit und ihre Kriegserlebnisse schweigenden Väter.

So entstanden damals zehn Beiträge, in denen ich mich bemühte, nicht nur objektive Berichte und sachliche Reportagen zu schreiben, sondern auch kritische Kommentare einfließen zu lassen und mich durch das Aufzeigen des eigenen Standpunkts mit der deutschen Vergangenheit und der damaligen Gegenwart auseinanderzusetzen. Diese ein halbes Jahrhundert alten Berichte über den Auschwitz-Prozess und damit im Zusammenhang stehende Artikel, die ich als Redakteur der Frankfurter Allgemeinen Zeitung in den folgenden Jahren schrieb – denn Auschwitz wird mich bis zu meinem Lebensende beschäftigen –, werden in diesem Buch gesammelt abgedruckt. Es sind nun Zeitzeugenberichte, die sich mit Problemen befassen, die auch von der jetzt jungen Generation diskutiert werden müssen, nicht nur wegen der NS-Prozesse, die noch heute vor Gerichten verhandelt werden, sondern darüber hinaus wegen der wieder aufkeimenden Fremdenfeindlichkeit und des Antisemitismus. Gegenwärtig sind es zudem nicht nur junge Deutsche, sondern auch Männer und Frauen aus anderen europäischen Ländern, die menschenverachtenden, nicht zuletzt religiös verbrämten Ideologien verfallen sind und in deren Namen brutalste Gewaltverbrechen begehen.

Die Dokumentation

Auschwitz ist zu einem Synonym deutscher Schuld geworden. Der Frankfurter Auschwitz-Prozess ist fünfzig Jahre nach der Verkündung des Urteils ein Erinnerungsmal. Um seine Bedeutung transparent zu machen sowie zum besseren Verständnis meiner ein halbes Jahrhundert alten Beiträge, habe ich ihnen eine Dokumentation folgen lassen. Darin werden Auszüge aus der umfangreichen Begründung des Urteils im Frankfurter Auschwitz-Prozess abgedruckt. Sie machen deutlich, dass das Konzentrationslager Auschwitz ein über 40 Quadratkilometer umfassender Lagerkomplex war, der aus dem Stammlager (Auschwitz I), dem Vernichtungslager Birkenau mit Gaskammern und Krematorien (Auschwitz II) und dem Arbeitslager Monowitz (Auschwitz III), zu dem 37 Außenlager gehörten, bestand. Es folgen Urteils-Auszüge zur inneren Organisation des Konzentrationslagers Auschwitz, zu den Unterstellungsverhältnissen und dem Befehlsweg. Schließlich beschreiben Auszüge das Konzentrationslager Auschwitz als Vernichtungslager: Hinrichtungsstätte für Polen, Vernichtungsstätte kranker und entkräfteter Lagerinsassen und nicht zuletzt Massenvernichtungsanstalt zur Tötung von mehr als einer Million jüdischer Menschen aus Europa im Rahmen der „Endlösung der Judenfrage“. Erkennbar wird, dass das Wirtschaftsverwaltungshauptamt (WVHA) mit der Inspektion der Konzentrationslager (IKL) sowie das Reichssicherheitshauptamt (RSHA) mit seinem Amt IV (Gestapo), in dem auch Adolf Eichmann tätig war, im Lagerkomplex Auschwitz unterschiedliche Ziele verfolgten: Während das WVHA im Verlauf des Krieges zunehmend daran interessiert war, die noch vorhandene Arbeitskraft der ankommenden Juden bis zu ihrer Arbeitsunfähigkeit auszunutzen, um sie erst dann zu vergasen, schickte das RSHA die in Deutschland und den besetzten Gebieten zusammengetriebenen Juden nur zum Zweck der sofortigen Tötung nach Auschwitz. So spielten die regelmäßigen „Selektionen“ auf der Rampe von Birkenau eine bedeutende Rolle.

Im zweiten Teil der Dokumentation wird der zumeist nicht durch Fragen unterbrochene Teil der Zeugenaussage des SS-Richters Dr. Konrad Morgen im Auschwitz-Prozess nach der vom Gericht hergestellten Tonaufnahme wiedergegeben. Sie ist mir erst nachträglich bekannt geworden, da ich bei seiner Zeugenvernehmung nicht zugegen war. Morgen, der ab Mai 1943 im RSHA, Amt V (Reichskriminalpolizeiamt) mit der Untersuchung von Korruptionsfällen in Konzentrationslagern beauftragt war, besuchte im Herbst desselben Jahres als Untersuchungsführer den Lagerkomplex Auschwitz. Ein Goldfund in einem Feldpostpäckchen hatte seine Untersuchungen ausgelöst. Dort sah er das Stammlager und vor allem Birkenau mit all seinen Einrichtungen – auch Gaskammern und Krematorien. Diese inspizierte er genau und ließ sich präzise erklären, was hier geschah. In seiner Aussage schildert er diesen Besuch ausführlich: seine Überlegungen, was hier getan werden könne und zu welchen Schlussfolgerungen er damals gekommen sei, nachdem er nun erkannt habe, dass Auschwitz „eine der größten Menschenvernichtungsstätten sein musste, die überhaupt die Welt gesehen hatte“.

Im dritten Teil der Dokumentation werden Auszüge aus dem Urteil des Obersten Gerichts der DDR vom 25. März 1966 gegen den Auschwitz-Arzt Dr. Horst Fischer wiedergegeben. Er wurde zum Tode verurteilt und hingerichtet. Dieser Prozess ist zwar nicht der einzige, gilt aber als der bedeutendste Prozess in der DDR über Verbrechen in Auschwitz, wobei die zeitliche Nähe zum Frankfurter Auschwitz-Prozess wohl nicht zufällig ist. Darüber hinaus ist der Ost-Berliner Prozess in zweifacher Hinsicht interessant: einmal, weil er sich eingehend und fast ausschließlich mit Auschwitz III, dem für die IG Farbenindustrie errichteten Arbeitslager Monowitz befasst, in dem der Angeklagte Lagerarzt war; zum anderen, weil in der DDR dieser „für die ostdeutsche Rechtsprechung richtungweisende Prozess“ (C. F. Rüter) ausschließlich wegen „Verbrechen gegen die Menschlichkeit“ geführt wurde. Gemäß Artikel 5 der Verfassung der DDR von 1949 („Die allgemein anerkannten Regeln des Völkerrechts binden die Staatsgewalt und jeden Bürger“)

legte das Oberste Gericht der DDR das für den Internationalen Militärgerichtshof, den Nürnberger Hauptkriegsverbrecher-Prozess 1945/46, geschaffene Statut (IMT-Statut) seiner Entscheidung zugrunde. Dieses beschrieb in Artikel 6, Buchstabe c die Tatbestandsmerkmale der „Verbrechen gegen die Menschlichkeit", die damit im Urteil unmittelbar Anwendung fanden.

Ausdrücklich entschied sich das Oberste DDR-Gericht gegen die zusätzliche Anwendung der auf die Bestrafung individueller Einzelverbrechen gerichteten Straftatbestände des nationalen Strafrechts. Im Frankfurter Auschwitz-Prozess wurden hingegen ausschließlich die noch nicht verjährten Straftatbestände des Mordes und der Beihilfe zum Mord gemäß dem geltenden deutschen Strafrecht angewandt.

Das Arbeitslager Auschwitz III (Monowitz) und die dort begangenen Verbrechen spielten im Urteil des großen Frankfurter Auschwitz-Prozesses keine Rolle. In der Urteilsbegründung heißt es dazu: „Eine nähere Beschreibung dieses Lagers erübrigt sich, da die Straftaten, die zur Verurteilung der Angeklagten geführt haben, im Bereich des Stammlagers oder des Lagers Birkenau begangen wurden." Der im Prozess wegen Beihilfe zum Mord angeklagte Gerhard Neubert, der als Sanitätsdienstgrad im Häftlingskrankenbau in Monowitz bis zur Evakuierung des Lagers tätig gewesen war, musste wegen schwerer Erkrankung im Juli 1964 aus dem Frankfurter Auschwitz-Prozess ausscheiden. Die Staatsanwaltschaft hatte ihm vorgeworfen, sich in Monowitz an Selektionen kranker Häftlinge, deren Zustand „die Erwartung auf Wiederherstellung zur Verwendung im Arbeitseinsatz innerhalb einer bestimmten Frist ausschloss", beteiligt zu haben. Die Ausgesonderten waren anschließend in den Vergasungsanlagen in Birkenau ermordet worden. Im zweiten Frankfurter Auschwitz-Prozess wurde Neubert dann im September 1966 zu drei Jahren und sechs Monaten Zuchthaus verurteilt.

Probleme bei der juristischen Aufarbeitung der NS-Gewaltverbrechen

Wenn es auch fünfzig Jahre nach dem Urteil im Auschwitz-Prozess immer noch Prozesse gegen inzwischen hochbetagte SS-Täter gibt, dann zeugt das auch von der Unlust und den Versäumnissen der deutschen Justiz, sich nach der Gründung der Bundesrepublik mit der gründlichen Aufarbeitung der nationalsozialistischen Gewaltverbrechen zu beschäftigen. Allerdings tragen die drei westlichen Alliierten daran ein nicht geringes Maß an Mitschuld. Nach Kriegsende hatten sie sich zunächst die Verfolgung und Aburteilung der deutschen „Kriegsverbrecher" vorbehalten und es bei Verbrechen außerhalb der deutschen Reichsgrenzen – nicht zuletzt in Polen – der Justiz dieser Länder überlassen, die Täter vor Gericht zu stellen und abzuurteilen. So fand zum Bespiel 1947 in Krakau ein großer Auschwitz-Prozess gegen vierzig angeklagte SS-Angehörige statt, die dort Dienst getan hatten. Das Gericht verhängte 23 Todesurteile, von denen 21 vollstreckt wurden; 16 Angeklagte erhielten Freiheitsstrafen. Einer wurde freigesprochen.

Es verwundert nicht, dass in der Bundesrepublik kaum ein Verlangen nach gerichtlicher Abrechnung mit nationalsozialistischen Gewaltverbrechern bestand. Die Bevölkerung hatte beim Wiederaufbau des zerstörten Landes vordringlichere Sorgen, und in der Justiz konnten infolge des Artikels 131 des Grundgesetzes nach 1951 auch belastete Richter und Staatsanwälte, die nach Kriegsende „aus dem öffentlichen Dienst verdrängt" worden waren, wieder amtieren. Zudem ließen die drei Westalliierten ihren Eifer bei der Verfolgung von NS-Tätern rasch erlahmen. Im Gefolge des bereits 1947 einsetzenden „Kalten Krieges" wollten sie nun die Deutschen als Verbündete und Freunde gewinnen. Nicht zuletzt infolge deutscher Bitten begnadigten und entließen sie in den frühen fünfziger Jahren die von ihnen Verurteilten, die sie nicht hingerichtet hatten. So machte sich eine allgemeine „Schlussstrich-Mentalität" in der Bundesrepublik breit. Die „Bewältigung der Vergangenheit" schien zum Ende gekommen zu sein, als 1955 die Bundesrepublik souverän wurde. Der „Überleitungsvertrag" zwischen der Bundesrepublik und den drei Westmächten bestimmte zudem, dass die von den Drei Mächten verurteilten und vorzeitig auf freien Fuß gesetzten Kriegs- und NS-Verbrecher für die deutsche Justiz tabu waren. Wozu also eifriger sein als die Sieger, mag damals eine nicht geringe Mehrheit der Deutschen gedacht haben. Doch eine verdrängte und unaufgearbeitete dunkle Vergangenheit vergeht nicht.

Der von vielen in der Bundesrepublik herbeigesehnte „Schlussstrich" konnte und durfte schon wegen der Millionen von den Nationalsozialisten zu einem beträchtlichen Teil plan- und fabrikmäßig vernichteten Menschen nicht das letzte Wort zu den Untaten der Deutschen zwischen 1933 und 1945 sein. Der Eichmann-Prozess 1961 in Jerusalem, der den Völkermord an den europäischen Juden behandelte, der durch Zufall zustande gekommene Ulmer Einsatzgruppen-Prozess 1958, der zur Gründung der Zentralen Stelle zur Aufklärung nationalsozialistischer Verbrechen in Ludwigsburg führte, und schließlich der maßgeblich durch den Hessischen Generalstaatsanwalt Fritz Bauer 1963 möglich gemachte Frankfurter Auschwitz-Prozess bewirkten eine Erinnerungswende. Zwanzig Jahre nach den NS-Gewaltverbrechen in Deutschland und in den besetzten Gebieten Europas kam endlich eine gründliche, nicht nur juristische Aufarbeitung der nationalsozialistischen Vergangenheit in der Bundesrepublik Deutschland in Gang.

Es zeigte sich dabei auch, dass Angeklagte, die zuvor nicht von einem Gericht der drei Westmächte, sondern von polnischen oder sowjetischen Tribunalen verurteilt und später begnadigt worden waren, nicht davor gefeit waren, sich vor deutschen Gerichten noch einmal verantworten zu müssen. So trafen im Frankfurter Auschwitz-Prozess von den drei Alliierten verurteilte und begnadigte, unangefochten als Zeugen auftretende hohe SS-Offiziere auf zwei wegen ihrer Taten in Auschwitz angeklagte untere SS-Dienstgrade. Der eine, Oswald Kaduk, war 1947 von einem sowjetischen Militärtribunal in Bautzen zu 25 Jahren Lagerhaft verurteilt und 1956 begnadigt worden, der andere, Arthur Breitwieser, war 1947 beim großen polnischen Auschwitz-Prozess in

Krakau zum Tode verurteilt worden. Nachdem die Todesstrafe 1948 in lebenslange Haftstrafe umgewandelt worden war, wurde er 1959 begnadigt. Kaduk wurde in Frankfurt zu lebenslangem Zuchthaus verurteilt, Breitwieser freigesprochen. In der im Februar 1969 zurückgewiesenen Revision des Angeklagten Kaduk befand der Bundesgerichtshof (2 StR 280/67),[1] seiner Verurteilung stehe der „Überleitungsvertrag" in der Fassung der Bekanntmachung vom 30. März 1955 (Bundesgesetzblatt II, S. 405) nicht entgegen, nach dem die deutschen Gerichte nicht mehr mit Straftaten befasst werden dürfen, die bis dahin den Justizorganen einer der drei westlichen Alliierten unter Ausschluss der deutschen Gerichtsbarkeit vorbehalten waren. Im Verhältnis zur Sowjetunion sei der Vertrag ebenso ohne rechtliche Folgen für die Gerichtsbarkeit wie im Verhältnis zu Holland, Belgien Norwegen, Dänemark und Italien.

In den letzten Jahren ist auf Initiative eines ehemaligen Mitarbeiters der Zentralen Stelle in Ludwigsburg der Versuch gemacht worden, in so außergewöhnlichen Fällen wie den industriell vorgenommenen Massentötungen in den nationalsozialistischen Vernichtungslagern auf den nach dem deutschen Strafverfahrensrecht geforderten individuellen Nachweis einer konkreten Straftat bei Verurteilungen zu verzichten. Da zumeist unmittelbare Tatzeugen nicht zur Verfügung stehen, können Gerichte sich darauf beschränken, die Täter – wenn ihre Anwesenheit zur Tatzeit in einem Vernichtungslager zum Beispiel durch Dokumente bewiesen ist – als „Teil der Vernichtungsmaschinerie" zu verurteilen.

Das Landgericht München II ist diesen Weg im Strafverfahren gegen den Ukrainer John Demjanjuk gegangen. Als Kriegsgefangener von der SS im Ausbildungslager Trawniki zum „fremdvölkischen Hilfswilligen" umgeschult, hat Demjanjuk von Ende März bis September 1943 als „Wachmann" im Vernichtungslager Sobibór Dienst getan. Sobibór war – ebenso wie Bełżec und Treblinka – ein systematischer

1 Urteil des Bundesgerichtshofs in: Raphael Gross/Werner Renz (Hrsg.), Der Frankfurter Auschwitz-Prozess (1963–1965). Kommentierte Quellenedition, Frankfurt a. M. 2013, S. 1237 ff.

Vernichtungsbetrieb, in dem die zur sofortigen Tötung im Rahmen der „Aktion Reinhardt“ zwischen März und August 1943 herbeitransportierten Juden massenhaft durch Vergasen ermordet wurden. Aufgrund der Tatsache, dass während seiner Dienstzeit dort laut den Transportlisten von 16 Transporten mindestens 28 060 Menschen getötet worden seien, wurde der 91 Jahre alte Demjanjuk am 11. Mai 2011 zu fünf Jahren Freiheitsstrafe wegen Beihilfe zum Mord an diesen Menschen verurteilt.[2] Er hätte sich nicht beteiligen dürfen, sondern fliehen müssen, befand das Gericht, denn die fremdvölkischen Hilfswilligen der SS hätten die Gelegenheit gehabt, sich während eines Ausgangs abzusetzen. Durch den Tod Demjanjuks im März 2012 musste das Verfahren eingestellt werden. Das Urteil ist nicht rechtskräftig, da der Bundesgerichtshof über die Revisionsbegehren nicht mehr entscheiden und für die deutsche Justiz das letzte Wort über den hier eingeschlagenen Weg des Münchner Gerichts nicht mehr sprechen konnte.

Berlin, im Juni 2015
Peter Jochen Winters

2 Das Urteil des Landgerichts München II (1 Ks 115 Js 12496/08) ist abgedruckt in: Christian F. Rüter u. a. (Hrsg.), Justiz und NS-Verbrechen, Bd. XLIX, Amsterdam 2012, S. 221 ff. Siehe auch Angelika Benz, Der Henkersknecht. Der Prozess gegen John (Iwan) Demjanjuk in München, Berlin 2011.

Das „Interessengebiet KL Auschwitz"

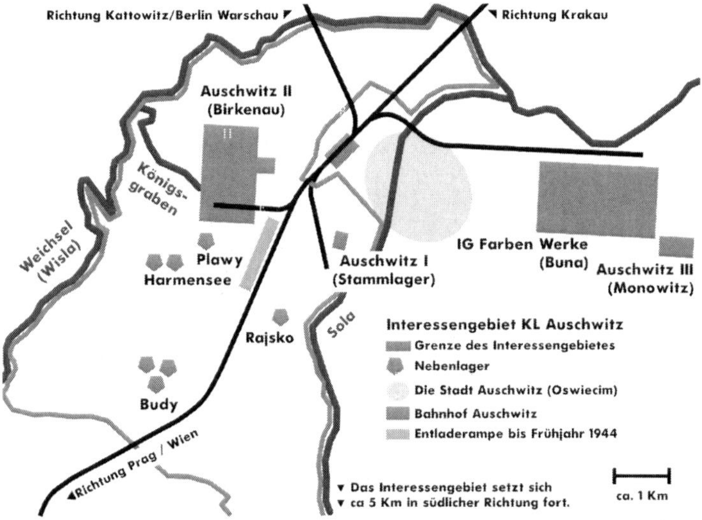

Thomas Maierhofer, Copyright free use, via Wikimedia Commons

Das Konzentrationslager Auschwitz I (Stammlager)

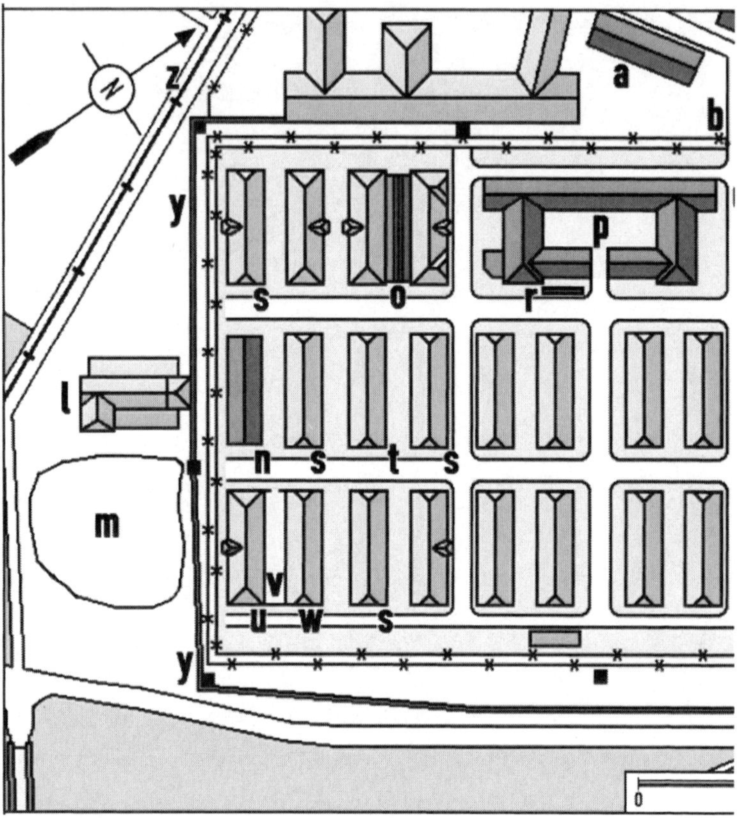

HEROMAX, CC-BY-SA-3.0, Wikimedia Commons

Häftlings-Lagerbereich - Ausbauzustand August 1944

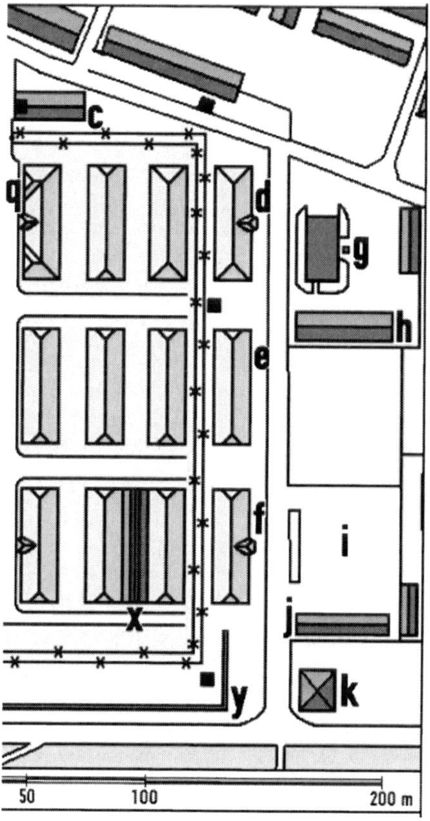

a – Schutzhaftlagerführung
b – Lagertor
c – Blockführerstube
d – SS-Krankenrevier
e – Verwaltung
f – Lagerkommandantur
g – Krematorium I und Gaskammer
h – Politische Abteilung (Gestapo)
i – Kfz-Abstellplatz
j – Hauptwache
k – Wohnhaus des KL-Kommandanten
l – Magazin (ehem. Theater)
m – Exekutionsstätte (Kiesgrube)
n – Wäscherei für die SS
o – Postbaracke
p – Häftlingsküche
q – Häftlingsschreibstube in Block 24
r – Sammelgalgen
s – Häftlingskrankenbau
t – HKB/Tötung v. Häftlingen mit Phenolinjektionen
u – Block 11 („Todesblock“) Strafbunker Lagergefängnis
v – im Hof Erschießungswand/ Galgen
w – Block 10 - Versuchsstation für „medizin.“ Forschungen
x – Waschbaracke
y – Sichtschutzwand
z – Nebengleis für Häftlingstransporte
▪ – Wachturm
—x—x— Stacheldrahtzaun, doppelt, elektrisch geladen

Das Konzentrations- und Vernichtungslager Auschwitz II

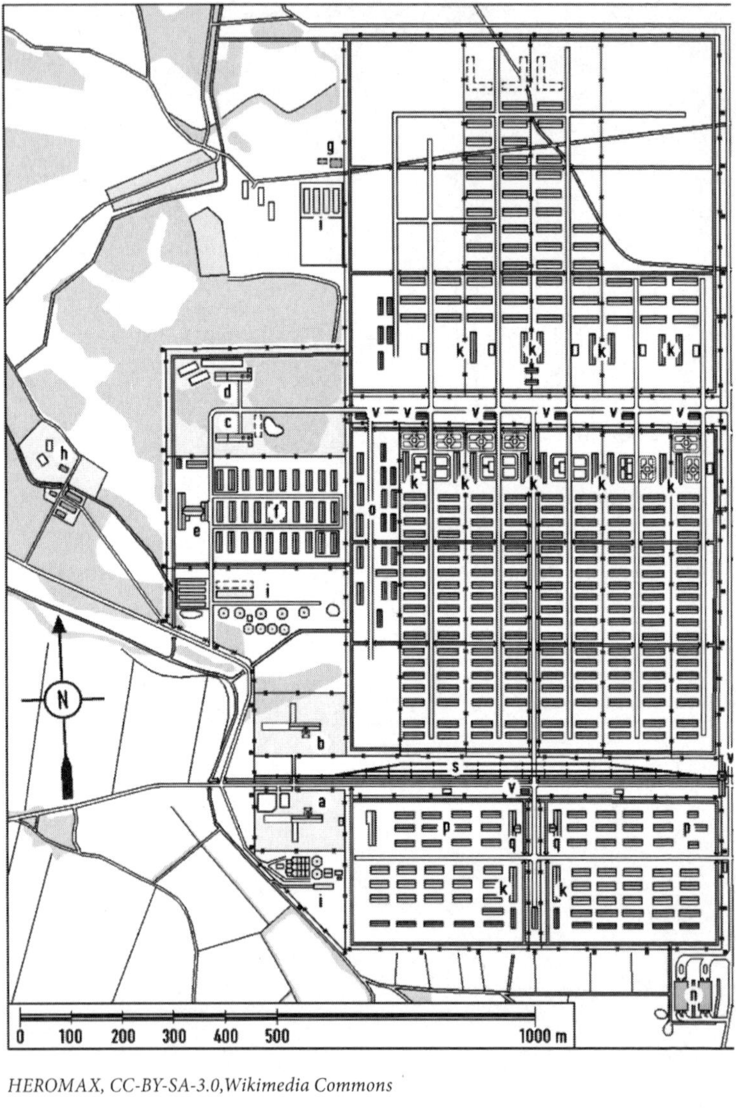

HEROMAX, CC-BY-SA-3.0,Wikimedia Commons

(Birkenau) - Ausbauzustand August 1944

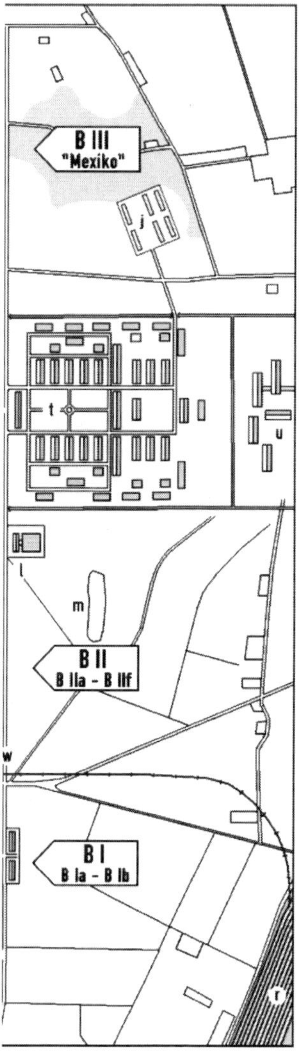

a – Gaskammer/Krematorium 2
b – Gaskammer/Krematorium 3
c – Gaskammer/Krematorium 4
d – Gaskammer/Krematorium 5
e – Bad/Entwesungsanlage („Sauna“)
f – Effektenlager („Kanada“)
g – 1. prov. Gaskammer („Rotes Haus“)
h – 2. prov. Gaskammer („Weißes Haus“)
i – Kläranlage
j – Zwinger für Diensthunde
k – Küchenbaracke
l – Wasserwerk
m – Kiesgrube
n – Kartoffellager
o – Männer-Häftlingskrankenbau
p – Frauen-Häftlingskrankenbau
q – Entwesungsanlage
r – Bahnhof Auschwilz
s – „Rampe“
t – Lagerkommandantur/SS-Kaserne
u – Lazarett
v – Blockführerstube
w – Hauptwache/Lagertor
– Stacheldrahtzaun (z. T. elektr. geladen)
– Verbrennungsgruben/Scheiterhaufen
– Massengrab
– Entwässerungsgraben

Belegung der Lagerblöcke

B I – sowj. Kriegsgefangene/Männerlager bis August 1942, dann bis Januar 1945 Frauenlager

B II – wechselnd belegte Blockabschnitte bis Januar 1945: u. a. Zigeuner-(Familien) lager, Theresienstädter Familienlager, Männerlager, Männer-Quarantänelager, ungarische Juden (bes. Frauen)

B III – bis Oktober 1944 Lager für jüdische Häftlinge (bes. Frauen aus Ungarn)

Beiträge aus „Christ und Welt“

Auschwitz-Prozeß begonnen

Im Frankfurter „Römer" begann am vergangenen Freitag der größte Massenmordprozeß, der je vor einem deutschen Gericht stattgefunden hat. Im sogenannten „Auschwitz-Prozeß" haben sich vor dem Frankfurter Schwurgericht 22 ehemalige Angehörige der SS, die zur Lagerleitung oder zu den Wachmannschaften des größten Vernichtungslagers im Dritten Reich gehörten, wegen Mordes und Beihilfe zum Mord in einer „unbestimmten Vielzahl" von Fällen zu verantworten. Der Hauptangeklagte, Richard Baer,[1] der letzte Kommandant, ist diesen Sommer in der Untersuchungshaft gestorben. Das Verfahren gegen einen weiteren Angeklagten wurde abgetrennt und vorläufig eingestellt.

Vier Jahre brauchten die Ermittlungsbehörden, um sich ein klares Bild von den Vorgängen im Lager Auschwitz zu verschaffen, dabei ist dies nicht der erste Prozeß, der sich mit Auschwitz befaßt. Gleich nach dem Kriege verhandelten die Alliierten und auch die Polen gegen das ehemalige Lagerpersonal. In Polen wurden allein 700 SS-Leute vor Gericht gestellt, die in Auschwitz Dienst getan hatten, darunter der erste Kommandant Höß.[2] Die Frankfurter Angeklagten konnten nach

1 Richard Baer (Jahrgang 1911), zuletzt SS-Sturmbannführer, war von Mai 1944 bis Januar 1945 Kommandant von Auschwitz. Nach Kriegsende verbarg er sich unter dem Namen Karl Neumann 15 Jahre lang als Waldarbeiter in der Nähe von Hamburg. Im Dezember 1960 wurde Baer verhaftet. Am 17. Juni 1963 ist er in der Untersuchungshaft in Frankfurt am Main eines natürlichen Todes gestorben.

2 Rudolf Höß (Jahrgang 1900), SS-Obersturmbannführer, war von Mai 1940 bis November 1943 Kommandant von Auschwitz, das unter seiner Leitung aufgebaut wurde. Im Dezember 1943 wurde er Leiter des Amtes DI (Politische Abteilung der Inspektion der Konzentrationslager) im Wirtschafts- und Verwaltungshauptamt der SS (WVHA). Nach Kriegsende verbarg er sich

dem Krieg untertauchen. Sie wurden zumeist erst durch die Arbeit der Ludwigsburger Zentralstelle ermittelt.

Wenn in Frankfurt Leute vor Gericht stünden, die man schon vom Äußeren für Schläger und Verbrecher halten könnte, wäre manches einfacher. Was einen aber immer wieder beschäftigt, ist die Frage, wieso zumeist unbescholtene Kleinbürger plötzlich zu unvorstellbaren Greueltaten fähig waren und nach Kriegsende wieder zu „harmlosen" Kleinbürgern wurden. Sie alle beteuern heute, daß sie damals alles versucht hätten, wieder aus Auschwitz wegzukommen, keiner aber hat es offenbar so energisch versucht, daß er lieber das Risiko auf sich genommen hätte, selber bestraft zu werden. Stattdessen taten sie, was man von ihnen verlangte, ja, oft noch sehr viel mehr. Der Auschwitz-Prozeß wird sechs bis neun Monate dauern. Wir werden über den weiteren Verlauf berichten.

Erschienen in „Christ und Welt" am 27. Dezember 1963 (16. Jg., Nr. 52)

unter dem Namen Franz Lang auf Sylt, wurde im März 1946 von der britischen Besatzungsmacht verhaftet und nach Polen ausgeliefert. Am 2. April 1947 wurde er durch das polnische Oberste Nationalgericht in Warschau zum Tode verurteilt und am 16. April 1947 in Auschwitz gehenkt.

Eröffnung des Auschwitz-Prozesses
am 20. Dezember 1963 im Frankfurter Römer.

© picture alliance / AP Images

Der Hessische Generalstaatsanwalt Fritz Bauer, der den großen Frankfurter Auschwitz-Prozess ermöglichte.

© Fritz Bauer Institut

Voll besetzte Plätze für Zuhörer beim Frankfurter Auschwitz-Prozess.

© Fritz Bauer Institut

Ein Kopfnicken bedeutete Todesurteil

Im Auschwitz-Prozeß spielen die Angeklagten den Biedermann

Frankfurt, im Januar

Im ersten Stock des Frankfurter „Römer“ lächelt ein jungvermähltes Paar in die Kamera einer Fotografin. Eine Treppe höher, im Bürgersaal, wo sonst die Frankfurter Stadtverordneten tagen, grinst der Angeklagte Höcker, einst SS-Obersturmführer und Adjutant des letzten Auschwitz-Kommandanten Baer. Ihm macht es offenbar Spaß, daß es den vereinten Bemühungen von Gericht, Staatsanwaltschaft und Nebenklägervertretern nicht gelingt, mehr aus den Angeklagten herauszubekommen als das stereotype: „Ich weiß davon nichts“, „ich kann mich nicht erinnern“, „damit hatte ich nichts zu tun“, „ich habe nichts gesehen und nichts gehört.“

Während unten die Brautpaare vor dem Standesamt auf ihre Trauung warten, wird oben vor dem Schwurgericht das Grauen von Auschwitz mit den Worten des Unmenschen umschrieben. Selbst Gericht und Staatsanwälte passen sich dieser Sprachregelung an, doch sie setzen wenigstens deutlich spürbare Anführungszeichen, wenn sie von „Bunkerentleerungen“, Exekutionen an der „Schwarzen Wand“ beim Block 11, von „Hasenjagden“, „Selektionen“, „Sonderbehandlung“, von „Leichenanfall“, vom „Dienst an der Rampe“ oder von jenem Folterinstrument sprechen, das den Namen eines der Angeklagten, nämlich „Boger-Schaukel“ trug.

In den Verhandlungspausen ist es schwer, die spazierenden, rauchenden und diskutierenden Herren als Angeklagte, Journalisten, Rechtsanwälte, Geschworene oder Zuhörer zu identifizieren. Käme ein Unkundiger, er würde diese Leute für Frankfurter Stadtverordnete halten, die sich in einer Sitzungspause ein wenig die Füße vertreten.

Dabei handelt es sich hier um den größten Massenmordprozeß vor einem deutschen Gericht nach dem Kriege. Von den 22 Angeklagten haben sich zehn wegen Mordes zu verantworten, die übrigen zwölf wegen Beihilfe zum Mord in einer unbestimmten Vielzahl von Fällen, begangen im Konzentrationslager Auschwitz. Dennoch befinden sich nur neun Angeklagte in Untersuchungshaft.

Anklage Mord

Wegen Mordes sind angeklagt: Oswald Kaduk (57 Jahre), Metzger und zuletzt Krankenpfleger in West-Berlin. Er soll in Auschwitz als SS-Unterscharführer und Rapportführer Häftlinge erdrosselt haben, außerdem wirft ihm die Anklage Beteiligung an Massenerschießungen, Selektionen und Auspeitschungen von Häftlingen vor. Wilhelm Boger (57) soll als SS-Oberscharführer Häftlinge bestialisch gequält und einen zu Tode getrampelt haben. Mißhandlungen werden auch Franz Hofmann (57) vorgeworfen, der gegenwärtig eine lebenslange Zuchthausstrafe wegen Verbrechen im KZ Dachau verbüßt. In Auschwitz soll er sowjetische Kriegsgefangene so lange im Freien stehengelassen haben, bis sie erfroren waren. Der Lagerapotheker, SS-Sturmbannführer Doktor der Philosophie Victor Capesius (56), gilt als Mitarbeiter des flüchtigen Auschwitzer KZ-Arztes Josef Mengele. Capesius soll an Selektionen mitgewirkt und über tausend Kinder in die Gaskammern geschickt haben. Medizinische Versuche an Häftlingen mit Todesfolge werden ihm vorgeworfen. Der ehemalige SS-Oberscharführer Josef Klehr (59) soll durch Direktinjektionen ins Herz zahlreiche Häftlinge ermordet haben. „Abspritzen" nannte man das damals.

Mißhandlungen, Erschießungen, Erhängen, Ertränken, Zutodetrampeln und Prügel mit Todesfolge, Selektionen – das sind die immer wiederkehrenden Beschuldigungen auch bei den übrigen Angeklagten, denen man Mord vorwirft. Pery Broad (42), Mitglied der Politischen Abteilung in Auschwitz und zuletzt SS-Rottenführer, Klaus

Dylewski (47), ebenfalls Politische Abteilung, Heinrich Bischoff (59),[1] SS-Rottenführer Stefan Baretzki (43) und der ehemalige Häftling und Kapo Emil Bednarek (56).

Unter den wegen Beihilfe angeklagten ehemaligen SS-Leuten befinden sich drei Doktoren, zwei Zahnärzte und ein Frauenarzt. Ein weiterer Angeklagter, der Landwirt Johann Schoberth (41), war zur Tatzeit noch nicht volljährig. Das Gericht wird entscheiden müssen, ob es ihn nach dem Jugendstrafrecht aburteilt.

Ein Heer von Anwälten verteidigt die Angeklagten, doch auch die Staatsanwaltschaft ist durch drei Beamte vertreten. Sie werden unterstützt durch den Nebenklägervertreter Rechtsanwalt Ormond, der das Grauen von Auschwitz als Häftling erlebte, sich im Gerichtssaal aber einer Objektivität und Sachlichkeit befleißigt, die geradezu bewundernswürdig ist. Selbst wenn den Zuhörer die kalte Wut packt ob des ewigen Verniedlichens und Abstreitens der Angeklagten, bleibt dieser Mann immer ruhig und sachlich. Allerdings kann er auch scharf reagieren, so, als er dem Star unter den Verteidigern, Rechtsanwalt Laternser, der den Angeklagten geraten hat, Fragen des Nebenklägervertreters nicht zu beantworten, entgegnet: „Es ist offensichtlich, daß er versucht, durch seine Taktik die Aufklärung der Wahrheit zu verhindern. Damit verstößt er gegen die ihm als einem Organ der Rechtspflege obliegende Pflicht. In der grundsätzlichen Weigerung, meine Fragen zu beantworten, erblicken die Nebenklägervertreter eine bewußte und gewollte Mißachtung und Kränkung der Opfer und der Überlebenden von Auschwitz."

Der Ost-Berliner Rechtsanwalt Kaul läßt sich in diesen Tagen vertreten. Er sei aus beruflichen Gründen verhindert, heißt es, nachdem es ihm gelungen ist, am dritten Verhandlungstag als Nebenklägervertreter zugelassen zu werden. Sein Vertreter schweigt, Kaul wird in

1 Das Verfahren gegen den Blockführer Heinrich Bischoff wurde am 13. März 1964 wegen Erkrankung des Angeklagten abgetrennt. Er starb am 26. Oktober 1964.

das Geschehen eingreifen, wenn es zur Zeugenvernehmung kommt. Als Nebenklägervertreter kann er wie ein Staatsanwalt Beweisanträge stellen und Zeugen laden lassen.

Nach anfänglichen Wortgefechten zwischen den Verteidigern und dem Gericht ist das Mammutverfahren nur schwer in Gang gekommen. Nach der Vernehmung aller Angeklagten zur Person und der Verlesung des Eröffnungsbeschlusses begann man mit der Vernehmung der Angeklagten zur Sache. Bis das Gericht, die Staatsanwaltschaft, der Nebenklägervertreter und die Verteidiger ihre Fragen gestellt haben, vergeht eine geraume Zeit. Jeder Angeklagte wird durchschnittlich sechs Stunden vernommen, also fast einen ganzen Verhandlungstag lang. Da das Gericht an drei Tagen der Woche verhandelt, ist es leicht verständlich, daß man mit einer Prozeßdauer von mindestens sechs bis neun Monaten rechnet.

Wie muß das dem Angeklagten Broad vorkommen, der am Montag dieser Woche vernommen wurde und dabei berichtete, er habe auch einmal in Auschwitz einer Standgerichtsverhandlung beigewohnt. In zwei bis drei Stunden seien damals 120 Urteile, meist Todesurteile, gefällt worden, die vier Stunden später schon vollstreckt gewesen seien. Broad hat diese Standgerichtsurteile für absolut rechtmäßig gehalten, auch die folgenden Erschießungen. Warum, fragt der Vorsitzende. „Weil dieses Gericht, und besonders der Vorsitzende Dr. Mildner,[2] eine so unbedingte Autorität ausstrahlte. Es waren ja alles sehr hohe SS-Offiziere."

2 Dr. Rudolf Mildner (Jahrgang 1902) war von März 1941 bis zum Herbst 1943 als SS-Obersturmbannführer Chef der Gestapoleitstelle Kattowitz und ab 1942 auch Vorsitzender des im Konzentrationslager Auschwitz tagenden Standgerichts der Gestapo. Zum SS-Standartenführer befördert, wurde er im Herbst 1943 als Befehlshaber der Sicherheitspolizei und des SD nach Dänemark versetzt. Sein Nachfolger in Kattowitz und als Standgerichtsvorsitzender in Auschwitz wurde Johannes Thümmler. (Siehe den Artikel „Die ‚Karriere' des Johannes Thümmler" in diesem Band). Nach Kriegsende wurde Mildner von der amerikanischen Besatzungsmacht interniert und 1949 entlassen. Seitdem gilt er als verschollen.

Eine solche Standgerichtsverhandlung bestand lediglich darin, daß ein fertiges Protokoll, das das Urteil und eine kurze Begründung enthielt, vorgelesen wurde. Am Schluß wurde der Delinquent gefragt, ob er das verstanden habe. Der nickte. „Das Kopfnicken bedeutete Todesurteil."

In Frankfurt wurde für den Auschwitz-Prozeß vier Jahre ermittelt. Jedem Hinweis wurde nachgegangen, unzählige Zeugen wurden vernommen. Die meisten Angeklagten wurden nicht in Untersuchungshaft genommen oder wieder entlassen. Hier wurde auf rechtsstaatliche Weise versucht, die Wahrheit zu finden und jedem Angeklagten das Seine, Gerechtigkeit, zukommen zu lassen. Dennoch gibt es Leute, die diese Mühe kritisieren, die diese langen Ermittlungen und Voruntersuchungen als Schikane gegen die Angeklagten bezeichnen und die aus den verschiedensten Gründen gegen die lange Dauer des Hauptverfahrens polemisieren. Wie aber soll ein Gericht in einem Rechtsstaat ein Urteil fällen, wenn es sich mit dem größten Vernichtungslager beschäftigen muß? Soll man 22 Einzelprozesse führen, die nie ein klares Bild von den wirklichen Verhältnissen geben würden? Oder soll man die Angeklagten nach zwanzig Jahren laufen lassen? Leute, die mit einer Handbewegung Tausende in die Vernichtungskammern schickten, weil sie Juden waren und weil irgendein geheimer Befehl vom „Reichsführer SS und Chef der deutschen Polizei" oder dem Reichssicherheitshauptamt vorlag? Wie gingen doch solche Selektionen vor sich? Immer wenn ein Güterzug vollgestopft mit Häftlingen an der Rampe ankam, mußten sich die Häftlinge in Fünferreihen aufstellen und an einer SS-Kommission vorbeimarschieren. Im Vorbeigehen entschieden die SS-Leute, wer arbeitsfähig war und ins Lager gebracht wurde und wer arbeitsunfähig war und sofort in die Gaskammer gehen mußte. Etwa bei zehn Prozent lag der Anteil der Arbeitsfähigen. Mütter und Kinder galten von vornherein als arbeitsunfähig.

„Unsere Ehre heißt Treue" – auch heute noch?

Gewiß, es ist beklagenswert, daß diese Prozesse – dem Auschwitz-Prozeß werden noch andere folgen, in denen ebenfalls jeweils große Komplexe Gegenstand der Verhandlung sind – erst so spät, nach zwanzig Jahren stattfinden können. Die unselige „Entnazifizierung" der Alliierten und ihr anfängliches Monopol für die Aburteilung nationalsozialistischer Gewaltverbrecher sind daran ebenso schuld wie die Tatsache, daß den deutschen Behörden zunächst die Unterlagen fehlten und sie später nicht allzu große Neigung hatten, sich diesem Problem zu stellen.

Im Frankfurter „Römer" haben bisher die beiden Adjutanten Mulka (68) und Höcker (51) zur Sache ausgesagt. Ihnen folgten Wilhelm Boger, der jede Aussage verweigerte, und die Angehörigen der Politischen Abteilung „im Ermittlungsdienst" Dylewski und Broad. Boger hält sich offenbar am striktesten an das Gesetz der „schwarzen Elite": Unsere Ehre heißt Treue. Er will keinen Kameraden belasten. Die anderen wollen das auch nicht, aber sie verlegen sich aufs Versteckspielen. Mulka – ein soignierter älterer Herr mit schlohweißem Haar und Goldrandbrille, der im Stresemann zur Vernehmung erschien – war als SS-Obersturmführer Adjutant des Auschwitzkommandanten Höß. Dieser Hamburger Exportkaufmann hat nach eigenen Angaben nichts gesehen, nichts gehört, nichts gewußt. Er war Chef der „Ehrenkompanie", aber „ein Kompaniechef ohne eigentliche Befehlsgewalt". Während Höß nach eigenen Angaben in seiner Autobiographie überall dabei war, wo etwas geschah (Selektionen, Erschießungen, Vergasungen), will sein Adjutant niemals im Schutzhaftlager Auschwitz I, niemals im Lager Birkenau (Auschwitz II), niemals bei den Krematorien oder gar auf der Rampe (bei Selektionen) gewesen sein. Er habe niemandem etwas getan, ja, mit Häftlingen überhaupt nichts zu tun gehabt. Dafür sei die Politische Abteilung zuständig gewesen.

Ebenso argumentiert SS-Obersturmführer Karl Höcker, der Adjutant des letzten Kommandanten, Richard Baer, war. Baer sollte der Hauptangeklagte dieses Prozesses sein, doch er starb in der Untersuchungshaft.

Auch Höcker weiß von nichts. Er habe vornehmlich den allgemeinen Schriftverkehr überwacht und sich mit der personellen Betreuung des Kommandanturstabes der Wachtruppe beschäftigt. Ankündigungen von Transporten hat er nie erhalten, Exekutionsbefehle auch nicht. Er hat immer geglaubt, „daß Häftlinge in Auschwitz grundsätzlich nicht getötet worden sind". Von den fast 4,5 Millionen Menschen, die nach Schätzungen in das Lager Auschwitz eingeliefert wurden, haben 60 000 die Befreiung durch die Russen erlebt, darunter 186 Kinder.[3]

Keiner war verantwortlich

Die „Ermittlungsbeamten" Dylewski und Broad von der Politischen Abteilung haben zwar gewußt und gesehen, aber nichts damit zu tun gehabt. Sie hätten nur Häftlinge vernommen. Weder geschlagen noch getreten noch sonstwie mißhandelt hätten sie die Häftlinge. Sie hätten nicht selektiert, nicht erschossen, nicht vergast. Sie seien entweder gerade rein zufällig vorbeigekommen, wenn ein ankommender Transport auf der Rampe selektiert worden sei, oder ihr Chef habe sie zu „Bunkerentleerungen" mit anschließenden Erschießungen mitgenommen, um entweder „Abschirmdienst" zu machen oder irgend etwas zu notieren.

Will man den bisher vernommenen Angeklagten glauben, so lief in Auschwitz die Todesmaschinerie von selbst. Keiner hat mitgewirkt, und die wenigen, die mitmachten, sind tot. Für alles, was im Lager geschah, war Berlin verantwortlich, und was von dort kam, war rechtens. Sie selbst hatten keine Verantwortung, waren höflich und bescheiden – „ein so prominenter Häftling wird so etwas doch nicht einem kleinen Rottenführer sagen", meint Broad, als es um das Aushorchen eines inhaftierten polnischen Grafen über Fluchtmöglichkeiten geht. Nach ihrer eigenen Schilderung waren diese Angeklagten damals Biedermänner, die sich ihren Schlaf auch nicht durch weithin leuchtende

3 Die Zahlen geben den damaligen Wissensstand wieder.

brennende Leichenhaufen stören ließen. Was da geschah, war „Kriegsrecht“, war unangenehm, deprimierend, abstoßend, aber man tat nichts dagegen. Die Todesmaschine lief, nun ja, man hatte sie nicht in Gang gesetzt und im übrigen auch nichts mit ihr zu tun. Man war Soldat, befehligte eine Ehrenkompanie und führte Ermittlungen durch, die man eigentlich für sinnlos hielt. Und zudem: wer als Einzelhäftling mit einer Akte in Auschwitz eingeliefert wurde, der wurde nicht sofort vergast wie die Tausende, die Eichmanns Züge brachten. Mit dem beschäftigte man sich, man vernahm ihn, vermehrte seine Akte, und wenn er nicht durch Zufall starb oder von einem Standgericht mit großer Autorität verurteilt wurde, dann müßte er heute noch leben und womöglich mit beredten Worten für diese Angeklagten zeugen.

Erschienen in „Christ und Welt“ am 17. Januar 1964 (17. Jg., Nr. 3).

Der Angeklagte Oswald Kaduk (stehend) im Auschwitz-Prozess, vor ihm (mit Brille) der angeklagte Lagerapotheker Dr. Victor Capesius.

© picture alliance / Roland Witschel

Der Angeklagte Robert Mulka, der dem Prozess den amtlichen Namen geben musste: „Strafsache gegen Mulka u. a. (4 Ks 2/63)".

© Staatsanwaltschaft beim LG Frankfurt am Main, 4 Ks 2/63, Hauptakten, Duplikatsakten Archiv Fritz Bauer Institut

Der Angeklagte Josef Klehr bei der Prozesseröffnung.

© picture alliance / dpa

Der Angeklagte Hans Stark, 1940.

© Staatsanwaltschaft beim LG Frankfurt am Main, 4 Ks 2/63, Hauptakten, Duplikatsakten Archiv Fritz Bauer Institut

Häftlinge in Maßanzügen

Was die Biedermänner von Auschwitz erzählen

Früher als erwartet ist nach 16 Verhandlungstagen in der vorigen Woche die erste Runde im Frankfurter Auschwitz-Prozeß zu Ende gegangen. Nur der straffen Prozeßführung des Vorsitzenden, Landgerichtsdirektor Hofmeyer, ist es zu danken, daß die Vernehmungen der 22 Angeklagten nicht längere Zeit in Anspruch nahmen. Es wäre auch reine Zeitverschwendung gewesen, denn das stereotype „daran kann ich mich nicht erinnern", „davon weiß ich nichts", „ich habe nichts gesehen und nichts gehört und nichts gewußt" kehrte bei allen Angeklagten immer wieder. Die Hoffnung des Gerichts und der Staatsanwaltschaft, der eine oder andere würde bei seiner Aussage einen Mitangeklagten belasten, hat sich nicht erfüllt. Die Biedermänner auf der Anklagebank taten so, als sähen sie sich in Frankfurt zum ersten Mal.

Selbstverständlich können sie nicht leugnen, daß in Auschwitz Menschen vergast, erschossen, „abgespritzt" oder zu Tode gequält worden sind. Aber sie, die hier sitzen, wollen damit rein gar nichts zu tun gehabt haben. Das seien der Höß, der Grabner (Leiter der Politischen Abteilung),[1] der Standortarzt Wirths[2] oder Doktor

1 Maximilian Grabner (Jahrgang 1905), SS-Untersturmführer, war von Mai 1940 bis Oktober 1943 Leiter der Politischen Abteilung, der Lagergestapo, in Auschwitz. Er wurde am 22. 12. 1947 vom Obersten Nationalgericht in Krakau zum Tode verurteilt und hingerichtet.

2 Dr. Eduard Wirths (Jahrgang 1909), SS-Sturmbannführer, war von September 1942 bis Januar 1945 Standortarzt in Auschwitz und damit Vorgesetzter aller dortigen SS-Ärzte. Nach Kriegsende wurde er von der britischen Besatzungsmacht verhaftet. Am 20. September 1945 ist er nach einem Selbstmordversuch im Internierungslager gestorben.

Mengele[3] gewesen, vielleicht auch der Rapportführer Palitzsch.[4] Alle diese Leute aber sind tot oder konnten, wie Mengele, ins Ausland flüchten.

Mengele hat übrigens durch Rechtsanwalt Laternser, der einige der Angeklagten verteidigt, in Verwaltungsgerichtsverfahren die Aberkennung seines Doktortitels durch die Frankfurter Universität rückgängig zu machen versucht, jedoch ohne Erfolg.

„Wenn ich so sagen darf“

Mulka, der Adjutant von Höß, hat lediglich die Ehrenkompanie befehligt und war indigniert, wenn er feststellte, daß die Gefangenen Häftlingskleider trugen. Der Schutzhaftlagerführer Hofmann, wegen Verbrechens in Dachau zu lebenslänglichem Zuchthaus verurteilt, hat für die lieben Kinderchen in seinem Zigeunerlager einen Kindergarten eingerichtet. Er heult vor Selbstmitleid bei seiner Aussage und weiß auf alle Vorwürfe nur zu antworten: „Dem Kommandanten unterstand ja alles, wenn ich so sagen darf.“ Und „das letzte Wort bei Entscheidungen über Leben und Tod – hatten die Ärzte, wenn ich mich so ausdrücken darf.“

3 Dr. Josef Mengele (Jahrgang 1911), SS-Hauptsturmführer, war von Mai 1943 bis Januar 1945 Lagerarzt in Auschwitz-Birkenau, wo er unmenschliche Experimente vornehmlich an Kindern vornahm, die später getötet wurden. Nach Kriegsende gelang es ihm, sich zu verbergen. 1949 kam er unter falschem Namen nach Südamerika, besuchte aber mehrfach seine Familie in Deutschland. Obwohl er mit deutschem Haftbefehl gesucht wurde, konnte er nicht festgenommen werden. Er starb am 7. Februar 1979 in Brasilien.

4 Gerhard Palitzsch (Jahrgang 1913) war als SS-Hauptscharführer von Mai 1940 bis 1943 Rapportführer in Auschwitz. Wegen sexueller Beziehungen zu weiblichen Häftlingen, Rassenschande, Korruption und anderer Delikte wurde er von einem SS- und Polizeigericht zum Tode verurteilt, begnadigt, degradiert und 1944 in eine Strafkompanie eingewiesen. Am 7. Dezember 1944 ist er in Ungarn gefallen.

Die angeklagten Zahnärzte, die Doktoren Frank und Schatz, haben nie an Selektionen mitgewirkt. Schatz: „Ich habe nichts unversucht gelassen, den Häftlingen den Aufenthalt so angenehm wie irgend möglich zu machen." Willy Frank: „Meine Häftlinge haben maßgeschneiderte Anzüge und lange Haare getragen." Und wenn man dem Lagerapotheker Capesius, der als SS-Sturmbannführer immerhin den höchsten Rang der Angeklagten hatte, glauben will, so war er eigentlich nur der nominelle Leiter der Lagerapotheke, in der die Häftlinge im Grunde machten, was sie wollten. Entschieden weist Capesius den Vorwurf zurück, sich an eingeschmolzenem Zahngold und Schmuck von Häftlingen bereichert zu haben. Er tut das mit der gleichen Schärfe, mit der er seine Teilnahme an Selektionen leugnet. Immerhin hat heute der Herr Capesius eine gutgehende Apotheke in Göppingen und einen Schönheitssalon in Reutlingen, die zusammen einen Jahresumsatz von 400 000 Mark erzielen. Natürlich verweigert Capesius die Antwort auf die Frage, mit welchem Geld er diese beiden Betriebe aufgebaut hat.

Höß wusste es besser

In seinen autobiographischen Aufzeichnungen schreibt Rudolf Höß, der erste Kommandant von Auschwitz: „Der eigentliche Gebieter des Häftlingslagers ist der Schutzhaftlagerführer in jedem KL. Wohl drückt der Kommandant der äußeren Gestaltung des gesamten Häftlingslebens seinen Stempel auf ... Doch der wirkliche Beherrscher des gesamten Lebens der Häftlinge, der gesamten inneren Gestaltung, ist der Schutzhaftlagerführer beziehungsweise der Rapportführer." Der Schutzhaftlagerführer Hofmann und der Rapportführer Kaduk in Frankfurt sind offenbar anderer Meinung.

Über die Vergasungen weiß Höß zu berichten: „Das Gas Zyklon B wurde in Auschwitz durch die Firma Tesch & Stabenow laufend zur Ungezieferbekämpfung verwendet ... In der ersten Zeit wurde dieses Giftgas, ein Blausäurepräparat, nur durch Angestellte der Firma unter größten Vorsichtsmaßnahmen angewandt, später wurden einige SDG (Sanitätsdienstgrade) als Desinfektoren in der Firma ausgebildet … Das Einwerfen des Gases erfolgte durch die ausgebildeten Desinfektoren – SDGs."

Die in Frankfurt angeklagten Sanitätsdienstgrade Josef Klehr, Herbert Scherpe, Emil Hantl und Arthur Breitwieser behaupten, sie hätten allenfalls Kleidungsstücke „entwest", aber nie und nimmer an Vergasungen von Menschen teilgenommen. Das, obwohl Breitwieser sich als „Haupt-Mann" für die beste Anwendung des Zyklon B bezeichnet. Der Angeklagte Klehr soll nach Zeugenaussagen der Leiter des Vergasungskommandos gewesen sein.

SS-Mentalität

„Ich habe sehr viel durchgemacht bei der SS. Das haben die Häftlinge nicht durchgemacht, was ich durchgemacht habe."
Angeklagter Gerhard Neubert[5]

„Kein Wort ist davon wahr, ich bin doch gottgläubig."
Emil Bednarek, der einzige angeklagte Häftling

„Ich habe diese Injektionen etwa zweimal wöchentlich durchgeführt. Dabei wurden jedesmal so zwölf bis fünfzehn Mann abgespritzt."
Angeklagter Josef Klehr

„Weil mich Häftlinge und Zivilisten baten, dem Häftling einen Gnadenschuß zu geben, feuerte ich in meiner Gutheit zwei Schüsse ab."
Angeklagter Heinrich Bischoff

„Ich habe nur die Schlüsselgewalt gehabt und lediglich die Zellentüren auf- und zugeschlossen."
Angeklagter Bruno Schlage, Arrestaufseher im berüchtigten Bunker von Block 11

---

5 Das Verfahren gegen den SS-Unterscharführer (Sanitätsdienstgrad) Gerhard Neubert wurde am 23. Juli 1964 wegen schwerer Erkrankung des Angeklagten abgetrennt. Im 2. Frankfurter Auschwitz-Prozess wurde er am 16. September 1966 zu drei Jahren und sechs Monaten Zuchthaus verurteilt.

Leugnen, Ahnungslosigkeit und Naivität, wo immer man versucht die Wahrheit zu erfahren, oder völliges Schweigen, wie bei den Angeklagten Boger und Kaduk, die jede Aussage verweigern. Josef Klehr allerdings muß zugeben, daß er etwa 250 bis 300 Häftlinge durch Phenol-Injektionen in den Herzmuskel „abgespritzt" hat. Nur auf Befehl allerdings und nach heftigen Protesten will er das gemacht haben. Vor ihm hätten Häftlinge das gemacht. Scherpe und Hantl wird unter anderem vorgeworfen, 119 Kinder auf diese viehische Weise ermordet zu haben.

„Ich schäme mich"

Nur bei zwei Angeklagten hatte man den Eindruck, wirkliche Menschen vor sich zu haben. Der Landwirtschaftsassessor Hans Stark, der noch als Schüler nach Auschwitz kam, bekennt als erster, schuldig geworden zu sein. Er habe auf Befehl durch Genickschuß einige Häftlinge an der „Schwarzen Wand" getötet und auch bei einer Vergasung mitgewirkt, indem er das tödliche Gas einwarf. Wenig später saß er wieder auf der Schulbank, machte sein Abitur und ging auf die Universität. Sein „ich schäme mich heute" klang überzeugend. Er ging durch die Schule, die Himmler für seine „Elite der Nation" offenbar für die wirksamste hielt. Wo fängt bei Hans Stark die persönliche Schuld an?

Dem Frauenarzt Doktor Lucas bescheinigen einige Häftlinge, er sei der einzige Mensch in Auschwitz gewesen. In Frankfurt berichtet Lucas von seinen Gewissensqualen und seinen vielfältigen Bemühungen, sich vor Selektionen zu drücken. Er hat sich damals mit dem inzwischen verstorbenen katholischen Bischof von Osnabrück in Verbindung gesetzt, der ihm den sophistischen Rat gab: Unmoralische Befehle dürfen nicht befolgt werden, solange man sein eigenes Leben dadurch nicht gefährdet. Ein Jurist habe ihm damals gesagt: „Wir stehen im fünften Kriegsjahr, und da kommt eben so manches vor." Was soll ein Arzt, der sich an den Seelsorger und an den Juristen in seiner Not wendet, mit solchen Phrasen anfangen?

Bevor in Frankfurt die ersten Zeugen vernommen werden, sollen einige Gutachter gehört werden. Es ist zu hoffen, daß die Historiker die Aufgabe dieses Prozesses ständig im Auge behalten. Es geht nämlich nicht darum, den Prozeß dazu zu benutzen, die Öffentlichkeit über das Ausmaß des Grauens in aller Ausführlichkeit zu unterrichten. Es soll nur die individuelle Schuld eines jeden der 22 Angeklagten festgestellt, nicht aber Zeitgeschichte zur Vergangenheitsbewältigung doziert werden. Das kann man zwar gar nicht oft genug tun, aber nicht im Gerichtssaal, der ja keine Volkshochschule ist.

Der erste der Gutachter, Hans Buchheim, vom Institut für Zeitgeschichte in München, hat hier begrüßenswerte Maßstäbe gesetzt. Er beschrieb in fast dreistündigen Ausführungen „die Organisation von SS und Polizei unter nationalsozialistischer Herrschaft“. Was dem nicht genau informierten Zuhörer dabei besonders auffiel, war der Hinweis Buchheims, daß die Wachmannschaften der Konzentrationslager zur Waffen-SS gehörten. Eine Tatsache, die man auch dadurch bestätigt findet, wenn man den Werdegang der Angeklagten bei der SS verfolgt.

Während der große Auschwitz-Prozeß in Frankfurt in seine zweite Phase tritt, ist ein zweiter Auschwitz-Prozeß bereits in Vorbereitung. Gegen 18 weitere ehemalige SS-Angehörige, darunter eine Aufseherin, ist die Voruntersuchung beendet.

Erschienen in „Christ und Welt“ am 14. Februar 1964 (17. Jg., Nr. 7).

Wenn das Staatsschaf zum Wolf wird

Der Auschwitz-Prozess gibt viele Fragen auf

Der Frankfurter Auschwitz-Prozeß ist in seine dritte Phase getreten. Nach der Vernehmung der Angeklagten und den Gutachten der Wissenschaftler – darunter auch der Ost-Berliner Professor für Wirtschaftsgeschichte, Jürgen Kuczynski, den der Nebenklägervertreter Kaul geladen hat und den das Gericht anhörte, weil nicht ausgeschlossen werden könnte, daß er sein Gutachten tatsächlich unabhängig erstatte[1] – haben nun die Zeugen das Wort. Da stehen sie vor dem Schwurgericht: Menschen, die die Hölle kennenlernten und sie überlebten. Männer und Frauen, gezeichnet von den Mißhandlungen, Akademiker, Schriftsteller, Angestellte, Arbeiter und solche, die nicht wieder in die menschliche Gesellschaft zurückfinden konnten.

Sie verdanken ihr Leben bloßen Zufällen: Sie konnten eine fremde Sprache, kamen aus derselben Stadt wie einer ihrer Bewacher oder hatten gar zusammen mit einem zu Füßen des gleichen Professors gesessen. „Es gibt keinen SS-Mann aus einem KZ, der nicht von sich sagen könnte, er hätte diesem oder jenem Häftling das Leben gerettet", meint einer der Zeugen, „und dennoch hat derselbe Mann viele andere bedenkenlos in den Tod geschickt."

Neben den ehemaligen Häftlingen erscheinen SS-Leute von einst. Manchmal will es scheinen, als sei es Zufall, daß gerade diese 22 auf der Anklagebank sitzen und andere als Zeugen auftreten, die in den Todesfabriken ihre Kollegen waren. Da erscheint der Arzt Wilhelm

1 Am 19. März, dem 28. Verhandlungstag, lehnt das Gericht das Gutachten „Verflechtung der wirtschaftlichen Unternehmen mit der Leitung der Konzentrationslager" des Sachverständigen Professor Dr. Jürgen Kuczynski von der Deutschen Akademie der Wissenschaften in Ost-Berlin ab.

Münch,[2] der ein Hygiene-Institut bei Auschwitz leitete und sich mit Erfolg weigerte, an Selektionen teilzunehmen. Hätte er nicht einflußreiche Kollegen in Berlin gehabt, vielleicht wäre auch er schuldig geworden. Oder der SS-Oberführer Joachim Caesar,[3] Leiter der Landwirtschaftlichen Betriebe in Auschwitz. Was, wenn er nicht Diplomlandwirt gewesen wäre? Der SS-Richter Morgen[4] wäre sicher nicht Rechtsanwalt in Frankfurt, wenn er statt der Korruption in den

2 Dr. Hans Münch (Jahrgang 1911), Bakteriologe, war zuletzt als SS-Untersturmführer vom Sommer 1943 bis zum Januar 1945 Leiter des Hygiene-Instituts der Waffen-SS in Rajsko auf dem Gelände des Konzentrationslagers Auschwitz. 1946 wurde er von der amerikanischen Besatzungsmacht an Polen ausgeliefert. Im Krakauer Prozess gegen 40 SS-Angehörige, die in Auschwitz Dienst getan hatten, wurde Münch am 22. Dezember 1947 als einziger Angeklagter freigesprochen. In der Bundesrepublik war er als Zeuge und später als Sachverständiger in NS-Prozessen tätig. Er praktizierte in Bayern als Landarzt und starb 2001 in Roßhaupten im Allgäu.

3 Dr. Joachim Caesar (Jahrgang 1901) war als SS-Oberführer Beauftragter für landwirtschaftliche Sonderaufgaben im SS-Wirtschafts- und Verwaltungshauptamt (WVHA) und ab März 1942 Leiter der Landwirtschaftsbetriebe in Auschwitz. Dort war er für alle landwirtschaftlichen Wald-, Wild-, Forst- und Fischerei-Angelegenheiten zuständig und beschäftigte sich im Auftrag des Reichsführers SS, Heinrich Himmler, mit Pflanzenzucht, unter anderem zur Herstellung von Kautschuk. Nach dem Krieg betrieb er eine Wäscherei in Konstanz. Er starb im Februar 1974 in Kiel.

4 Dr. Konrad Morgen (Jahrgang 1909), zuletzt SS-Sturmbannführer, war Richter am Hauptamt SS-Gericht in München. 1941 wurde er an das SS- und Polizeigericht Krakau versetzt. Ab Mai 1943 war er im Reichssicherheitshauptamt (RSHA), Amt V (Reichskriminalpolizeiamt) mit der Untersuchung von Korruptionsfällen in Konzentrationslagern beauftragt, wozu auch Ermittlungen gegen den Kommandanten des KZ Buchenwald, Karl Koch, gehörten. Im Herbst 1943 besuchte der damals als „Spezialist für Konzentrationslagerverbrecher" geltende Morgen als Untersuchungsführer das Lager Auschwitz-Birkenau, wo er, geführt vom Angeklagten Hofmann, das gesamte Lager mit allen Einrichtungen inspizierte (siehe seine Zeugenaussage im Dokumenten-Anhang). Nach 1945 war Morgen als Rechtsanwalt und Notar in Frankfurt am Main tätig, wo er im Februar 1982 gestorben ist.

Konzentrationslagern Widerstandsgruppen zu bekämpfen gehabt hätte. Was wäre aus dem ehemaligen SS-Hauptsturmführer Helmut Bartsch geworden, der heute Kriminalhauptkommissar in Krefeld ist?

Bartsch war stellvertretender Leiter der Kommission zur Bekämpfung der Korruption in den Konzentrationslagern. Sein Chef Morgen hat ausgesagt, die Sonderkommission habe auch aufklären sollen, wer von den SS-Leuten eigenmächtig, über die Befehle hinausgehend Häftlinge mißhandelt und getötet habe. Bartsch kann sich an diesen Auftrag nicht erinnern. Tatsache aber ist, daß Morgen den Leiter der Politischen Abteilung in Auschwitz, Grabner, wegen eigenmächtigen Mordens vor einem SS-Gericht anklagte. Morgen war es auch, der das Todesurteil gegen den berüchtigten Buchenwald-Kommandanten Koch[5] forderte. Bartsch hingegen beschreitet nicht die Brücke, die ihm einer der Richter baut: „Verweigern Sie doch die Aussage, falls Sie es pflichtwidrig unterlassen haben, aufzuklären, wer in Auschwitz veranlaßt hat, sogar Kinder durch Phenolinjektionen ins Herz umzubringen."

Soweit man sehen kann, haben sich diese SS-Leute offenbar von persönlicher Schuld freihalten können. Ist das aber allein ihr Verdienst oder verdanken sie es ebenso dem Zufall wie die ehemaligen Häftlinge, daß sie jetzt als Zeugen vor Gericht erscheinen können? Wie kann man ordentliche Ermittlungen gegen Korruptionsverdächtige führen und sie sogar vor einem „Gericht" anklagen, wenn dieselben Leute mit ihren Kollegen Tausende vergasen, mißhandeln oder zu Tode quälen? Kann man das Gewissen wirklich partiell zum Schweigen bringen und Werte, an die die Menschheit zwei Jahrtausende glaubte, innerhalb weniger Jahre „umwerten"? Kann man ehrlich glauben, daß Massenmord erlaubt, das Beiseiteschaffen von Goldzähnen der Opfer aber

5 Karl Koch (Jahrgang 1897) war als SS-Standartenführer von August 1937 bis 1941 Kommandant des Konzentrationslagers Buchenwald. Vom SS-Richter Morgen angeklagt, verurteilte ihn das SS-Gericht im Dezember 1944 wegen Korruption und Mordes an zwei Häftlingen zum Tode. Kurz vor Kriegsende wurde er am 5. April 1945 hingerichtet.

strafbar ist? Vielleicht kapitulierte das Gewissen vor der perfekt funktionierenden Maschinerie des Massenmordens, vor der „Allmacht des Staates". Vielleicht war man sich lieber selbst der Nächste.

Offenbar bildet jener holländische Oberst Anton van Velsen eine Ausnahme, der als Zeuge in Frankfurt bekannte: „Ich habe mehrere Male die Chance gehabt, mich zur SS zu melden. Ich habe es aber vorgezogen, notfalls vergast zu werden, als die Uniform der SS auf meinem Leib zu tragen." Muß das sein? Ist es eine Überforderung des Menschen, wenn man von ihm verlangt, daß er sich wie ein mündiger Mensch verhält?

Wir Jungen, die wir mit dieser Vergangenheit leben müssen, wir müssen all diese Fragen stellen. Nicht, um die Väter bloßzustellen, hämisch auf ihre Schwäche zu zeigen, sondern um aus der Geschichte zu lernen. Immer wieder müssen wir fragen, was das für teuflische Kräfte im Menschen sind, und wodurch sie geweckt werden. Welche Macht läßt alle „Sicherungen durchbrennen" und aus dem Ebenbild Gottes einen Teufel in Menschengestalt werden? Nur wenn wir das alles ganz genau wissen, haben wir die Chance, wirklich zu garantieren, was Artikel eins unseres Grundgesetzes bestimmt: „Die Würde des Menschen ist unantastbar."

Etwa zwanzig Zeugen haben bisher im Auschwitz-Prozeß ausgesagt. Zwölf von ihnen haben den Angeklagten Boger schwer belastet. Zuvor hatten der Wiener Arzt Otto Wolken und die Wiener Ärztin Ella Lingens, beide Häftlingsärzte in Auschwitz, in mehrstündigen Aussagen dem Gericht den Alltag im Vernichtungslager geschildert. Den Anwesenden zogen die im Gerichtssaal mit ruhiger Stimme vorgetragenen Schilderungen des Grauens die Kehle zusammen. Und mancher Zuhörer schämte sich nicht, den Tränen freien Lauf zu lassen.

„Meine Sprechmaschine bringt dich zum Reden"

Nach diesen Ausführungen über das Martyrium von Auschwitz glaubte man, es könne schlimmer nicht kommen. Doch weit gefehlt. Da erscheint Maryla Rosenthal aus Zürich, eine heute 55jährige Dame, gezeichnet von dem Erleben in Auschwitz. Sie war dort Dolmetscherin und Schreiberin von Boger, den sie „den Teufel von Birkenau" nannten. Zwei weitere Zeugen, der Gastwirt Leeuwarden und der Schachtmeister Breiden, berichten, wie sie selbst von Boger mißhandelt wurden, und da sind die anderen, die gesehen haben, wie Boger wütete.

Maryla Rosenthal: „Wenn die Häftlinge nichts aussagen wollten, ist Boger ganz dicht an sie herangetreten und hat ihnen erklärt: ‚Meine Sprechmaschine wird dich schon zum Reden bringen.' Dann verschwand er mit ihnen im Nebenraum. Man hörte furchtbare Schreie. Nach einer oder mehreren Stunden wurden die Opfer auf der Bahre herausgetragen. Sie sahen nicht mehr wie Menschen aus, und ich habe sie nicht mehr wiedererkannt."

Bogers „Sprechmaschine" die berüchtigte „Boger-Schaukel", führt der Zeuge Leo Scheidel dem Gericht im Modell vor: Dem Häftling wurden die gefesselten Hände über die Knie gezogen. Zwischen Armen und Kniebeuge wurde eine Stange durchgezogen, an der er wie an einem Reck aufgehängt wurde.

Peitschenschläge brachten dann den Häftling zum „Schaukeln". Wer diese Folter lebend überstand, dem waren „die Hände abgescheuert, das Gesäß in Fetzen, das Gesicht voll Blut". Die Zeugen nennen die Namen der Opfer; Boger wird weiß und starr.

Doch nicht nur Folterungen haben die Zeugen gesehen, sie haben auch erlebt, daß Boger Häftlinge eigenhändig erschossen hat – nicht nur bei Exekutionen an der „Schwarzen Wand". Der Lagerälteste Diamanski schildert dem Gericht, wie „Herr Boger" die Prager Journalistin Novotny erschoß, als sie kurz vor ihrer Vergasung „dem Tod" ihre Verachtung ins Gesicht schrie.

Wer ist dieser Wilhelm Boger? Wie wurde er überhaupt zum Mörder? Wie kam er auf die Anklagebank in Frankfurt?

Wilhelm Boger wurde 1906 in Stuttgart als Sohn eines Kaufmanns geboren. Nach dem Ersten Weltkrieg ist er bald arbeitslos und tritt der NSDAP bei. „Ich bin ein alter Hase der nationalsozialistischen Bewegung." Schon 1930 Mitglied der SS, wird er nach der Machtergreifung

1933 als „alter Kämpfer“ in die württembergische Kriminalpolizei als Hilfspolizist übernommen. 1937 ist er bereits Kriminalkommissar und wird noch in Friedenszeiten bei der Gestapo eingesetzt.

Seine Vorgesetzten sind offenbar sehr mit ihm zufrieden. In Rußland wird er als Angehöriger einer SS-Division verwundet und kommt nach seiner Genesung 1942 nach Auschwitz. Dort ist der SS-Oberscharführer als Ermittlungsbeamter bei der Lager-Gestapo, der Politischen Abteilung, tätig.

Nach dem Krieg verhaften ihn die Amerikaner 1946 in Stuttgart. Er soll nach Polen ausgeliefert werden, doch gelingt ihm die Flucht. Drei Jahre verbirgt er sich bei einem Bauern im Schwäbischen. Dann wird er 1949 festgenommen: Er soll als Kriminalbeamter 1936 einen Landwirt mißhandelt haben. Doch das Verfahren wird eingestellt. Er lebt weiter unter seinem Namen in Württemberg, zuletzt als kaufmännischer Angestellter in Stuttgart. Niemand „verrät“ ihn. „Da zeigte sich noch, daß die Deutschen zusammenhielten, denn sie kannten mich alle“, sagt Boger vor Gericht stolz, und deswegen werde er schweigen.

Durch Zufall erfährt ein gewisser Hermann Langbein 1958, daß Boger in Stuttgart lebt. Am 9. Mai erstattet er Anzeige und übergibt der Staatsanwaltschaft Anschriften von Zeugen und weitere Unterlagen. Hermann Langbein, 1912 in Wien geboren, ist Schauspieler. Nach der Machtergreifung wird er 1933 Mitglied der österreichischen KP. Er kämpft im Spanischen Bürgerkrieg. Über Neuengamme und Dachau führt sein Weg nach Auschwitz. Dort wird er Schreiber des Standortarztes Doktor Wirths und muß Totenlisten aufstellen. Er gehört zu den Leitern einer internationalen Widerstandsorganisation in Auschwitz und wird nach dem Krieg Generalsekretär des Internationalen Auschwitz-Komitees, das er bis 1961 leitet.

Nach dem Ungarn-Aufstand bricht er mit der KP und lebt heute als Schriftsteller in Wien. Zusammen mit H. G. Adler und Ella Lingens-Reiner gibt er das Buch „Auschwitz. Zeugnisse und Berichte“ heraus. Im Frankfurter Gerichtssaal sieht der Zeuge Langbein den Angeklagten Boger wieder. „Boger, wir kennen uns doch.“

Folterungen: Wilhelm Bogers Fleißaufgaben

Bis zur Verhaftung Bogers vergeht nach Anzeigeerstattung einige Zeit. Im September 1958 fährt Langbein abermals nach Stuttgart. Staatsanwalt Weber, der die Anzeige bearbeitet, bekennt, daß er weder die in Deutschland lebenden Zeugen vernommen noch alle Schriftstücke gelesen hat. „Arbeitsüberlastung." Langbein wendet sich an das Justizministerium. Am 8. Oktober 1958 wird Boger verhaftet.

Vor dem Frankfurter Schwurgericht schweigt Boger zunächst zu den Zeugenaussagen. Dann erklärt er zu den ihm zur Last gelegten Erschießungen: „Das ist in keinem Falle richtig" und „Ich hatte kein Gewehr in Auschwitz und schoß auch nie aus meiner Pistole auf Menschen."

Erschießungen, Exekutionen hätten gar nicht zu seinem Aufgabenbereich gehört. Gleichzeitig brüstet er sich, daß die Zahl der Fluchten in Auschwitz zu seiner Zeit am niedrigsten gewesen sei.

Der Zeuge Wolken spricht von den fürchterlichen „Fleißaufgaben" der SS-Leute. Zeuge Langbein bekundet, Boger habe ihm immer den Eindruck gemacht, als ob er mit wahrer Jagdleidenschaft Jagd auf Häftlinge machte.

Boger in Frankfurt, als ihm seine Foltermethoden vorgehalten werden: „Ich hatte den Befehl, verschärfte Vernehmungen durchzuführen. In dem Moment, wo das Blut aus den Hosen herauslief, ist die Vernehmung abgebrochen worden. Es dürfte sich um Widerstandsfälle gehandelt haben. Der Häftling ist wohl mit Sicherheit erschossen worden. Der Zweck der verschärften Vernehmung war erreicht, wenn das Blut durch die Hosen lief. Ich habe nicht totgeschlagen, ich habe Befehle ausgeführt. Die verschärfte Vernehmung ging ja doch nicht unter Körperverletzung im Amt. Sie mögen lachen dort oben, Sie waren ja nicht dabei."

Es ist unerträglich, dieses dummdreiste Gerede mit anhören zu müssen. Dieser Mensch versteht immer noch nicht, warum er hier auf der Anklagebank sitzt. Er, „der Erfinder", der Fachmann, der treue Diener des „Staates". Er hat übrigens auch den heutigen Polizisten noch etwas zu sagen, als Experte, als Kollege: „Ich bin der Auffassung, daß in manchen Fällen heute noch die Prügelstrafe angebracht wäre, zum Beispiel im heutigen Jugendstrafrecht."

Man wird sagen: Ein Sadist, der auf jeden Fall zum Mörder geworden wäre, ein Krimineller mit oder ohne Nazis. Ich bin nicht so sicher. Ich kann mir einen Wilhelm Boger vorstellen, der als kaufmännischer Angestellter alt wird. Der keine Grünflächen betritt, weil das in Deutschland verboten ist, und der höchstens am Stammtisch kundtut, was er tun würde, wenn er was zu sagen hätte. Ist dieser Boger nicht der Prototyp des Werkzeugs, das nur tätig wird, wenn es von jemandem benutzt wird? Ein Mann, der nicht selber denkt, der gehorcht, und zwar blind wie ein Schaf: der Obrigkeit, dem Führer, dem Staat, Hitler, Stalin, Mao oder dem „großen Bruder". Das entschuldigt ihn nicht, sondern läßt ihn als Prototyp einer besonderen Art von Mördern erscheinen, die womöglich gefährlicher sind als die gemeinen: Sie morden nicht, weil sie es wollen, sondern weil sie es sollen.

Dieser Wilhelm Boger ist der Geführte, der stille Untertan, das Staatsschaf, das zum Wolfe wird, wenn die hohe Obrigkeit oder der Führer es ihm befehlen. Hat er aber einen Befehl erhalten, dann wird er ehrgeizig, dann will er zeigen, was für ein Held er ist. Er stellt sich selber Fleißaufgaben und wird zum Aktivsten der Befehlsausführung. „Die sollen einmal sehen, was ich kann, was ich für ein Kerl bin."

Wäre der Untertan Wilhelm Boger sein Leben lang kaufmännischer Angestellter geblieben, er hätte wahrscheinlich von der „Boger-Schaukel", von seinen Mißhandlungen nicht einmal geträumt, niemanden gequält oder gar erschossen – ja er hätte nicht einmal eine Schußwaffe besessen, weil deren Besitz gemeinhin verboten ist. Er hätte seine staatsbürgerliche Pflicht aber vermutlich darin gesehen, der „Polizei" dienstbar zu sein. Man kann ihn sich vorstellen, wie er nach Feierabend am Fenster sitzt und alle Autofahrer sorgfältig aufschreibt, die ein Verkehrsschild vor seiner Haustür nicht beachten. Jeden Monatsersten schickt er dann die Liste der Sünder zur Polizei in dem Bewußtsein, für Zucht und Ordnung im Staate gesorgt zu haben. Ein zuverlässiger, ein treuer, ein eifriger Bürger und Biedermann. Wieviele von ihnen mag es geben, nicht nur in Deutschland, die zufällig nicht zu Mördern wurden.

Diese übergehorsamen Untertanen zu mündigen Menschen und Staatsbürgern zu machen und zu verhindern, daß sie je zu Werkzeugen falscher „Obrigkeiten“ werden, das ist die Aufgabe, die die KZ-Prozesse uns stellen. Und nicht zuletzt deshalb sind sie notwendig.

Erschienen in „Christ und Welt“ am 3. April 1964 (17. Jg., Nr. 14).

Hermann Langbein (2. v. r.) zwischen den Auschwitz-Überlebenden Dounia Wasserstrom und Yehuda Bacon während des Auschwitz-Prozesses 1964.

© Günter Schindler / Schindler-Foto-Report

Die Zeugenbetreuerin Ursula Wirth begleitet den Zeugen Jozef Kral am Tag seiner Aussage zum Gerichtssaal, 1964.

Viele Auschwitz-Überlebende waren für ihre Zeugenaussagen zum Teil aus dem Ausland angereist und in Frankfurt völlig auf sich gestellt. Auf Initiative der Frankfurterinnen Emmi Bonhoeffer und Ursula Wirth fand sich im April 1964 eine Gruppe von Betreuerinnen und Betreuern zusammen, die sich um die Zeugen kümmerten.
Dazu gehörten auch Barbara Minssen, Hilde Müller, und der junge Germanistikstudent Peter Kalb.

© picture alliance / dpa

Prof. Dr. Jürgen Kuczynski (r.) und Prof. Dr. Friedrich Karl Kaul verlassen das Verhandlungsgebäude, 31. März 1964.

Prof. Kuczynski von der Deutschen Akademie der Wissenschaften in Ost-Berlin gab am 19. März 1964 ein Gutachten über „Die Verflechtung von sicherheitspolizeilichen und wirtschaftlichen Interessen bei der Einrichtung und im Betrieb des KZ Auschwitz und seiner Nebenlager" ab. Kuczynski, der auf Antrag des Nebenklägervertreters Prof. Dr. Kaul als Sachverständiger aussagte, belegte darin das enge Verhältnis des NS-Staates mit dem IG-Farben-Konzern. Das Gutachten wurde vom Gericht abgelehnt.

BArch, Bild 183-C0321-0048-001

Reichsführer SS Heinrich Himmler inspiziert in Begleitung von Auschwitz-Kommandant Rudolf Höß sowie des I. G.-Farben-Oberingenieurs Max Faust (in Zivil zwischen Himmler und Höß) das Werksgelände der I. G. Farben in Auschwitz-Monowitz am 18. Juli 1942.

© Fritz Bauer Institut

Den Mördern ins Auge gesehen

Zum fünfzigsten Mal: Strafsache gegen Mulka und andere

Frankfurt, Ende Mai

Zum fünfzigsten Male wird sich an diesem Wochenende im Frankfurter Auschwitz-Prozeß das gleiche Schauspiel wiederholen. Landgerichtsdirektor Hofmeyer wird die Namen der Angeklagten verlesen, die Anwesenheit der Verteidiger feststellen und die Verhandlung für eröffnet erklären. Beim Namensaufruf wird sich der Doktor Capesius ebenso wie bisher nur einige Zentimeter von seinem Sitz erheben, und neben ihm wird Oswald Kaduk Haltung annehmen, wenn sein Name fällt. Wahrend diese Einleitungszeremonie sich seit dem 20. Dezember, dem ersten Verhandlungstag, nicht geändert hat, sind auf der Anklagebank einige Veränderungen eingetreten. Wegen einer Herzerkrankung fehlt seit einigen Wochen der Angeklagte Heinrich Bischoff. Sein Verfahren mußte inzwischen abgetrennt werden. Außerdem sind drei Angeklagte, die sich zu Beginn des Prozesses auf freiem Fuß befanden, inzwischen zu ihren inhaftierten Kollegen übergewechselt.

Robert Mulka, einst Adjutant des Kommandanten Höß und in Frankfurt die Rolle des soignierten älteren Herrn spielend, wurde in Haft genommen, weil die Ermittlungen der Staatsanwaltschaft den Verdacht bestätigt haben, daß er auch eigenhändig Häftlinge in Auschwitz getötet hat. Zeugenaussagen vor dem Frankfurter Gericht führten zur Verhaftung des ehemaligen Arrestaufsehers im berüchtigten Block elf, Bruno Schlage. Er habe mindestens zwei Haftlinge aus niederen Beweggründen verhungern lassen. Die Aussagen des polnischen Zeugen Kral, der den Angeklagten Hans Stark schwer belastete, beeindruckten das Gericht so sehr, daß Stark im Gerichtssaal verhaftet worden ist. So hat sich das Verhältnis nun umgekehrt: Von den 21 Angeklagten befinden sich nur noch neun in Freiheit, wahrend zwölf von jungen Frankfurter Polizisten aus der Untersuchungshaft zu jeder Verhandlung vorgeführt werden.

Fünfzig Verhandlungstage sind vorüber, und noch immer ist kein Ende dieses größten aller KZ-Prozesse vor einem deutschen Gericht abzusehen. Gewiß bemüht sich der Vorsitzende, die Verhandlung zu straffen, die Zeugen daran zu hindern, allzu weitschweifig zu werden, und die Verteidigung zu mahnen, den Zeugen nicht immer wieder Fragen zu stellen, die sie schon beantwortet haben. Aber da tauchen bei den Vernehmungen neue Namen auf, neue Tatbestande kommen ans Licht, manche bisher getrübte Erinnerung wird wieder lebendig. Die Verteidiger und der Nebenklägervertreter Kaul aus Ost-Berlin versäumen keine Gelegenheit, rhetorische Gefechte miteinander auszutragen und dem Gericht neue Beweisanträge vorzulegen. Besonders Kaul and Laternser sind jederzeit zu Rededuellen bereit.

Warum Monsterverhandlungen ?

Wenn man sich in der Öffentlichkeit hie und da besorgt fragt, wie lange denn dieser Monsterprozeß noch dauern soll, vergißt man nur zu leicht, daß immerhin 21 Angeklagte vor Gericht stehen, die ein Recht darauf haben, daß man ihr jeweils ganz persönliches Maß an Schuld genauestens feststellt und danach die Strafe bemißt. Hätte man – was ja denkbar gewesen wäre – gegen jeden der Angeklagten ein eigenes Verfahren durchgeführt, sicher wäre man dann auf etwa sieben bis zehn Verhandlungstage im Durchschnitt für jeden gekommen. Ob der Frankfurter Auschwitz-Prozeß es aber auf zweihundert Verhandlungstage bringen wird, ist höchst unwahrscheinlich.

Und noch eines sollte man nicht vergessen: Durch die Zusammenfassung des Auschwitz-Komplexes wird es der Staatsanwaltschaft und dem Gericht erst möglich, jeden Angeklagten in seiner wahren Rolle während seiner Zeit in Auschwitz zu sehen. Man kann ihn und seine Taten auf diese Weise in den großen Zusammenhang einordnen, sie vergleichen mit denen seiner Kollegen und ihm das Maß an Schuld zuschreiben, das ihm wirklich zukommt. Und was ist denn Gerechtigkeit anderes, als jedem das Seine zukommen zu lassen, auch das Seine an Schuld und Strafe. Dies ist die Aufgabe des Verfahrens, nicht eine Volkshochschule für Vergangenheitsbewältigung zu sein.

Während der staatsanwaltschaftlichen Ermittlungen und im Vorverfahren sind annähernd 1400 Zeugen, in der überwiegenden Mehrzahl ehemalige Häftlinge, vernommen worden. Ihre Aussagen füllen Berge von Akten, die hinter dem Richtertisch eindrucksvoll aufgebaut sind. Selbstverständlich werden nicht alle diese Zeugen in der Hauptverhandlung gehört. Viele berichten von immer denselben Ereignissen. Manche haben wenig zur Aufklärung der Zustände in Auschwitz beizutragen, weil ihr Erinnerungsvermögen in den letzten zwanzig Jahren gelitten hat oder weil sie, da sie einfache Häftlinge waren, sich nur an einzelne Grausamkeiten ihnen unbekannter SS-Männer erinnern können. Wer kannte schon von der Masse der Geschundenen die Namen der Peiniger oder ihre Funktion innerhalb der Maschinerie des Todes? Wer hatte schon Gelegenheit, als Häftling bei Erschießungen an der Schwarzen Wand zugegen zu sein, bei Standgerichtsurteilen, bei Vergasungen oder den „Abspritzungen“ der angeklagten „Sanitätsdienstgrade“ Klehr, Scherpe und Hantl?

Die Kapos und Oberkapos

So sind es in der Regel sogenannte „Funktionshäftlinge“, die in Frankfurt ihre Aussagen machen. Sie hatten im Lager irgendeine Stellung, waren Friseur oder Schlosser, Krankenwärter, Türöffner, Leichenträger, Dolmetscher, Häftlingsarzt oder Sekretärin bei den verschiedenen SS-Dienststellen im Lager. Aber auch die „großen“ Funktionshäftlinge treten in Frankfurt als Zeugen auf: die Lagerältesten, die Kapos und Oberkapos, die Lagerschreiber und nicht zuletzt die Führer der verschiedenen Widerstandsgruppen in Auschwitz.

Die Tatsache, daß die Frankfurter Zeugen in der Regel nicht unbeteiligte Dritte waren – und nach Lage der Dinge auch gar nicht sein konnten –, daß sie im Gegenteil zu den Opfern und den erbittertsten Gegnern der Herren von einst und der Angeklagten von heute zählen, macht die Arbeit des Schwurgerichts in der Frage der Beweiswürdigung zu keiner leichten Aufgabe. Da ist zum Beispiel der polnische Arzt Głowacki aus Warschau. Er war Leichenträger in Auschwitz und hat nur durch Zufall das Grauen überlebt. Er war tagtäglich mit seinem Leichenkarren unterwegs, um die Opfer der Mörder wegzuschaffen. „Ich nahm an fast allen Exekutionen in Block elf teil. Wir haben die Leichen aus dem Bunker in Block elf herausgeholt und dann ins Krematorium gebracht." Er war bei der ersten Vergasung sowjetischer Kriegsgefangener dabei und sah etwa, wie der angeklagte ehemalige Häftling und Blockälteste Bednarek einem zu Boden geschlagenen Häftling auf die Brust sprang und so lange auf ihm herumsprang, bis dem Opfer sämtliche Rippen gebrochen waren und er kurz darauf seinen Verletzungen im Krankenbau erlag.

„Klehr hat täglich getötet"

Glowacki beschuldigt auch den Angeklagten Klehr – „der es liebte, immer eine runde Zahl von Häftlingen abzuspritzen" (wie ein anderer Zeuge berichtet) –, mindestens zehntausend Menschen selbst durch Phenolinjektionen ins Herz getötet zu haben. „In der Zeit, in der er dort war, hat Klehr täglich getötet." Der Bericht des Arztes ist eine einzige Schilderung des Grauens, und immer wieder spricht er von „Mördern", wenn er die Angeklagten meint. „Heute, nachdem ich die Gesichter von diesen Mördern wiedergesehen habe, kann ich mehr sagen. Ich sehe sie wieder in ihrer Uniform, ich kann sie mir ganz genau vorstellen bei ihrer Tätigkeit."

Kann dieser Zeuge es überhaupt begreifen, wenn der Vorsitzende ihn ermahnt, nicht immer „Mörder", sondern „Angeklagter" zu sagen? Er, der täglich Augenzeuge bestialischen Mordens war und der heute die Herren Angeklagten dasitzen und lächeln sieht, wenn er durch die Reihen geht, um einzelne zu identifizieren? Er muß sich mitanhören, wenn der Angeklagte Klehr mit der ihm eigenen Ironie kundtut: „Wie denn, 16 000 Mann soll ich abgespritzt haben? Dann wäre ja nur noch der Musikzug übriggeblieben!“ Werden die Zeugen und nicht auch das Gericht überfordert, wenn sie, mit solchen Schilderungen konfrontiert, sachlich objektiv und emotionslos bleiben sollen! Kann man von Menschen verlangen, daß sie ihr Gefühl völlig ausschalten und in den Mördern die Herren Angeklagten sehen, die als Unschuldige zu gelten haben, bis man sie verurteilt hat? Die Rechtsstaatlichkeit des Verfahrens macht es ihnen zur Pflicht!

Eine Sensation schien sich in der vergangenen Woche anzubahnen, als der polnische Zeuge Kral seine Aussage machte. Er war Kapo und Mitglied der polnischen Widerstandsbewegung in Auschwitz und belastete einige Angeklagte schwer. Plötzlich erhebt sich Rechtsanwalt Laternser, der sich als Star unter den Verteidigern fühlt. „Haben Sie jemals Häftlinge geschlagen im Lager? Haben Sie die Brüder Bandera gekannt? Wissen Sie, daß sie totgeschlagen worden sind?“ Der Zeuge Kral antwortet mit nein. Laternser: „Wollen Sie bei dieser Aussage bleiben, wenn ich Ihnen sage, daß vor dieser Tür drei Zeugen stehen, die bekunden werden, daß Sie die Banderas getötet haben?“

Feindliche Widerstandsgruppen

Die sofortige Vernehmung der ukrainischen Zeugen wird beantragt und vom Gericht sofort genehmigt. Sie hatten sich telefonisch bei Laternser gemeldet, als sie hörten, daß Kral in Frankfurt aussagen würde. Sie kommen aus Brüssel, Paris und München und gehören einer extremistischen ukrainischen Nationalistenbewegung an. Einer sagt aus, er habe sich an ein Versprechen erinnert, das er seinem Kameraden Bandera kurz vor dessen Tod in Auschwitz gegeben habe, nämlich später zu bezeugen, wer ihn umgebracht habe.

Im Gerichtssaal stehen sie sich nun gegenüber: der Angehörige der polnischen und die der ukrainischen Widerstandsgruppe. Im Angesicht ihrer ehemaligen gemeinsamen Gegner tragen sie noch zwanzig Jahre danach ihre politischen Differenzen aus. Damals, in Auschwitz, gab es Spannungen zwischen den einzelnen Häftlingsgruppen. Die Polen, die die einflußreichsten Funktionen des Lagers mit ihren Leuten besetzt hatten, mißtrauten den Ukrainern, die bei der SS eine Vorzugsstellung innehatten und gelegentlich Spitzeldienste für die Lagergestapo leisteten.

War der Zeuge Kral nun ein verläßlicher und guter Mensch, wie der polnische Arzt Kłodziński – mit dem gegenwärtigen polnischen Ministerpräsidenten Cyrankiewicz einer der Führer der polnischen Widerstandsbewegung in Auschwitz – heute in Frankfurt aussagt, oder ist er tatsächlich des Totschlags zu verdächtigen, wie die Ukrainer meinen? Keine leichte Entscheidung für das Gericht, wenn es auch zunächst dabei bleibt, Kral als glaubwürdigen Zeugen anzusehen.

Das also sind die Schwierigkeiten, denen sich das Frankfurter Schwurgericht gegenübersieht. Sie lassen erkennen, wie schwer, ja nahezu unmöglich es ist, Verbrechen so ungeheuren Ausmaßes wie diejenigen von Auschwitz mit juristischen Mitteln zu sühnen.

Erschienen in „Christ und Welt" am 29. Mai 1964 (17. Jg., Nr. 22).

Kein Interesse für Massenmord

Vierzig Prozent der westdeutschen Bevölkerung haben noch nichts von dem seit Dezember vorigen Jahres in Frankfurt abrollenden Auschwitz-Prozeß gehört. Das ist das bedenkliche Ergebnis einer Meinungsumfrage des Frankfurter „Divo"-Instituts. Über den Eichmann-Prozeß zeigten sich damals 95 Prozent der Befragten informiert. Hätte man beim Brühne-Prozeß eine ähnliche Umfrage veranstaltet, der Prozentsatz derer, die davon gehört hatten, wäre wahrscheinlich noch höher gewesen. Bestialische Grausamkeiten, unmenschliche Quälereien und brutales Abschlachten unschuldiger Namenloser, die im Mittelpunkt des Auschwitz-Prozesses stehen, vermögen offenbar das menschliche Interesse der Leute nicht so zu wecken wie das Schicksal einer hochbeinigen Blondine, die gemordet haben soll, oder eines Eichmann, der vom israelischen Geheimdienst aus seinem Schlupfwinkel entführt wurde. Oder will fast die Hälfte der Bevölkerung von den Untaten der Boger, Kaduk und Klehr nichts wissen? Vielleicht weil sie nicht zur Kenntnis nehmen will, daß es sich hierbei nicht um politische oder Kriegsverbrecherprozesse handelt, sondern um die Aburteilung von gemeinen Massenmördern. Oder sind die Dimensionen des Grauens so groß, daß sie die Fassungskraft des menschlichen Verstandes übersteigen? Wo liegt die Erklärung für diese Gleichgültigkeit?

Kein Wunder demnach, wenn 39 Prozent aller Befragten (also Informierte und Uninformierte) sich dafür aussprechen, solche Prozesse nicht mehr durchzuführen, „weil man nach so vielen Jahren diese Dinge nicht mehr aufrühren soll". Die Verurteilung eines Sittlichkeitsverbrechers würden sie nach zwanzig Jahren gewiß noch fordern. Übrigens sind die mittleren Jahrgänge (35- bis 54jährige) am stärksten gegen den Auschwitz- und ähnliche Prozesse, nämlich 45 Prozent ihrer Angehörigen. Die Jüngeren und die Älteren sind indessen überwiegend für die Durchführung der Prozesse, wie auch die Abiturienten und Akademiker, von denen nur 25 Prozent gegen die Verfahren sind. (Bei den Mittelschülern 37, den Volksschülern 41 Prozent.)

Den höchsten Prozentsatz derjenigen, die es für richtig halten, daß diese Prozesse noch geführt werden (insgesamt 53 Prozent der Befragten), weisen mit weit über 70 Prozent die jungen Leute auf, die sich noch in der Berufsausbildung befinden. Die junge Generation wenigstens scheint also frei von den Verklemmungen der Älteren. Ihre sittlichen und moralischen Wertvorstellungen sind offenbar noch nicht von Verkrampfung und Indifferenz angekränkelt. Hoffentlich gibt dieses Ergebnis denen zu denken, die immer wieder den angeblichen Willen der jungen Generation ins Feld führen, wenn sie den großen Schlußstrich unter die nationalsozialistische Vergangenheit fordern.

Erschienen in „Christ und Welt" am 28. August 1964 (17. Jg., Nr. 35).

Die Gewissensnot des Doktor Lucas

SS-Lagerarzt von Auschwitz in den Verstrickungen totalitärer Herrschaft

Freitag, der 13. November, der einhundertelfte Verhandlungstag im Frankfurter Auschwitz-Prozeß, ist ein schwarzer Tag für den angeklagten Facharzt für Frauenkrankheiten, Doktor Franz Bernhard Lucas. Im Zeugenstuhl sitzt der ehemalige Häftling Rudolf Gibian aus der Tschechoslowakei. Im Konzentrationslager Auschwitz gehörte er zeitweise zum „Aufräumungskommando", das auf der Rampe von Auschwitz-Birkenau das Gepäck der ankommenden Häftlinge sammeln und wegschaffen mußte, nachdem SS-Leute den jeweiligen Transport selektiert – also bestimmt hatten, wer sofort in die Gaskammer und wer zunächst ins Lager zur Arbeit gehen mußte.

Eines Tages, im Oktober 1944, erfährt Gibian, daß seine Mutter und sein Bruder mit dem nächsten Transport aus Theresienstadt ankommen werden. Mit Hilfe von Kameraden findet er seine Verwandten. „Um meinen Bruder, einen jungen, kräftigen Burschen, hatte ich keine Angst." Er wird ins Lager eingewiesen. Aber seine Mutter ist schon 56, weißhaarig und von gebückter Gestalt. „Sie fragt mich, ob ich wisse, daß mein Vater in Theresienstadt gestorben sei." Der Sohn redet ihr gut zu, versucht sie zu trösten.

„Hol sie herüber"

Gibians Kapo (Häftlingsvorarbeiter) nimmt ihn mit zum selektierenden SS-Offizier, sie wollen um das Leben der Mutter bitten. „Wir nehmen Haltung an und ziehen die Mützen. Der Kapo sagt: ‚Herr Obersturmführer, dieser Häftling hat seine Mutter auf der Rampe gefunden.' Der Offizier sieht mich an und sagt: ‚Komm mit der Mutter als letzter vor.'" Gibian fragt den Kapo nach dem Namen des Offiziers, der hier allein die angekommenen Frauen selektiert (die schon zuvor von den Männern getrennt worden sind). Er erhält die Antwort: Doktor Lucas. Gibian tut, wie ihm geheißen. Endlich kommen sie an die Reihe. „Da habe ich einen Schock erlitten", sagt Gibian, „denn der selektierende SS-Offizier schickt meine Mutter automatisch ins Gas. Ich sage: ‚Das ist doch meine Mutter.' Er darauf: ‚Ach so, hol sie herüber.' Meine Mutter war schon fünf Meter über die Gleise zur Gruppe der zu Vergasenden gegangen. Ich führte sie zu der anderen Seite und war froh, daß sie am Leben blieb."

Doch der Doktor Lucas habe seiner Mutter nur für kurze Zeit das Leben retten können. Noch am selben Tag, beim Baden, sei sie bei einer zweiten Selektion von anderen SS-Leuten ausgesondert und später vergast worden. Sein Bruder habe diese zweite Selektion im Baderaum mitangesehen, als er mit den anderen Häftlingen auf das Bad wartete.

Der Vorsitzende läßt sämtliche Angeklagten einen Halbkreis bilden. Da stehen sie bunt gemischt, die Inhaftierten und die, die sich noch der Freiheit erfreuen. Auf seinen Stock gestützt, mustert sie der Zeuge. Atemlose Stille herrscht im Gerichtssaal, man könnte eine Stecknadel zu Boden fallen hören. Gibian geht immer dichter auf die Angeklagten zu. Er bleibt vor Lucas stehen, tritt noch näher, mustert ihn und flüstert: „Ich vermute, das ist Lucas – nein, er ist es, ich bin ganz sicher, ich kann mich nicht irren." Er zeigt auf weitere Angeklagte, die er auf der Rampe hat selektieren sehen: Kaduk, Dylewski, Doktor Schatz und Doktor Capesius. „Sie selektierten, und ich mußte für Sie aus den Koffern schöne, wertvolle Sachen heraussuchen", sagt Gibian zu dem Leiter der Apotheke in Auschwitz.

Der Angeklagte Lucas – er befindet sich mit noch weiteren fünf Angeklagten auf freiem Fuß – erklärt auf Befragen, der Zeuge müsse sich irren, er sei zur fraglichen Zeit nicht mehr in Auschwitz gewesen. Der Vorsitzende gibt ihm auf, nach Unterlagen zu suchen, die diese Behauptungen belegen könnten. Der Zeuge Gibian beschwört seine Aussage, doch weder Staatsanwaltschaft noch Nebenklägervertreter stellen den

Antrag, Lucas zu verhaften. (Das wäre nichts Ungewöhnliches, denn im Laufe des Prozesses sind bereits die Angeklagten Schlage, Stark, Dylewski, Doktor Frank und Broad auf Grund von Zeugenaussagen, die sie schwer belasteten, in Haft genommen worden.)

Aber der Frauenarzt Lucas nimmt eine Sonderstellung unter den Angeklagten ein. Der ehemalige SS-Obersturmführer hat bei seiner Vernehmung am Anfang des Prozesses als einziger eine freimütige Schilderung der grauenhaften Zustände im KZ Auschwitz gegeben. Er hat gesagt, daß er von Februar bis etwa Juli 1944 in Auschwitz war. Nach eigenen Angaben ist er von einer Strafeinheit, in die er wegen defaitistischer Äußerungen kommandiert worden sei, als Lagerarzt nach Auschwitz gekommen. Weil er sich geweigert habe, kranke Häftlinge für den Gastod auszusuchen, sei er ins KZ Mauthausen strafversetzt worden. Auch hier habe er sich geweigert, bei der Ermordung von Häftlingen mitzuwirken, und so sei er abermals und immer wieder strafversetzt worden, bis er schließlich aus dem KZ Ravensbrück mit einem norwegischen Rechtsanwalt geflüchtet sei.

Mehrere ehemalige Häftlinge aus den verschiedenen Lagern, in denen Lucas war, bescheinigen ihm, daß er der einzige Lagerarzt gewesen ist, der Häftlinge wie Menschen behandelt und nach Kräften für sie gesorgt hat. Er habe vielen kranken Häftlingen das Leben gerettet. Ein Mensch also unter einem Heer von Mördern und Totschlägern? Es besteht kein Grund, den Bekundungen dieser ehemaligen Häftlinge nicht zu glauben.

Gallenkoliken simuliert

Lucas selbst hat im Auschwitz-Prozeß von der großen Gewissensnot gesprochen, in der er sich bei seiner Ankunft in Auschwitz befunden habe. „Nachdem man mich aufgeklärt hatte, sagte ich, ich wäre Arzt, um Menschenleben zu erhalten und nicht dazu da, Menschen zu vernichten. Ich schrieb einen Brief an meinen alten Vorgesetzten, aber in der Antwort hieß es nur, Befehl sei Befehl, man schreibe das fünfte

Kriegsjahr, und überhaupt käme ich sowieso schon von einer Einheit, die verheizt werden sollte. Ich hätte alles zu tun, um nicht unangenehm aufzufallen." Lucas erhält ein paar Tage Urlaub und sucht in Osnabrück den dortigen katholischen Bischof Berning auf. „Er sagte mir, unmoralische Befehle dürften nicht befolgt werden, doch gehe dies nicht soweit, daß man sein eigenes Leben gefährden müßte."

Derart beraten, ging der damals 33jährige nach Auschwitz zurück. Er gibt zu, mit anderen Ärzten an Selektionen teilgenommen zu haben und auf der Rampe in Birkenau gewesen zu sein. Er habe sich aber immer bald beiseite gedrückt. Daraufhin habe ihn der Standortarzt allein zum Dienst auf die Rampe geschickt. „Ich habe mich jedoch auf der Rampe an den Lagerkommandanten Hartjenstein gewandt und körperliche Gebrechen vorgetäuscht, Gallenkoliken, Magen- und Darmgeschichten und andere Sachen, die man mir äußerlich nicht ansehen konnte. Dann hat er die Auswahl allein getroffen." So habe er sich mehrmals mit Erfolg drücken können. Und auf die Frage des Vorsitzenden: „Sie haben selbst niemals eine Selektion durchgeführt?" antwortete Lucas damals: „Nein, niemals." Die Sache mit der Gallenkolik habe immer Erfolg gehabt.

Die Zeugen im Frankfurter Auschwitz-Prozeß wissen in der Folge nur Entlastendes über den Doktor Lucas zu berichten, so etwa der heutige Prorektor der Krakauer Universität und damalige Häftlingsarzt, Professor Fejkiel, oder der israelische Arzt Aron Bejlin. Prozeßbeobachter sind schon der Meinung, daß die Anklage gegen Lucas „Beihilfe am Massenmord" auf sehr unsicheren Füßen steht, und seine Verteidiger bieten immer neue Entlastungszeugen an.

Da tritt am fünfundachtzigsten Verhandlungstag die Zeugin Helene Goldmann aus Miami auf. Sie kam im Frühjahr 1944 nach Auschwitz, damals war sie neunzehn Jahre alt. „Ich hatte ein Baby auf dem Arm. Es hieß, Mütter könnten bei ihren Kindern bleiben. Deshalb gab mir meine Mutter damals das Baby und zog mich so an, daß ich älter aussah. Als mich Doktor Lucas sah, merkte er wohl, daß das Kind mir nicht gehörte. Er nahm es mir weg und warf es meiner Mutter zu." (Mütter mit kleinen Kindern wurden sofort ins Gas geschickt.) Lucas behauptet, er sei nicht auf der Rampe gewesen. Nebenklägervertreter Ormond will ihm eine goldene Brücke bauen: „Versuchen Sie, ehrlich zu sein! Ich werfe Sie sowieso nicht in einen Topf mit den anderen. Wollten Sie vielleicht dieses Mädchen, das damals besonders hübsch und jung war, retten?“ Lucas schweigt zunächst, dann stottert er: „Die Zeugin ist einem Irrtum erlegen.“ Auf weitere Fragen gibt Lucas keine Antwort. Gäbe er zu, daß er Helene Goldmann das Leben gerettet hat und Gibians Mutter vor dem Tode bewahren wollte, es wäre zugleich das Eingeständnis, selbständig selektiert und Hunderte oder Tausende ins Gas geschickt zu haben.

Auch der Zeuge Lebedjew aus der Sowjetunion belastet einige Verhandlungstage später den Doktor Lucas. Er habe ihn auf der Rampe bei einer Selektion gesehen. „Einer Frau mit einem Kind gelang es, durch die SS-Männer zu schlüpfen und sich an Doktor Lucas heranzudrängen. Sie fiel auf die Knie, umarmte seine Stiefel und bat ihn um etwas. Lucas nahm ihr mit Gewalt das Kind aus der Hand, es war wohl ein Mädchen, es hatte so ein Kopftuch, und warf es direkt auf die Gleise.“

Irren sich die Zeugen Gibian, Lebedjew und Helene Goldmann? Oder hat Lucas bei seiner Vernehmung doch die Unwahrheit gesagt?

Wohl jeder im Gerichtssaal hat ihm damals geglaubt, als er von seiner Gewissensqual, der Not seines Gewissens sprach. Kaum einer hätte ihm damals widersprechen mögen, als er sagte, er sei auch heute noch überzeugt, daß er in Auschwitz nicht anders hätte handeln können. Aber war sein passiver Widerstand wirklich immer erfolgreich? Seine vielen Strafversetzungen sprechen dafür. Auch seine Flucht aus Ravensbrück spricht für ihn. Aber ließen sich seine Vorgesetzten in Auschwitz wirklich immer wieder täuschen, wenn er auf die Rampe geschickt wurde, um allein zu selektieren, und seine Magen- und Gallenkoliken simulierte? Vielleicht haben sie ihm das eine oder andere Mal doch nicht geglaubt und ihm befohlen, die Selektion durchzuführen. Möglicherweise hat er sich auch, wenn er keinen Ausweg mehr sah, zu diesem Dienst pressen lassen und dann versucht, so viele wie möglich zu retten. Die Aussagen von Helene Goldmann und Rudolf Gibian deuten darauf hin.

Unschuldig schuldig?

Ist dieser Mann, der nach 1945 seine Tätigkeit als SS-Arzt verschwieg und schließlich leitender Arzt der geburtshilflich-gynäkologischen Abteilung des Krankenhauses von Elmshorn wurde, unschuldig schuldig geworden? Weil die Stimme seines Gewissens doch nicht stark genug war, ihn aus der Verstrickung in das totalitäre System zu befreien. Ihn, der mit 22 Jahren in die SA eintrat, der er etwa mehr als ein Jahr (bis September 1934) angehörte und der 1937 Mitglied der Partei und etwas später der Allgemeinen SS wurde.

Lucas, der in diesem Prozeß so etwas wie ein weißer Rabe ist – als einziger Angeklagter hat er sich bereit erklärt, an einer Tatortbesichtigung in Auschwitz teilzunehmen –, ist dennoch ein Durchschnittsmensch wie Millionen andere auch. Zu schwach, als einzelner sich gegen das System von SS und Partei und Staat aufzulehnen, von Autoritäten mit nichtssagenden Ratschlägen abgespeist. Zu schwach vielleicht auch, sich jetzt zu seinen damaligen Handlungen rückhaltlos zu bekennen, die, wie immer sie auch rechtlich zu beurteilen sein mögen, ihn dennoch himmelweit von dem Heer der schwarzen Gesellen vom Schlage der Boger, Kaduk oder Klehr unterscheiden. Er versuchte jedenfalls menschlich zu handeln angesichts der rauchenden Fabriken des Todes.

Darin liegt die Tragik des Doktor Lucas, daß sein Gewissen ihm sagte, was er zu tun habe, er aber wohl nicht die Kraft fand, es kompromißlos und ohne Rücksicht auf sich und andere zu tun. Zeugen sahen in ihm den Herrn über Leben und Tod, er selbst empfand sich wahrscheinlich als gequälte Kreatur. Sein Gewissen war stark, das Netz der totalitären Herrschaft, in dem er sich gefangen sah, war stärker. Ein Mensch wie Millionen andere. Ein Schicksal, das eine Mahnung ist für die Nachgeborenen.

Erschienen in „Christ und Welt" am 24. November 1964 (17. Jg., Nr. 47).

Schwurgerichtskommission zur Besichtigung des Tatortes am Haupttor des ehemaligen KZ Auschwitz. Vordere Reihe v. l. n. r.: Jan Sehn, Amtsgerichtsrat Walter Hotz, der Direktor des Auschwitz-Museums Kazimierz Smoleń.

© *picture alliance / dpa*

Besichtigung des Tatortes durch das Gericht im Dezember 1964.
Unter anderem ging es darum festzustellen,
ob die erinnerten Wahrnehmungen der als Zeugen auftretenden
ehemaligen Häftlinge möglich gewesen waren.
Das Foto zeigt Mitglieder des Frankfurter Gerichts beim Ausmessen
der Entfernung von einem im Hintergrund stehenden Gebäude bis zur
„Schwarzen Wand“, an der Massenerschießungen stattgefunden hatten.

© sz photo

Der Angeklagte Dr. Franz Bernhard Lucas (l.) am 14. Dezember 1964
an der einstigen „Rampe“ von Auschwitz-Birkenau.

© Fritz Bauer Institut

Finale

Beginn der Plädoyers

Fast auf den Tag genau zwanzig Jahre nach der bedingungslosen Kapitulation des „Großdeutschen Reiches" ist der Frankfurter Auschwitz-Prozeß in seine letzte Phase getreten. Am Donnerstag letzter Woche, dem 155. Verhandlungstag, begann Oberstaatsanwalt Großmann als erster Vertreter der Anklage sein Plädoyer. Er begann es mit einem Zitat aus der Rede des Bundespräsidenten[1], die dieser kürzlich in Bergen-Belsen gehalten hat: „Uns erweist keiner von denen einen Dienst, die unserem Volk zureden, es müsse endlich einmal Schluß sein mit dieser Schattenbeschwörung aus den Tagen einer furchtbaren Vergangenheit. Nicht wir beschwören die Schatten, die Schatten beschwören uns, und es liegt nicht in unserer Macht, uns ihrem Bann zu entziehen."

Die Beweisaufnahme im Auschwitz-Prozeß ist geschlossen. Über vierhundert Zeugen haben mündlich oder schriftlich über die Zustände in der größten Menschenvernichtungsanlage aller Zeiten ausgesagt. In der Hauptverhandlung traten 359 von ihnen auf, zumeist ehemalige Häftlinge, die ihren Peinigern von damals wieder ins Auge sahen. Die meisten dieser Zeugen, die aus neunzehn verschiedenen Ländern in Ost und West nach Frankfurt kamen, bemühten sich, so sachlich wie möglich ihre Aussage zu machen. Es war nicht Rache, die sie hertrieb, sondern der Wunsch, die Wahrheit zu bekunden, sie der Weltöffentlichkeit ins Bewußtsein zu heben, damit sich nie mehr ein Auschwitz wiederholt.

Aber es gab auch Zeugen, denen die Gegenüberstellung mit ihren Peinigern die mühsam gewonnene Selbstbeherrschung raubte. Da erscheint am 140. Verhandlungstag der Zeuge George Preston aus den

1 Heinrich Lübke.

Vereinigten Staaten. Er belastet den Angeklagten Bednarek, den einzigen ehemaligen Häftling unter den Angeklagten, der als Blockältester seine Mitgefangenen malträtierte. Bednarek streitet alles ab. Da bittet Preston, dem Bednarek gegenübergestellt zu werden. Der, klein und dicklich, steht verschämt vor dem großen Mann aus Amerika. „Ja, das ist er", meint dieser halblaut, „aber jetzt ist er dick und fett." Doch dann bricht es aus ihm heraus: „Du fettes Schwein", brüllt er Bednarek an, der unter diesen Worten wie unter Keulenschlägen zusammenzuckt. Preston blickt ihn verächtlich an, öffnet sein Jacket, schiebt den Daumen zwischen zwei Knöpfe seiner Weste, geht ein paar Schritte auf und ab, wendet sich wieder an den Angeklagten und schleudert ihm abermals entgegen „Du fettes Schwein". Vor mehr als zwanzig Jahren mag es umgekehrt gewesen sein: Dies war der Ton, in dem Bednarek mit den Häftlingen verkehrte. Der Zeuge Preston entschuldigt sich beim Vorsitzenden.

Doch auch den Vertretern der Anklage wird das stereotype Leugnen der Angeklagten manchmal zuviel. Am 69. Verhandlungstag, als der Angeklagte Robert Mulka, ehemals Adjutant des Kommandanten Höß, wieder einmal eine Lüge auftischt, läßt sich Staatsanwalt Kügler zu der Bemerkung hinreißen: „Sie waren kein Soldat, Sie haben einem uniformierten Mordkommando angehört." Der Vorsitzende muß eingreifen. Wenige Tage später erklärt Mulka: „Da mich der Staatsanwalt als unwahr bezeichnet und sogar gesagt hat, ich sei kein Soldat, sondern nur Angehöriger eines uniformierten Mordkommandos gewesen, gebe ich auf Fragen der Staatsanwaltschaft ... keine Antworten mehr." Wieder reißt Staatsanwalt Kügler der Geduldsfaden: „Ich stelle fest, daß Sie nicht nur kein Soldat, sondern auch noch verlogen und feige sind." Mulkas Verteidiger meint daraufhin, der Staatsanwalt solle sich bei Mulka entschuldigen. Kügler: „Ich denke nicht daran." Der Verteidiger kündigt Anzeige wegen Beleidigung an. Wieder muß der Vorsitzende eingreifen: „Ich muß derartige Beschimpfungen eines Angeklagten zurückweisen." Kügler könne im Plädoyer sagen, was er von Mulka halte.

Seit dem 20. Dezember 1963 läuft nun schon dieser größte Prozeß, der je vor einem deutschen Gericht geführt wurde. Aber nur ganz wenige der Angeklagten haben sich dazu entschließen können, dem Gericht mindestens einen Teil der ihnen zur Last gelegten Verbrechen zuzugeben. Man streitet ab, schiebt die Schuld auf andere oder behauptet frech, die Zeugen irrten sich oder verwechselten die hier anwesenden Angeklagten mit irgendwelchen anderen SS-Angehörigen, vorzüglich solchen, die längst nicht mehr unter den Lebenden weilen. Die Kameraderie der schwarzen Gesellen hält auch zwanzig Jahre nach dem Untergang des SS-Staates noch an.

Überhaupt fühlen sich die Schergen von Auschwitz als die letzten, die die Hunde beißen. Man kann das verstehen. Sie sitzen auf der Anklagebank, während die „großen Tiere" von damals als Zeugen auftreten und ungeschoren die Richtstätte verlassen. Da erscheint etwa der Kommandeur der Sicherheitspolizei in Kattowitz, Doktor Johannes Thümmler, der Vorsitzender des Standgerichts im Lager Auschwitz war. Er ist damals mit zweieinhalb Jahren Arbeitslager billig davongekommen. Gustav Adolf Noske tritt auf. SS-Obersturrnbannführer, Abteilungsleiter im Reichssicherheitshauptamt, Leiter der Gestapostelle Düsseldorf und Leiter des Einsatzkommandos 12 der Einsatzgruppe D. Er wurde in Nürnberg zu lebenslanger Freiheitsstrafe verurteilt, später begnadigt und entlassen. Er soll in Frankfurt zum Thema Befehlsnotstand aussagen. Er hat einen verbrecherischen Befehl verweigert, und ihm passierte nichts. Der Angeklagte Klehr daraufhin: „Herr Zeuge, Sie waren doch Obersturmbannführer. Wollen Sie etwa behaupten, daß ein kleiner Mannschaftsdienstgrad genauso abgeschnitten hätte wie Sie?" Der Herr Zeuge erklärt, da sei er überfragt.

Über Befehlsnotstand referieren auch Erwin Schulz, SS-Brigadeführer und Leiter des Einsatzkommandos 5 der Einsatzgruppe C (in Nürnberg 15 Jahre, später begnadigt und entlassen), Doktor Werner Best, zuerst Leiter der Abteilung I im Reichssicherheitshauptamt (Personal), später Reichsbevollmächtigter in Dänemark (1946 in Kopenhagen zum Tode verurteilt, begnadigt und 1951 entlassen) und

Bruno Streckenbach, SS-Gruppenführer und Nachfolger von Best als Amtschef (Personalchef) im Reichssicherheitshauptamt. Streckenbach wurde in der Sowjetunion zu lebenslangem Zuchthaus verurteilt und später in die Bundesrepublik entlassen. All diese Herren wissen sich an keinen Fall zu erinnern, in dem ein SS-Angehöriger wegen Verweigerung eines Befehls in ein KZ eingewiesen oder erschossen worden wäre.

Der Schutzhaftlagerführer in Auschwitz, der Angeklagte Franz Hofmann, meint resignierend: „Ich kannte sie alle, die da oben. Da ist der Saal hier zu klein, um alle unterzubringen, die vor mir standen. Aber wo sind die Herren, die da oben standen? Die sind die Schuldigen, die am Schreibtisch saßen und nur telefonierten."

In den anderthalb Jahren, die dieser Prozeß nun schon dauert, hat sich auch das äußere Bild im Gerichtssaal verändert. Nur drei der Angeklagten befinden sich zu Beginn der Plädoyers noch auf freiem Fuß. Die Adjutanten Mulka und Höcker sind verhaftet worden, ebenso der Arrestaufseher Bruno Schlage, die Angehörigen der Lager-Gestapo Broad, Dylewski und Stark, der Zahnarzt Frank und der Frauenarzt Franz-Bernhard Lucas, der als einziger Angeklagter die Fahrt einer Gerichtsdelegation nach Auschwitz in Polen mitgemacht hatte. Zwei Angeklagte fehlen: Heinrich Bischoff ist gestorben, und der „Sanitätsdienstgrad" Gerhard Neubert ist erkrankt. Der Vorsitzende des Schwurgerichts, Hans Hofmeyer, ist mit Wirkung vom 1. Januar 1965 vom Landgerichtsdirektor zum Senatspräsidenten beim Oberlandesgericht Frankfurt befördert worden. Ein Geschworener schied wegen Krankheit aus, eine Geschworene nimmt nun seinen Platz ein. Neben den drei Berufsrichtern werden nun vier Frauen und zwei Männer als Geschworene in einigen Wochen das Urteil fällen.

Bei zweien der Angeklagten werden sie zu entscheiden haben, ob das Jugendstrafrecht angewendet werden soll; damals waren Hans Stark und Johann Schoberth noch nicht volljährig. Als Sachverständige empfahlen Medizinaldirektor Lechler für Stark und Professor Luff für Schoberth die Anwendung des Paragraphen 105 des Jugendgerichtsgesetzes: Die für Jugendliche geltenden Vorschriften werden angewandt, wenn „die Gesamtwürdigung der Persönlichkeit des Täters bei Berücksichtigung auch der Umweltbedingungen ergibt, daß er zur Zeit der Tat nach seiner sittlichen und geistigen Entwicklung noch einem Jugendlichen gleichstand … Das Höchstmaß der Jugendstrafe für Heranwachsende beträgt zehn Jahre."

Medizinaldirektor Lechler: „In der Gesellschaft aber, in der dieser Angeklagte gelebt hat, stand er unter den extremsten nur denkbaren Bedingungen gewissenloser Verführung."

Nach den Angeklagten, den Zeugen und Sachverständigen haben im Frankfurter Auschwitz-Prozeß nun die Juristen das Wort. Sie haben keine leichte Aufgabe, denn es gilt, jedem Angeklagten die Strafe zuzuschreiben, die ausreicht, um die Schuld zu sühnen, die ihm nachgewiesen werden konnte. Nicht mehr und nicht weniger.

Erschienen in „Christ und Welt" am 14. Mai 1965 (18. Jg., Nr. 20).

Schuld und Sühne bestimmen

Nach den Plädoyers wird im Auschwitz-Prozess das Urteil beraten

Der größte und längste Strafprozeß, der je vor einem deutschen Gericht geführt wurde, geht seinem Ende entgegen. Nach 178 Verhandlungstagen wurden am vergangenen Freitag im Frankfurter Auschwitz-Prozeß die Plädoyers beendet. Nach Repliken der Staatsanwaltschaft und der Nebenklage auf die Vorträge der Verteidigung und nach dem Schlußwort der Angeklagten wird das Gericht endlich mit der Beratung des Urteils beginnen können. Ehe es jedoch „im Namen des Volkes" verkündet werden kann, werden noch einige Wochen vergehen.

Staatsanwaltschaft und Nebenklage sind in ihren Plädoyers zu annähernd gleichen Ergebnissen gelangt. Für sechzehn der zwanzig Angeklagten forderten Oberstaatsanwalt Großmann und seine Staatsanwälte Vogel, Wiese und Kügler lebenslanges Zuchthaus wegen Mittäterschaft beim Massenmord. Für die angeklagten „Sanitätsdienstgrade" Hantl und Scherpe wurden wegen Beihilfe zum Massenmord Zuchthausstrafen von je zwölf Jahren beantragt. Den Angeklagten Arthur Breitwieser will die Staatsanwaltschaft freigesprochen, den Angeklagten Johann Schoberth wegen geringer Schuld nicht bestraft wissen.

Während die Staatsanwaltschaft für die sechzehn Angeklagten je einmal lebenslänglich Zuchthaus forderte, beantragten die Nebenklägervertreter, die Rechtsanwälte Ormond und Raabe, für die Zahnärzte Frank und Schatz sowie den Apotheker Capesius je 30 000mal lebenslänglich Zuchthaus und für die beiden Adjutanten Mulka und Höcker – sie waren damals SS-Hauptsturmführer, was dem Rang eines Hauptmanns entsprach – sogar 36 500- beziehungsweise 400 000mal lebenslänglich Zuchthaus.

Unter dem Strafantrag der Staatsanwaltschaft blieb der Nebenklägervertreter Raabe im Fall des Frauenarztes Doktor Lucas. Dieser sei aus Feigheit als Gehilfe – und nicht als Mittäter – schuldig geworden, denn er habe die Morde nicht als eigene gewollt. Raabe beantragt zwölf Jahre Zuchthaus wegen Beihilfe für Lucas.

Einfallsreiche Verteidiger

Kein Glück hatte die Nebenklage mit ihrem Antrag, den Angeklagten Schatz in Haft zu nehmen, der sich als dritter Angeklagter – neben Breitwieser und Schoberth – noch auf freiem Fuß befindet. Das Gericht lehnte die Verhaftung ab. Rechtsanwalt Laternser sprach denn auch für seinen Mandanten Schatz nur die Worte: „Als Demonstration gegen den vermutlich auf Weisung bestellten Antrag der Staatsanwaltschaft trage ich nichts vor, weil es zudem mangels eines Beweisergebnisses nichts vorzutragen gibt, und beantrage, den Angeklagten Doktor Schatz auf Kosten der Staatskasse freizusprechen. Das ist alles."

Die Verteidiger hatten in diesem Monsterverfahren keinen leichten Stand. Doch sie ließen sich allerlei einfallen, um schließlich zu dem Ergebnis zu kommen, daß ihre Mandanten freigesprochen oder das Verfahren gegen sie eingestellt werden müsse. Allenfalls meinten sie, die zu erwartende Strafe sei durch die Untersuchungshaft verbüßt. Lediglich Rechtsanwalt Aschenauer räumte ein, daß für seinen Mandanten Boger, den am schwersten Belasteten, eine zeitlich begrenzte Zuchthausstrafe noch zu vertreten sei.

Hauptargument der Verteidiger: die Angeklagten können sich auf Befehlsnotstand berufen. Dazu benötige man keine Zeugen oder Beweise, meint Rechtsanwalt Laternser: „Man muß nur ehrlich an die Verhältnisse denken, wie sie damals in der Diktatur geherrscht haben. Weiß denn die Staatsanwaltschaft nicht mehr, daß sie selbst gegen flagrante Rechtsbrüche nicht eingeschritten ist? Wer hätte es denn wagen können, öffentlich gegen die so erbarmungslose Behandlung der Juden zu protestieren? Das ist doch nur deswegen nicht geschehen, weil es einem Selbstmord gleichgekommen wäre." Oberstaatsanwalt Großmann glaubt dagegen auf Grund der Beweisaufnahme und der Gutachten: „Die Angeklagten dieses Verfahrens können sich auf Befehlsnotstand nicht berufen."

Hart gehen die Verteidiger auch mit den Zeugen ins Gericht. Ihre Aussagen seien nicht immer objektiv, ihr Ziel nicht Gerechtigkeit, sondern Sühne. Opfer seien im übrigen alles andere als gute Zeugen. Dagegen Staatsanwalt Vogel: „Bei dem, was in Auschwitz geschehen ist, bedarf es keiner Übertreibung, denn die Wahrheit ist die härteste Anklage." Daß die Zeugen im wesentlichen die Wahrheit gesagt haben, ist die feste Überzeugung der Staatsanwaltschaft und der Nebenklage.

Henker und Urteil

Außer Befehlsnotstand und unsicheren Zeugenaussagen führen die Verteidiger auch noch andere Argumente ins Feld. So meint Rechtsanwalt Göllner, ein Henker oder Scharfrichter – und das sei etwa sein Mandant Klehr gewesen – brauche sich keine Gedanken über die Urteile zu machen, die er vollstrecken solle. Nach Zeugenaussagen war denn auch Klehrs Hauptsorge, daß er immer eine runde Zahl von Opfern hatte, die er „abspritzen" konnte. Rechtsanwalt Fertig verkündet, das Frankfurter Schwurgericht sei nicht „das richtige Gremium" zum Verurteilen, da ein Staat unmöglich bestrafen könne, was er in einer anderen Geschichtsphase befohlen hat. „Regimetäter" nennt Rechtsanwalt Steinacker die Angeklagten. Wo liege denn die Schuld des einzelnen, wenn der Staat ein riesiger Verbrechensapparat sei?

Ein besonderer Fall ist der Angeklagte Kaduk, der während des Prozesses aufs schwerste belastet wurde. Die Staatsanwaltschaft hat für ihn lebenslanges Zuchthaus beantragt. Der Strafanspruch sei nicht dadurch verbraucht, daß Kaduk von den Sowjets 1947 wegen Zugehörigkeit zur SS und seiner Tätigkeit in Auschwitz zu fünfundzwanzig Jahren Zwangsarbeit verurteilt worden sei, aus der er 1956 entlassen wurde. Kaduks Verteidiger Jugl bestreitet diese These mit dem

Hinweis auf das Grundgesetz: „Niemand darf wegen derselben Tat auf Grund der allgemeinen Strafgesetze mehrmals bestraft werden." Aber hat das sowjetische Militärtribunal damals deutsche Gerichtsbarkeit ausgeübt?

Diese Frage ist entscheidend, denn des Oswald Kaduks Pech ist, daß er von den Russen und nicht von den drei Westalliierten verurteilt wurde. Hätten diese damals gegen ihn verhandelt, dann wäre er heute ein freier Mann und hätte in Frankfurt allenfalls als Zeuge auftreten können wie viele andere SS-Angehörige auch. Ihr großer Freibrief ist der Artikel 7 des Überleitungsvertrages: „Alle Urteile und Entscheidungen in Strafsachen, die von einem Gericht oder einer gerichtlichen Behörde der drei Mächte oder einer derselben bisher in Deutschland gefällt worden sind oder später gefällt werden, bleiben in jeder Hinsicht nach deutschem Recht rechtskräftig und rechtswirksam und sind von den deutschen Gerichten und Behörden demgemäß zu behandeln."

Laternsers Logik

Eine Argumentation besonderer Art trägt Rechtsanwalt Laternser dem Gericht vor. Sein Gedankengang: Hitler hatte die „Endlösung der Judenfrage", also die physische Vernichtung aller Juden in seinem Machtbereich, befohlen. Demnach waren alle auf der Rampe in Auschwitz-Birkenau ankommenden Juden zur Tötung bestimmt. „Die Selektion an der Rampe führte also in Wahrheit zu einer Verminderung der an sich geplanten und befohlenen vollständigen Vernichtung. Das Auswählen von Personen, die ins Lager kommen sollten, war demnach eine Handlung, die dem Plan, sämtliche Juden in Europa zu vernichten, jedenfalls die ausgewählten Personen entzogen hat."

Jetzt wissen wir es also: die Selektion auf der Rampe war in Wahrheit ein Akt des Widerstandes gegen Hitlers verbrecherischen Endlösungsbefehl. Die angeklagten Selekteure wären demnach als Lebensretter zu preisen und der Angeklagte Doktor Lucas um so härter zu bestrafen, weil er sich vom Dienst auf der Rampe immer wieder zu drücken versucht hat. Welch eine Logik! Es nimmt nicht wunder, daß die rechtsradikale „National-Zeitung“ durch Wochen hindurch das Plädoyer Laternsers unter dem Motto „So werden wir erpreßt – Die Wahrheit über den Auschwitz-Prozeß“ ausschlachtet.

Der Auschwitz-Kommandant Höß weiß in seiner Autobiographie zu diesem Thema folgendes beizusteuern: „Nach dem RFSS-Befehl (Reichsführer SS Heinrich Himmler) vom Sommer 1941 waren alle Juden zu vernichten. Das RSHA (Reichssicherheitshauptamt) war immer für die restlose Beseitigung aller Juden … Dagegen hatte Pohl (Leiter des Wirtschafts- und Verwaltungshauptamtes WVHA, dem die Konzentrationslager seit 1942 unterstanden) den Auftrag des RFSS, möglichst viele Häftlinge zum Rüstungseinsatz zu bringen. Er legte daher den größten Wert auf die Einlieferung möglichst vieler Häftlinge, also auch möglichst vieler arbeitsfähiger Juden aus den zur Vernichtung bestimmten Transporten … RSHA und WVHA waren also genau entgegengesetzter Auffassung … Die Konzentrationslager standen zwischen RSHA und WVHA … Da aber Pohl sich durch die vom RFSS ständig höher geforderten Einsatzzahlen beirren ließ, leistete er dem Wollen des RSHA unbeabsichtigt Vorschub, indem durch sein Drängen nach Erfüllung des Geforderten unzählige Tausende von Häftlingen durch den Arbeitseinsatz sterben mußten, weil praktisch alle unbedingt notwendigen Lebensbedingungen für derartige Häftlingsmassen fehlten.“

Staatsanwalt Kügler hat daher in seinem Plädoyer im Auschwitz-Prozeß ausgeführt, daß es auf den Selektionsvorgang gar nicht entscheidend ankomme, obwohl auch dieses Handeln den Mordtatbestand erfülle. Die Häftlinge seien nach Auschwitz gekommen, um nach der Ausnützung ihrer Arbeitskraft ermordet zu werden. „Die zehn Prozent Arbeitsfähigen sind also nicht zum Leben, sondern nur zu einer kurzen Lebensspanne ausgesondert worden.“

Ob die Selekteure also mehr den Intentionen des Reichssicherheitshauptamtes oder denen des Wirtschafts- und Verwaltungshauptamtes folgten, eines ist sicher: sie folgten in beiden Fällen ihrem „RFSS“ und das Schicksal der Häftlinge war in beiden Fällen grauenhaft. Staatsanwalt Vogel hat denn auch wohl recht mit seiner Überzeugung: „Die Mordmaschinerie war weitgehend rationalisiert, und jeder SS-Mann hat die ihm zugewiesene Aufgabe auch erfüllt und nicht nur nutzlos herumgestanden. Sonst war es nicht möglich, die riesige Mordmaschinerie in Gang zu halten."

Die drei Berufsrichter und die sechs Geschworenen werden es nicht leicht haben. Sie müssen entscheiden, welches Maß an persönlicher Schuld jedem einzelnen der zwanzig Angeklagten wirklich nachgewiesen werden kann. Sie müssen – auch wenn es schier über ihre Kräfte geht – leidenschaftslos und nüchtern abwägen und prüfen. Sie dürfen sich nicht beeinflussen lassen von der Arroganz der Angeklagten und nicht von den Tränen und Zusammenbrüchen der Zeugen, die ihren Bewachern von einst hier im Gerichtssaal gegenübertraten. Sie müssen, wenn sie zweifeln, diese Zweifel zugunsten der Angeklagten buchen, dem Grundsatz getreu: Im Zweifel für den Angeklagten.

Richter und Geschworene müssen aber andererseits in den Angeklagten auch Menschen sehen, Menschen, die mit Verstand begabt sind – keiner der Angeklagten wurde für unzurechnungsfähig erachtet – und die daher nicht wie Tiere einem blinden Instinkt folgen, ohne sich Rechenschaft über ihr Tun vor ihrem Gewissen ablegen zu müssen. Diese Angeklagten sind keine Roboter, keine bloßen Maschinen gewesen, auch wenn es manchmal so scheint und sie selbst sich gern heute so sehen. Auch der primitivste Mensch, der dumpfeste Verstand hat ein gewisses Maß von Verantwortung für das, was er tut. Dieses Maß von Verantwortung, von Verantwortlichkeit gilt es festzustellen und dementsprechend das Urteil zu fällen. Damit jedem einzelnen das Seine zugeteilt werde, denn das ist der tiefste Sinn der Gerechtigkeit, dem alles Recht zu dienen hat.

So gesehen, ist dem Rechtsanwalt Laternser voll zuzustimmen, der in seinem Plädoyer das Gericht aufforderte: „Geben Sie nicht dem allgemeinen Zug unserer Zeit nach, etwas anderes zu berücksichtigen, als Ihren unerschütterlichen Willen zum Recht, und nur zu ihm. Sie haben hier weder Geschichte zu machen, noch die Vergangenheit zu bewältigen. Sie haben hier – und das ist schon sehr viel – nur Recht zu sprechen über die hier angeklagten Personen und deren Taten, soweit sie zur Gewißheit des Rechts nach zwanzig Jahren nachgewiesen worden sind."

Erschienen in „Christ und Welt" am 30. Juli 1965 (18. Jg., Nr. 31).

Zwanzig Monate nach zwanzig Jahren

Im Frankfurter Auschwitz-Prozess wurde das Urteil gesprochen

Es geschah am Donnerstag der vergangenen Woche: In Frankfurt spricht im überfüllten Saal des Bürgerhauses Gallus Senatspräsident Hofmeyer im Namen des Volkes das Urteil über die verbliebenen zwanzig Angeklagten des Auschwitz-Prozesses. In Jerusalem ist eine Ehrenformation der israelischen Armee angetreten. Zum ersten Male in der Geschichte des Staates der Juden intoniert eine Militärkapelle die deutsche Nationalhymne. Botschafter Pauls überreicht sein Beglaubigungsschreiben dem israelischen Staatspräsidenten Schazar.

Beides geschah zwanzig Jahre nach dem Untergang des Diktators, der in Deutschland ein tausendjähriges Reich hatte aufrichten wollen, dem aber zwölf Jahre genügten, den deutschen Namen durch seine Untaten für tausend Jahre zu beschmutzen. Der Name Auschwitz wird in die Geschichtsbücher eingehen als die Chiffre für sein barbarisches Regiment; für die bürokratisch bis ins einzelne geplante und gleichsam industriell betriebene Ausrottung nahezu eines ganzen Volkes. Die Schrecken der Apokalypse verblassen angesichts der Todesfabriken von Auschwitz, in denen Millionen von Männern, Frauen und Kindern buchstäblich ausgelöscht wurden: Nicht nur für ihre Habseligkeiten hatte man Verwendung, selbst ihre Haare, ihr Zahngold, ja sogar ihre Knochen oder ihre Asche wurden „buchmäßig erfaßt, abgerechnet und verwertet". Der Frankfurter Auschwitz-Prozeß ist zu Ende. Das aber, wofür der Name Auschwitz steht, werden Menschen kaum vergessen können, Deutsche nie vergessen dürfen.

Normaler Strafprozeß

Bundespräsident Lübke hat es in seiner Rede im ehemaligen KZ Bergen-Belsen in einem Gleichnis zum Ausdruck gebracht: „Ein Mensch, der einen anderen gekränkt hatte, bat diesen, zu vergessen, was er ihm antat. Der andere erwiderte: Ich würde gern vergessen, wenn ich wüßte, daß du es nicht vergißt." Das Ereignis in Frankfurt mag der Welt Zeugnis dafür sein, daß wir Deutsche nicht vergessen; das in Jerusalem uns Hoffnung geben, daß die Juden gern vergessen würden.

Der Prozeß, der jetzt in Frankfurt zu Ende ging, war ein normaler Strafprozeß. Er wurde geführt nach den Prinzipien des Rechtsstaates und den Regeln der Strafprozeßordnung. Es galt, die Taten der zwanzig Angeklagten nach den Tatbeständen des Strafgesetzbuches zu bewerten, ihre individuelle strafrechtliche – nicht moralische oder ethische – Schuld festzustellen und die ihr entsprechende Strafe zu verhängen. „Das Schwurgericht war nicht berufen, die Vergangenheit zu bewältigen, es hatte auch nicht zu prüfen, ob dieser Prozeß zweckmäßig war oder nicht. Das Schwurgericht konnte nicht einen politischen Prozeß führen, schon gar nicht einen Schauprozeß", erklärte Senatspräsident Hofmeyer in der Urteilsbegründung. Insofern sei der Prozeß für das Gericht immer ein „Strafprozeß gegen Mulka und andere" geblieben.

Das mag bedenken, wer das Urteil von Frankfurt für zu milde hält, und er mag sich auch dies vor Augen halten: Hier wurde staatlich organisierter Massen- und Völkermord von solchem Ausmaß, daß der menschliche Verstand ihn nicht zu begreifen vermag, mit einem Mordparagraphen konfrontiert, der aus dem 19. Jahrhundert stammt und „normale" Morde im Auge hat. (Das ist fast dasselbe, als wollte man die Nachrichtenverbindung mit einem bemannten Weltraumschiff durch Rauchzeichen aufrechterhalten.) Doch hierin liegt Unglück und Glück zugleich. Unglück: weil die Diskrepanz zwischen dem Geschehen und der Strafe zu groß ist. „Selbst bei einer Verurteilung aller Angeklagten zu lebenslangem Zuchthaus würde eine Division dieser Strafe durch die Anzahl der Opfer niemals auch nur zu einer annähernd gerechten Sühne führen, denn dazu ist das Menschenleben viel zu kurz." Glück: weil kein nachträgliches Sondergesetz und politische Schauprozesse nötig sind, um die Angeklagten einer gerechten Strafe zuzuführen. Gerade das ist das Bedeutsame, daß mit den Mitteln des normalen Strafrechts und nach den Prinzipien des Rechtsstaates die Taten eines Unrechtsregimes abgeurteilt werden; daß eben nicht Gleiches mit Gleichem vergolten wird, wodurch das Unrecht zum Prinzip erhoben würde.

Gerechtes Urteil

Wenn man sich noch einmal an den Ablauf dieses Prozesses, an die letzten zwanzig Monate erinnert (vgl. unsere Prozeß-Berichterstattung in den Nummern 3, 7, 14, 22, 47/1964, 20 und 31/1965), dann muß man dem Frankfurter Schwurgericht unter seinem souveränen Vorsitzenden Hofmeyer bescheinigen, daß es ein gerechtes Urteil gefällt hat. Nach zwanzig Jahren und angesichts der Beweisschwierigkeiten, in denen sich das Gericht befand, ist es unmöglich, alle Straftaten der Angeklagten mit der erforderlichen Sicherheit nachzuweisen. Überall aber, wo ein Zweifel auftaucht, muß für den Angeklagten entschieden werden.

Daher ist das Gericht „nach stundenlangen Beratungen und trotz schwerster Bedenken" zu dem Freispruch für den 60jährigen Zahnarzt Doktor Willi Schatz gekommen. Die Staatsanwaltschaft hatte lebenslänglich gefordert, doch war dem ehemaligen SS-Untersturmführer nicht zu widerlegen, daß er sich nie an Selektionen und Vergasungen beteiligt und nur „auf der Rampe herumgedrückt" habe. Die beiden anderen Freisprüche für den 43jährigen SS-Unterscharführer Johann Schoberth und den 55jährigen SS-Rottenführer Arthur Breitwieser[1] hatte auch die Staatsanwaltschaft „wegen Mangels an Beweisen" gefordert.

1 Arthur Breitwieser (Jahrgang 1910), ein in Polen aufgewachsener Volksdeutscher, kam im Mai 1940 ins Lager Auschwitz, wo er als Experte für den Einsatz des Gases Zyklon B bis 1945 als Leiter der Häftlings-Bekleidungskammer

Gegen die übrigen siebzehn Angeklagten verhängte das Schwurgericht folgende Strafen:[2]

Wilhelm Boger, 59, SS-Oberscharführer bei der Lager-Gestapo, lebenslänglich.
Franz Hofmann, 49, SS-Hauptsturmführer und Schutzhaftlagerführer, lebenslänglich.
Oswald Kaduk, 59, SS-Unterscharführer und Rapportführer, lebenslänglich.
Stefan Baretzki, 46, SS-Rottenführer und Blockführer, lebenslänglich.
Josef Klehr, 61, SS-Oberscharführer und Sanitäter, lebenslänglich.
Emil Bednarek, 53, Häftling und Blockältester der Strafkompanie, lebenslänglich.
Hans Stark, 44, SS-Oberscharführer bei der Lager-Gestapo, zehn Jahre Jugendstrafe.

Diesen sieben Angeklagten konnte zweifelsfrei Mord in mindestens einem (Hofmann), bis zu mindestens hundertvierzehn Fällen (Boger) nachgewiesen werden. Stark entging einer lebenslänglichen Zuchthausstrafe nur dadurch, daß er zur Zeit seiner Tätigkeit in Auschwitz noch minderjährig war. Den übrigen Angeklagten konnte weder Mord noch

und der Desinfektionskammer tätig war. Im Februar 1943 wurde er zum SS-Unterscharführer befördert. Von der amerikanischen Besatzungsmacht wurde er 1946 an Polen ausgeliefert. Im Auschwitz-Prozess in Krakau vor dem Obersten Nationalgericht war er einer der 40 Angeklagten. Am 22. Dezember 1947 wurde er dort zum Tode verurteilt; im Januar 1948 wurde die Todesstrafe in lebenslange Haftstrafe umgewandelt. Im Januar 1959 wurde Breitwieser begnadigt und in die Bundesrepublik entlassen. Siehe Raphael Gross/Werner Renz (Hrsg.), Der Frankfurter Auschwitz-Prozess (1963–1965). Kommentierte Quellenedition. 2 Bde., Frankfurt a M./New York 2013, S. 452 f.

2 Siehe Abschnitt A. I, „Es sind schuldig" und II. „Es werden danach unter Freisprechung verurteilt". Auszüge aus dem Urteil in der Strafsache gegen Mulka u. a., Dokumentenanhang, S. 121 ff. und 123 f.

Mittäterschaft beim Mord nachgewiesen werden. Das Gericht qualifizierte ihre Taten als gemeinschaftliche Beihilfe zum gemeinschaftlichen Mord:

Robert Mulka, 70, SS-Hauptsturmführer und Adjutant des Lagerkommandanten Höß, vierzehn Jahre Zuchthaus.
Karl Höcker, 54, SS-Obersturmführer und Adjutant des Lagerkommandanten Baer, sieben Jahre Zuchthaus.
Klaus Dylewski, 49, SS-Oberscharführer bei der Lager-Gestapo, fünf Jahre Zuchthaus.
Pery Broad, 44, SS-Rottenführer bei der Lager-Gestapo, vier Jahre Zuchthaus.
Bruno Schlage, 62, SS-Unterscharführer und Arrestaufseher, sechs Jahre Zuchthaus.
Doktor Victor Capesius, 58, SS-Sturmbannführer und Lagerapotheker, neun Jahre Zuchthaus.
Doktor Willy Frank, 62, SS-Hauptsturmführer und Lagerzahnarzt, sieben Jahre Zuchthaus.
Doktor Franz Bernhard Lucas, 54, SS-Obersturmführer und Lagerarzt, drei Jahre und drei Monate Zuchthaus.[3]

3 Der 2. Strafsenat des Bundesgerichtshofs hat am 20. Februar 1969 das Urteil des Schwurgerichts am Landgericht Frankfurt/Main vom 19./20. August 1965 „mit den Feststellungen aufgehoben, soweit der Angeklagte Dr. Lucas verurteilt worden ist". Die Urteilsausführungen seien nicht ausreichend, um den Schuldspruch gegen Lucas, der Revision gegen das Urteil eingelegt hatte, zu tragen. Der BGH verwies die Sache nach Frankfurt/Main zur neuen Verhandlung und Entscheidung zurück (2 StR 280/67). Das Schwurgericht bei dem Landgericht in Frankfurt am Main hat daraufhin am 8. Oktober 1970 den Frauenarzt Dr. Franz Bernhard Lucas freigesprochen, „da ihm in strafrechtlicher Hinsicht aus seinem damaligen Verhalten, das objektiv einen Straftatbestand erfüllt, kein Schuldvorwurf gemacht werden kann". Siehe Gross/Renz (Hrsg.), Der Frankfurter Auschwitz-Prozess (1963–1965). Kommentierte Quellenedition, S. 1237 ff. und S. 1329 ff.

Herbert Scherpe, 58, SS-Oberscharführer und Sanitäter, vier Jahre und sechs Monate Zuchthaus.

Emil Hantl, 61, SS-Unterscharführer und Sanitäter, drei Jahre und sechs Monate Zuchthaus.

Gewiß, die Schwere der hier ausgesprochenen Strafen steht im umgekehrten Verhältnis zum Dienstgrad der Angeklagten. Am schwersten trifft es die Kleinen, die am Ende der Kette eigenhändig gemordet haben. Aber sie haben eben nicht nur als Henkersknechte widerwillig Tötungsbefehle ausgeführt, sondern sie haben alle sechs sich vielmehr durch besondere Grausamkeit und Mordlust hervorgetan. Sie taten weit mehr, als man von ihnen verlangte. Lebenslängliches Zuchthaus ist für sie die einzig mögliche Strafe.

Die Schreibtischmörder, die unser Strafgesetzbuch nicht kennt, kommen demgegenüber glimpflich weg. Das Schwurgericht hat aber dennoch klargestellt, daß es im Gegensatz zu anderen deutschen Gerichten nicht gewillt war, die Organisatoren des Massenmordes ungeschoren davonkommen zu lassen. Die vierzehn Jahre für den Adjutanten Mulka sprechen eine erfreulich klare Sprache. Wer wollte bestreiten, daß die Ausfertigung eines Fahrbefehls für einen Lkw, der Zyklon B aus Dessau holen soll, mindestens Beihilfe zum Massenmord ist. Mindestens Beihilfe zum Massenmord aber ist es auch, wenn SS-Offiziere – zumeist Akademiker – auf der Rampe von Auschwitz-Birkenau ankommende Transporte „selektieren" und dadurch einen Teil der Unglücklichen zur sofortigen Vergasung bestimmen.

Das Gericht hat angenommen, daß die Angeklagten, die auf der Rampe selektiert haben, sich im Rahmen des ihnen gewährten Ermessensspielraums bewegt, daß sie keine besondere Eigeninitiative entwickelt haben, die sie zu Mittätern gemacht hätte, die härter zu bestrafen sind. Sie waren Gehilfen beim staatlich organisierten Verbrechen und konnten als solche kaum härter bestraft werden. Man mag das bedauern, und wir tun das, Recht und Gesetz in diesem Lande lassen aber keine andere Entscheidung zu.

Der Fall Baab

Gerade weil wir das Urteil im Frankfurter Prozeß für gerecht und richtig halten, können wir es uns nicht versagen, auf einen Fall hinzuweisen, der eine weitere Diskrepanz aufzeigt. Wenn die Auschwitzer Gestapo-Beamten Dylewski und Broad und die Selekteure Frank und Capesius jetzt in ein Zuchthaus eingeliefert werden, dann werden sie dort vielleicht den Häftling Heinrich Baab antreffen, der dort seit fünfzehn Jahren einsitzt.

Der ehemalige Kriminalsekretär bei der Gestapo in Frankfurt wurde am 5. April 1950 von einem Schwurgericht beim Landgericht Frankfurt unter Vorsitz des damaligen Landgerichtsdirektors Wirtzfeld wegen „vollendeten Mordes in 55 Fällen" und anderer Straftaten zu lebenslänglichem Zuchthaus verurteilt. Als vollendeten Mord wertete das Schwurgericht, daß Baab Menschen verhaftete, Vernehmungen durchführte – bei denen es eingestandenermaßen zu Mißhandlungen kam – und dadurch schuldig wurde an der späteren Verschickung der Verhafteten nach Auschwitz. In der Begründung heißt es: „Jeder Jude, der ins KZ verschickt wurde, war damit einer unmittelbaren Todesgefahr ausgesetzt. Das Tun des Angeklagten war daher nicht nur ursächlich für den Freiheitsentzug, sondern auch für den Tod, wenn das Opfer im KZ umgekommen ist."

Wohlgemerkt, Heinrich Baab wurde wegen vollendeten Mordes verurteilt, obwohl er niemanden selbst getötet, niemals wie seine Auschwitzer Kollegen Broad und Dylewski an Erschießungen teilgenommen und niemals wie die Doktoren Capesius und Frank Häftlinge aus ankommenden Transporten zur Vergasung ausgesucht hat. Er wurde vor fünfzehn Jahren als Mörder verurteilt, weil er Juden verhaftete und vernahm, die später nach Auschwitz geschickt wurden und dort umkamen. Baab soll lebenslang büßen, während Broad und Dylewski, Capesius und Frank bald wieder auf freiem Fuß sein werden.

Es gibt viele Unstimmigkeiten bei NS-Prozessen. In den meisten Fällen sind sie unumgänglich. Die Diskrepanz zwischen dem Urteil eines Frankfurter Schwurgerichts im Jahr 1950 und dem Urteil eines Frankfurter Schwurgerichts im Jahr 1965 ist aber nicht unumgänglich, sondern schlicht unerträglich. Hier ist es den hessischen Behörden aufgegeben, die Gerechtigkeit wiederherzustellen.

Erschienen in „Christ und Welt" am 27. August 1965 (18. Jg., Nr. 35).

Deutscher Journalistenpreis 1964[1]

Gestiftet von der Industriegewerkschaft Druck und Papier in Verbindung mit der Deutschen Journalisten-Union. Verliehen im Stadtverordneten-Sitzungssaal des Frankfurter Rathauses (Römer) am 15. Juni 1965

Heinrich Bruns: Zur Verleihung des Deutschen Journalistenpreises 1964

Der Deutsche Journalistenpreis kann in diesem Jahr bereits zum zweiten Male vergeben werden. Für die Bewerbung um den Preis für das Jahr 1964 war in den Ausschreibungen die Einreichung von zeitkritischen journalistischen Arbeiten zur Auseinandersetzung mit der deutschen Vergangenheit gefordert worden. Trotz dieser thematischen Einschränkung wurden wiederum über 60 Arbeiten aus allen Teilen der Bundesrepublik eingereicht. Die Jury und der beim Hauptvorstand der Industriegewerkschaft Druck und Papier gebildete Ausschuß Deutscher Journalistenpreis hatten eine sehr umfangreiche und verantwortungsvolle Aufgabe zu erfüllen. Dafür sei besonders den Herren der Jury gedankt.

Die große Beteiligung an der Ausschreibung für den Deutschen Journalistenpreis für das Jahr 1964 hat gezeigt, daß dieser Preis einem Bedürfnis entspricht und daß er sich bereits einen Namen gemacht hat.

Die Stifter, nämlich die Industriegewerkschaft Druck und Papier in Verbindung mit der Deutschen Journalisten-Union, sehen dadurch ihre Absicht anerkannt, durch diesen Preis die Journalisten zur verantwortungsvollen kritischen Arbeit anzuregen und den Mut zur Kritik zu belohnen. […]

1 Auszüge aus der zur Verleihung der von der IG Druck und Papier herausgegebenen Broschüre „Deutscher Journalistenpreis 1964“.

Wenn unsere freiheitliche Demokratie funktionieren soll, dann genügt nicht das Sammeln und Verbreiten von Informationen. Dann müssen dazukommen der kritische Kommentar der Ereignisse und die Kontrolle des gesamten öffentlichen Lebens.

Im Sinne des für das Jahr 1964 in den Ausschreibungen gestellten Themas, nämlich der kritischen Auseinandersetzung mit der deutschen Vergangenheit, waren die Auschwitzprozesse besonders geeignet, sich mit dieser Vergangenheit zu befassen. Die Einsendungen von Beiträgen über diese Prozesse machten denn auch einen beachtlichen Anteil an den eingesandten Bewerbungen für den Deutschen Journalistenpreis für das Jahr 1964 aus. [...]

Die Jury hat nach umfangreichen Vorarbeiten [...] zwischen einer ganzen Reihe preiswürdiger Arbeiten abwägen müssen. Die Entscheidung fiel letztlich in der Art, daß der Preis an den Autor einer Zeitungsserie über die Auschwitzprozesse und an die Autoren einer Fernsehserie zu gleichen Teilen vergeben wird. Zwei weitere Journalisten wurden mit Belobigungen bedacht.

Am 15. Juni 1965 wird der Deutsche Journalistenpreis für das Jahr 1964 an die Preisträger in Frankfurt verliehen. Gleichzeitig wird das Thema bekanntgegeben werden, unter dem der Preis für das Jahr 1965 ausgeschrieben wird. Aus Anlaß des Bundestagswahljahres soll das Thema lauten „Der Bürger und seine Demokratie".

Die neue Ausschreibung dieses Preises, der von Kollegen an Kollegen vergeben wird, [...] erfolgt in der Hoffnung, daß der kritischen Arbeit der Journalisten in Zukunft wieder mehr Aufmerksamkeit und Anerkennung entgegengebracht wird. Die volle Wahrnehmung ihrer Öffentlichen Aufgabe ist mit eine der Voraussetzungen für den Bestand der Presse.

Im Sinne dieser Hoffnung erfolgt auch die Herausgabe dieser kleinen Broschüre mit den ausgezeichneten Arbeiten des Jahres 1964.[2]

2 In der Broschüre sind die Artikel „Ein Kopfnicken bedeutete Todesurteil", „Häftlinge in Maßanzügen", „Wenn das Staatsschaf zum Wolf wird", „Den Mördern ins Auge gesehen", „Die Gewissensnot des Doktor Lucas" abgedruckt.

Prof. Dr. O. B. Roegele: Die Entscheidung der Jury

Der „Deutsche Journalistenpreis" soll „die Bedeutung der kritischen Arbeit der Journalisten und der ihnen aufgetragenen Kontrollfunktionen ... unterstreichen und den Mut des einzelnen Journalisten zur positiven Kritik unter Wahrung der Wahrheit ... ermuntern". Der Preis war für das Jahr 1964 zum zweiten Mal seit seiner Stiftung durch den Hauptvorstand der Industriegewerkschaft Druck und Papier ausgeschrieben, und zwar „für den besten zeitkritischen journalistischen Beitrag zur Auseinandersetzung mit der deutschen Vergangenheit ... in Wort oder Bild". Der Beitrag mußte von einem hauptberuflich tätigen Journalisten in deutscher Sprache verfaßt und im Laufe des Jahres 1964 veröffentlicht worden sein.

Die Jury hat sich auf ihrer Sitzung in Mainz am 27. April 1965 nach reiflicher Erwägung und längerer Diskussion der Gründe und Gegengründe entschlossen, den Preis auch in diesem Jahre zu *teilen*, und zwar in zwei gleiche Beträge. Sie will dadurch zum Ausdruck bringen, daß sie die beiden journalistischen Leistungen, die mit dieser Auszeichnung bedacht werden, ungeachtet ihrer unterschiedlichen Öffentlichkeitswirkung, ihrer verschiedenen Darstellungsform und auch ihres Umfangs *gleichrangig* bewertet.

Es handelt sich dabei um die aus sieben Folgen bestehende Fernseh-Sendung „Die Weimarer Republik" von Dr. Albert Wucher und Dr. F. A. Krummacher, die vom Zweiten Deutschen Fernsehen ausgestrahlt wurde, und um die Artikelserie über den Auschwitz-Prozeß von Dr. Peter Jochen Winters, die in mehreren Ausgaben der Wochenzeitung „Christ und Welt" im Laufe des Jahres 1964 erschienen ist.

[...]

Die beiden zu gleichen Teilen mit dem Deutschen Journalistenpreis 1964 bedachten Arbeiten erfüllen nach Auffassung der Jury in vollkommener Weise die Ausschreibungsbedingungen und ragen durch ihre journalistische Qualität besonders hervor.

[...]

Die Artikelserie über den Frankfurter Auschwitz-Prozeß von Dr. Peter Jochen Winters erschien der Jury deshalb auszeichnungswürdig, weil sie eine Folge von Reportagen darstellt, die sorgfältige und genaue Beobachtung, Fleiß, psychologisches Einfühlungsvermögen, ein selbständiges Urteil und einen dem Gegenstand angemessenen Stil erkennen lassen. Der Verfasser gehört einer Generation an, die das nationalsozialistische Regime nicht mehr selbst miterlebt hat. Er spricht die Fragen und Gedanken vieler junger Menschen aus, die mit den schaurigen Einzelheiten dieser Zeit nicht fertig werden können und das Gefühl haben, daß die Generation ihrer Väter, weil sie schuldig geworden ist, die Antwort auf solche Fragen verweigert. Durch die Projektion dessen, was im Gerichtssaal offenbar wird, auf die seelische Spannung der jetzt Lebenden, durch das Aufgreifen und die Erörterung vieler Fragen, die sich der Zeitgenosse der Prozesse wie der Zeitgenosse der Konzentrationslager stellen muß, hat Winters sowohl die Aufgabe, einen Beitrag zur Bewältigung der Vergangenheit zu liefern, wie die Forderung nach zeitkritischen Elementen sehr gut erfüllt. Durch die Präzision seiner Tatsachenfeststellungen und den gelassenen, aber spürbar engagierten Ton seiner Reportage hat der Autor die Wirkung seiner Aussage erhöht; sie vermag auch solche Leser in ihren Bann zu ziehen, die von vornherein nicht dazu neigen, Berichte über derartige Prozesse zu lesen und zum Gegenstand eigenen Nachdenkens zu machen.

Beiträge aus der Frankfurter Allgemeinen Zeitung

Die „Karriere“ des Johannes Thümmler

Ein SS-Mann fordert Kunstgüter zurück

In Kürze begeht ein Mann in Deutschland seinen 90. Geburtstag, dessen Lebensweg für das Schuldigwerden deutscher Juristen zur Zeit des Nationalsozialismus, für Verdrängung der nationalsozialistischen Vergangenheit nach dem Krieg und das weitgehende Versagen der deutschen Nachkriegsjustiz steht. Johannes Thümmler hätte vermutlich dennoch seinen Geburtstag unbemerkt von der Öffentlichkeit begehen können, wenn er nicht kürzlich die Stadt Chemnitz aufgefordert hätte, Kunstgüter aus seinem Besitz, die nach dem Krieg in Museen der Stadt gelangt sind, an ihn herauszugeben. Zusammen mit Museumsgütern seiner Heimatstadt waren Thümmlers Kunstschätze Ende des Zweiten Weltkrieges im Erzgebirge ausgelagert worden, wo ein Teil des Auslagerungsgutes verlorengegangen ist. Auf welche Weise Thümmler damals in den Besitz der fraglichen Kunstgegenstände gelangte, ist bisher nicht bekannt.

Johannes Thümmler, Sohn eines selbständigen Chemnitzer Buchhändlers, ist in der sächsischen Stadt kein Unbekannter. Nach einem Jura-Studium und der Promotion an der Universität Leipzig 1930 hatte Thümmler, der 1932 der NSDAP, 1933 der SA und 1937 der SS beigetreten war, bei der politischen Polizei rasch Karriere gemacht. Im Jahr 1939 wurde er stellvertretender Leiter der Stapo-Leitstelle Dresden. Von März 1941 bis Juni 1943 war er – zuletzt im Rang eines Oberregierungsrates und SS-Obersturmbannführers (Oberstleutnant) – als Leiter der Stapostelle Chemnitz mitverantwortlich für Judendeportationen. Im Oktober 1943 wurde er vom Chef des Reichssicherheitshauptamts (RSHA) in Berlin, Kaltenbrunner, zum Leiter der Stapo-Leitstelle Kattowitz und im Herbst 1944 dort zum Kommandeur der Sicherheitspolizei und des SD (KdS) ernannt.

Mit dem Argument, Thümmler habe dem verbrecherischen System des Dritten Reiches so nahe gestanden, daß in diesem Fall moralisch der Anspruch auf Herausgabe von Kunstgütern nicht zu rechtfertigen sei, hat die Stadt Chemnitz Verhandlungen mit ihm abgelehnt. Sie verweist zudem darauf, daß das Vermögen von Nazi- und Kriegsverbrechern durch den Befehl Nummer 124 der Sowjetischen Militär-Administration (SMAD) vom 30. Oktober 1945 unter staatliche Verwaltung gestellt und später durch Volksentscheid in Sachsen in das Eigentum des deutschen Volkes überführt worden ist. Thümmler sei damals auf den entsprechenden Listen namentlich erfaßt worden. Die damalige Entscheidung in der Sowjetischen Besatzungszone habe auch heute noch Bestand.

Der SS-Obersturmbannführer hat nach dem Krieg schon einmal die Öffentlichkeit beschäftigt. Unvergessen ist dem damaligen Prozeßberichterstatter Thümmlers Auftritt im Frankfurter Auschwitz-Prozeß. Es war der 107. Verhandlungstag, als am 2. November 1964 Johannes Thümmler als Zeuge vernommen wurde. Thümmler berichtete damals über seine Tätigkeit, als sei seine Dienststelle in Kattowitz eine normale Behörde und das Polizeigericht in Auschwitz ein ganz normales Organ der Rechtspflege gewesen. Er zeigte keinerlei Einsicht in das Verbrecherische seines Tuns, kein Mitleid mit den Opfern, keine Reue. Von den Vergasungen habe er damals natürlich gehört. Doch darüber hat er sich offenbar keine Gedanken gemacht. Mitte 1944 hat er „beim Reichsführer selbst, pardon, bei Himmler" vorgesprochen, „damit das Lager abgebaut wird". Doch das tat er nicht wegen der Vergasungen, wegen der unvorstellbaren Leiden der Opfer der SS, sondern weil „so ein Riesenlager bei dem Rückzug der Truppen eine militärische Gefahr bedeuten würde".

Er sei sechs-, sieben- oder vielleicht auch achtmal zu Sitzungen des Polizeigerichts im Konzentrationslager Auschwitz gewesen, gibt Thümmler in Frankfurt zu. Drei Personen bildeten das Gericht: Thümmler als Vorsitzender, der Leiter der Kriminalpolizei und ein Vertreter des SD als Beisitzer. Ob bei den Gerichtssitzungen auch Verteidiger anwesend gewesen seien, will der Schwurgerichtsvorsitzende wissen. „Wenn mal einer gewünscht wurde", sagt Thümmler, und auf die Frage, ob einer gewünscht worden sei, antwortet er: „Das war sehr selten." Wenn ein Verteidiger gewünscht worden sei, dann sei ein Beamter seiner Dienststelle dazu bestellt worden. Wer die Zusammensetzung des Standgerichts bestimmt habe, will der Staatsanwalt wissen. Thümmler: „Ich." Staatsanwalt: „Wer bestimmte den Ankläger?" Thümmler: „Ich." Staatsanwalt: „Wer bestimmte den Verteidiger?" Thümmler: „Ich." Staatsanwalt: „Sie bestimmten also alles?" Thümmler: „Es gab keine andere Möglichkeit."

Wie viele Todesurteile von dem Standgericht unter seinem Vorsitz ausgesprochen worden seien, will der Vertreter der Nebenklage wissen. Thümmler: „Einige Hunderte." Die Angeklagten seien ausschließlich geständige Partisanen gewesen, behauptete der Zeuge Thümmler damals. Den Gerichtssitzungen seien immer „umfangreiche Vorvernehmungen" vorausgegangen. Bei der Sitzung selbst sei der Angeklagte lediglich dazu gehört worden, ob seine Unterschrift unter dem Geständnis von ihm anerkannt werde. Staatsanwalt: „Sind bei den Gerichtsverfahren auch Zeugen vernommen worden?" Thümmler: „In der Regel nicht, aber es kam schon vor." Das Gericht habe nur Todesurteile und „KZ-Einweisungen auf unbestimmte Zeit" ausgesprochen. „Ein Freispruch war praktisch ausgeschlossen. Zu meiner Zeit gab es ja auch keine Unschuldigen", sagt Thümmler und schätzt, daß in 60 Prozent der Fälle ein Todesurteil, in 40 Prozent der Fälle eine KZ-Einweisung ausgesprochen worden sei. Länger als zwei Minuten hat sich Thümmlers „Gericht" nur ganz selten mit einem Angeklagten beschäftigt, und wie die Geständnisse zustande gekommen sind, hat den promovierten Juristen Thümmler auch nicht interessiert. Die Urteile seines „Gerichts" hat Thümmler – ebenso wie seine beiden Beisitzer – lediglich unterschrieben. Die Urteile seien von einem Verwaltungsbeamten, der Protokollführer gewesen sei, entworfen worden. So ein Urteil habe etwa eine halbe bis eine Seite Umfang gehabt. Darin habe der gesamte Tatbestand gestanden. Um die Vollstreckung seiner Urteile hat sich Thümmler nicht gekümmert. Todesurteile sind durch Genickschuß an der „Schwarzen Wand" im Hof des Blocks 11 in Auschwitz vollstreckt worden.

Im Auschwitz-Prozeß ist Thümmler, der den Zeugenstand unbehelligt verlassen konnte, unvereidigt geblieben – „weil er der Beteiligung an den Taten, die den Gegenstand des Verfahrens bilden, verdächtig ist", wie der Schwurgerichtsvorsitzende sagte. Doch verurteilt wurde Thümmler, der sich seit Kriegsende in Württemberg aufhielt, in der Bundesrepublik nie. Zwar ermittelte die Staatsanwaltschaft Stuttgart wegen seiner Tätigkeit in Kattowitz gegen ihn – Thümmler soll als angebliche Partisanen auch „rassisch Minderwertige" zum Tode verurteilt und an Selektionen auf der Rampe von Birkenau teilgenommen haben –, doch das Landgericht Ellwangen lehnte 1970 ebenso wie auf Beschwerde der Staatsanwaltschaft das Oberlandesgericht Stuttgart die Eröffnung des Hauptverfahrens gegen Thümmler ab. Rechtsbeugung als Vorsitzender des Standgerichts sei ihm nicht nachzuweisen, entschied das Gericht. Die Verurteilten hätten ja Geständnisse unterschrieben, und auch sonst bestehe mangels ausreichender Beweise kein „hinreichender Tatverdacht". Der Fall Thümmler wurde zu den Akten gelegt.

Nach Kriegsende ist Thümmler – der vorher zum Kommandeur der Sicherheitspolizei in Stuttgart ernannt worden war – aus der französischen Gefangenschaft 1946 in das Internierungslager Ludwigsburg eingeliefert worden, wo er 1948 in einem Spruchkammerverfahren als Hauptschuldiger eingestuft und zu zweieinhalb Jahren Arbeitslager verurteilt wurde. Die Strafe galt durch die Lagerhaft als verbüßt; 1949 wurde sie in der Berufung auf 180 Tage Arbeitslager reduziert und Thümmler nur mehr als Belasteter eingestuft. Seine Nachkriegskarriere hinderte das nicht. Wegen guter Führung war der frühere Gestapo-Chef schon im Internierungslager Ludwigsburg als Bürgermeister der Lagerselbstverwaltung eingesetzt worden. Zu Beginn der fünfziger Jahre war er Leiter der volkswirtschaftlichen Abteilung bei den Zeiss-Werken in Oberkochen und seit 1956 Geschäftsführer der Carl-Zeiss-Wohnungsbau GmbH. Im Auschwitz-Prozeß bat er darum, die Frage: „Wo sind Sie heute angestellt?" schriftlich beantworten zu dürfen – was ihm erlaubt wurde.

Erschienen in der Frankfurter Allgemeinen Zeitung am 26. Juni 1996

Die Höllenecke, die nett eingerichtet war

Ein Mann wohnt im Haus: Wer malte das Wandbild der Strafkompanie von Birkenau?

Ein vor der Befreiung am 27. Januar 1945 entstandenes Wandbild in einer Steinbaracke des Vernichtungslagers Auschwitz-Birkenau, der „größten Menschen-Vernichtungs-Fabrik", wie der Kommandant Höß selbst das Lager nannte? Wohl kaum einer der Besucher, der in diesen Teil des Staatlichen Museums in Auschwitz kommt – und es ist nur ein Drittel der rund 500 000 im Jahr –, erwartet so etwas an diesem Ort.

Da ist die „Rampe", wo die „Selektionen" stattfanden. Da sind die Trümmer der von der SS im November 1944 gesprengten Krematorien mit den Gaskammern. Zwischen März und Juni 1943 waren hier vier große Krematorien mit Gaskammern errichtet worden, die eine „Verbrennungskapazität" von 4416 Leichen pro Tag hatten, wie der Chef der Zentralbauleitung dem SS-Wirtschafts-Verwaltungs-Hauptamt am 28. Juni 1943 meldete. Hier gab es seit 1942 zwei zu provisorischen Gaskammern umgebaute Bauernhäuser, Verbrennungsgruben, Scheiterhaufen und einen Teich, in den Menschenasche aus den Krematorien geschüttet wurde, sowie Massengräber sowjetischer Kriegsgefangener.

Seit April vergangenen Jahres ist in Birkenau auch die im Herbst 1943 entstandene „Zentrale Sauna", das reparierte Gebäude der ehemaligen Entwesungs- und Desinfektionsanlage, zu besichtigen, dessen Räume nun zur Information und zur Erinnerung genutzt werden an jene Tausende von Menschen aus allen Teilen Europas, die – nicht zur sofortigen Vergasung bestimmt – hier registriert, „entwest" und als Häftlinge in das Lager eingewiesen wurden.

Mit der Errichtung des Konzentrationslagers Birkenau, drei Kilometer vom Stammlager Auschwitz entfernt, war im Oktober 1941 begonnen worden. Fertig geworden ist das später Auschwitz II genannte und für 200 000 Häftlinge geplante Lager nie. Im August 1944 waren hier rund 100 000 männliche und weibliche registrierte Häftlinge untergebracht. Das sumpfige, ungefähr 175 Hektar große Gelände war mit mehr als dreihundert meist hölzernen und einigen gemauerten Baracken bebaut, von denen nur wenige erhalten geblieben sind.

Im Mai 1942 wurde die Strafkompanie – von Überlebenden als „Apparat der Grausamkeit" geschildert – vom Stammlager Auschwitz nach Birkenau verlegt. Hier mußten die Häftlinge am Bau eines Kanals arbeiten, „Königsgraben" genannt, der das Wasser aus dem sumpfigen Lagerterrain von Birkenau in die in der Nähe vorüberfließende Weichsel abführen sollte. Im ersten „Heft von Auschwitz" (1959) schildert der polnische Gymnasialprofessor Józef Kret, der von 1941 bis 1944 Häftling in Auschwitz und Birkenau war, einen Tag in der Strafkompanie: „Wir kamen an üppigen Wiesen voll blühender Blumen vorüber und dann an den Resten eines Kiefernwaldes und gelangten auf einen Damm, welcher einen kleinen Bach einfaßte, der sein unansehnliches Wasser durch dichtes Grün auf sumpfigem Grund zur Weichsel führte. Jetzt ersetzte ihn ein breiter Graben, der Königsgraben, der von eben jener Strafkompanie auf Kosten hunderter von Menschenleben gebaut wurde."

Die Strafkompanie war in Birkenau zunächst im Lagerabschnitt B I,b untergebracht, wo es gemauerte Baracken gab. In einer befindet sich das Wandbild. „Königsgraben" steht darüber in blauen Buchstaben. Es stamme von einem unbekannten Künstler und sei entstanden, als die Strafkompanie hier untergebracht war, heißt es auf einer Informationstafel. Die Strafkompanie galt als „die Hölle von Auschwitz". Und ausgerechnet in deren Unterkunft sollte ein unbekannter Künstler ein Wandbild gemalt haben?

Das Bild zeigt Häftlinge der Strafkompanie bei der Arbeit, beobachtet und angetrieben von herumstehenden SS-Männern und „Capos", Häftlingen, die von der SS als Verantwortliche für ein Arbeitskommando eingesetzt wurden. Außer einem Bagger, der wohl einen Graben aushebt, und einer kleinen Lokomotive, die gefüllte Loren zieht,

Zu dem Artikel erschien ein Foto des Wandbildes „Königsgraben".
Bildunterschrift: „Alltägliches Grauen: In einer Baracke des Konzentrationslagers Birkenau wird gezeigt, was geschehen ist."

Foto: Brigitte Kreuder

zeigt das Bild aber auch, wie ein offensichtlich geschundener oder gar schon toter Häftling von Kameraden getragen wird. Man sieht einen großen Vogel am Rand des Bildes auf diese Gruppe zufliegen; drei weitere im Hintergrund. Totenvögel? Kann dieses Bild entstanden sein, als die Strafkompanie hier untergebracht war? Wer hat es in Auftrag gegeben oder wenigstens erlaubt, daß es gemalt wurde? Oder ist es erst nach der Befreiung des Lagers entstanden wie die Zeichnungen, die man im Stammlager Auschwitz ausgestellt sieht?

Die Gedanken gehen zurück zum Auschwitz-Prozeß, der von Dezember 1963 bis August 1965 in Frankfurt stattfand. Unter den zwanzig Angeklagten, über die nach 183 Verhandlungstagen das Urteil gesprochen wurde, war einer, der nicht zur SS gehörte, sondern seit 1940 Häftling, Funktionshäftling im Konzentrationslager Auschwitz war: der 1907 geborene Pole Emil Bednarek. Wegen vierzehn Morden, die er als Blockältester der Strafkompanie, aus Mordlust und nicht auf Befehl, sondern sogar gegen den Befehl begangen habe, wurde er zu lebenslangem Zuchthaus verurteilt. „Gegen ihn spricht auch, daß er zum Blockältesten der Strafkompanie ausgewählt wurde, da die SS dort nur einen besonders gefühllosen Menschen brauchen konnte", befand das Frankfurter Schwurgericht.

Aus den Notizen des Prozeßbeobachters über Aussagen von Überlebenden ergibt sich folgendes Bild: In die Strafkompanie wurden Häftlinge von der Politischen Abteilung, der Lager-Gestapo, oft wegen ganz geringfügiger Vergehen oder ohne ersichtlichen Grund befristet oder unbefristet überstellt. Für viele bedeutete dies das Todesurteil. Die Strafkompanie wurde zu den schwersten Arbeiten unter unmenschlichen Bedingungen eingesetzt. Bei jedem Ausmarsch zur Arbeit – in der Kiesgrube von Auschwitz oder beim Königsgraben in Birkenau – wurde am Ende der Kolonne ein von Häftlingen gezogener leerer Wagen mitgeführt. Bei der Rückkehr war er mit Leichen beladen.

Wie viele Häftlinge in der Strafkompanie insgesamt grausam zu Tode gebracht wurden, ist unbekannt. Kommandoführer der Strafkompanie und später der Krematorien in Birkenau war der SS-Oberscharführer

Otto Moll, der 1946 von den Amerikanern in Dachau zum Tode verurteilt und hingerichtet wurde. Da der Apparat der SS nicht ausreichte, um in Auschwitz und Birkenau den Betrieb des Lagers zu beherrschen, übertrug man Häftlingen Funktionen und stattete sie mit großer Macht aus. An der Spitze der Häftlingshierarchie stand der Lagerälteste, ihm untergeordnet waren die Blockältesten.

Bednarek wurde von Zeugen im Auschwitz-Prozeß als ein „scharfer Blockältester" geschildert, der sich um jeden Preis auf diesem Posten behaupten wollte. Er sei ein „williges Werkzeug der SS" und ein „unberechenbarer Sadist" gewesen, der Häftlinge bei Appellen „Sport" bis zum Umfallen treiben ließ. Bednarek habe Häftlinge „stark geschlagen". „Er schlug mit dem Stock, bis der Häftling umfiel." In seinem Block habe es viele Tote gegeben. Im Prozeß traten Zeugen auf, die Augenzeugen solcher Morde und Mißhandlungen geworden waren. Andere Zeugen berichteten jedoch, daß der Angeklagte nach der Liquidierung der Strafkompanie in Birkenau Mitte Oktober 1944 seine Funktion als Blockältester behalten habe. Nach dem gescheiterten Warschauer Aufstand wurden im Oktober 1944 Kinder ins Lager eingeliefert. Sie seien zu Bednarek gekommen, der sie unter seinen Schutz genommen und sich rührend um sie gekümmert habe. „Er ist damals ein anderer Mensch geworden", sagte ein Zeuge im Prozeß.

Als Blockältester der Strafkompanie hatte Bednarek für Ruhe, Sauberkeit und Ordnung zu sorgen. Er verfügte über eine eigene „Blockältesten-Stube", die sogar Gardinen vor dem Fenster gehabt habe. „Bednarek schlief immer getrennt von uns. Im Block war eine Ecke abgeteilt, die nett eingerichtet war, mit Deckchen und Tellern mit Äpfeln. Sie hatte ein kultiviertes Aussehen."

Am 10. September 1964 stand der damals siebzig Jahre alte Pole Franciszek Znamirowski als Zeuge vor dem Frankfurter Schwurgericht. Er berichtete: „Ich wurde in die Strafkompanie eingewiesen, in der Bednarek Blockältester war. Als er erfuhr, daß ich Kunstmaler bin, gab er mir den Auftrag, ein Bild für seine Braut zu malen. Auch eine gelbe Binde mit der Aufschrift ‚Capo' habe ich für ihn gemalt …

Mit mir war ein junger Zeichner in die Strafkompanie gekommen, der ebenfalls Bednarek hieß und aus Warschau stammte. Der Blockälteste hat ihm freundlich lächelnd gesagt: ‚Wir haben den gleichen Namen', und hat ihm Brot gegeben und eine leichte Arbeit verschafft. Der junge Bednarek hat aber später Brot gestohlen. Davon erfuhr der Blockälteste und strafte ihn, indem er ihn an auf dem Rücken gefesselten Händen aufgehängt hat. Er stellte ihn auf einen Hocker, befestigte die Hände an einem Balken im Barackendach und stieß dann den Hocker weg."

Hat der Blockälteste Bednarek – von dem Zeugen sagten, er sei unkontrolliert „der Herr" im Block gewesen – das Wandbild „Königsgraben" anfertigen lassen? Hat es gar der spätere Zeuge Znamirowski gemalt? Oder der junge Bednarek? Man wird es wohl nie erfahren.

Erschienen in der Frankfurter Allgemeinen Zeitung am 26. Januar 2002

Auschwitz-Arzt mit West-Kontakten

Eine systematische Täterverfolgung gab es in der DDR nicht, aber 1965/66 den großen Prozeß gegen den SS-Mediziner Horst Fischer

Am 20. August 1965 endete am 183. Verhandlungstag der erste Auschwitz-Prozeß vor dem Schwurgericht Frankfurt am Main mit dem Urteil für 20 Angeklagte. Am 15. September 1965 meldete die DDR-Nachrichtenagentur ADN die Festnahme des ehemaligen stellvertretenden Standortarztes des Konzentrations- und Vernichtungslagers Auschwitz und verantwortlichen Lagerarztes des Nebenlagers Monowitz (Auschwitz III), Dr. Horst Fischer. Die Verhaftung des zweithöchsten SS-Mediziners von Auschwitz war bereits am 11. Juni 1965 erfolgt, aber geheimgehalten worden. Als Landarzt hatte Fischer unter seinem Namen seit 1946 in Spreenhagen, Kreis Fürstenwalde, unbehelligt gelebt und praktiziert. Am 25. März 1966 wurde Fischer nach zehn Verhandlungstagen vom Obersten Gericht der DDR wegen „Verbrechen gegen die Menschlichkeit" zum Tode verurteilt. Er sei mitverantwortlich für die Ermordung von mindestens 70 000 Menschen. Das Urteil wurde am 8. Juli 1966 durch Enthauptung vollstreckt.[1]

Christian Dirks nimmt das Verfahren gegen Fischer als den bedeutendsten NS-Prozeß der DDR zum Ausgangspunkt für eine auf eine Vielzahl bisher unbekannter Quellen gestützte, breitgefächerte, gründliche Untersuchung zur „Vergangenheitsbewältigung" im anderen Teil Deutschlands und deren Rolle bei der agitatorisch-propagandistischen

1 Siehe Dokumentenanhang S. 185 ff.: Auszüge aus dem Urteil des Obersten Gerichts der DDR vom 25. 3. 1966 (1 Zst (I) 1/66). Vgl. C. F. Rüter, DDR-Justiz und NS-Verbrechen. Sammlung ostdeutscher Strafurteile wegen nationalsozialistischer Tötungsverbrechen. Amsterdam/München 2002, Band II, S. 695–718.

Auseinandersetzung mit „Westdeutschland“. Er leistet einen Beitrag zur NS-Täter-Forschung hinsichtlich der SS-Mediziner und legt eine fundierte Darstellung der vom Staatssicherheitsdienst, der Geheimpolizei der DDR, beherrschten strafrechtlichen Verfolgung von nationalsozialistischen Gewaltverbrechern vor.

Dabei standen dem Autor neben zahlreichen anderen Archivalien vor allem die Ermittlungs- und Verfahrensakten des Ministeriums für Staatssicherheit (MfS) im Fall Fischer zur Verfügung, die aus den Gerichtsakten, den Handakten und den Begleitakten der Gerichtsakten bestehen. Nach Dirks handelt es sich hierbei „um einen der größten Aktenbestände zum Thema Auschwitz überhaupt“. Darin enthalten sind neben Hunderten von Zeugenaussagen die Einlassungen und persönlichen Niederschriften des voll geständigen Fischer, „die mit Abstand umfangreichsten Äußerungen ..., die von einem ehemaligen KZ-Arzt überliefert sind“.

Nach einem Kapitel „Strafverfolgung von NS-Verbrechen in der SBZ/DDR 1945–1966“ schildert der Autor ausführlich den Lebensweg und die Taten des 1912 in Dresden geborenen Arztes, der bereits 1933 der SS beitrat, im November 1942 als Truppenarzt nach Auschwitz kam, dort Karriere als „Mediziner ohne Gewissen“ machte, die letzten Tage des Krieges in Berlin erlebte und anschließend zwanzig Jahre lang in der mitteldeutschen Provinz von den DDR-„Organen“ unerkannt sich sozusagen als „verdienter Arzt des Volkes“ erwies. Ausführlich behandelt Dirks die herausgehobene Rolle der SS-Mediziner (Truppen- und Lagerärzte, Zahnärzte und Apotheker) in Auschwitz. Sie gehörten zur Dienststelle „Standortarzt“, die im Frühjahr 1942 in das zur Ausnutzung des Arbeitskräftepotentials der Deportierten gegründete SS-Wirtschafts- und Verwaltungshauptamt (WVHA) mit der Amtsgruppe D „Konzentrationslager“ eingegliedert worden war. Ab April 1943 für die Selektionen verantwortlich, wurden die SS-Ärzte vom Standortarzt, dem leitenden SS-Arzt für den gesamten Lagerbereich, zum „Dienst an der Rampe“ und anschließender Beaufsichtigung der Vergasung eingeteilt. Von den ankommenden Deportierten wurden bis zu 25 Prozent zur Zwangsarbeit ausgesondert. Die übergroße Mehrheit wurde direkt in die Gaskammern geschickt.

Der KZ-Arzt Fischer hat von Frühjahr 1943 im Stammlager (Auschwitz I) und in Birkenau (Auschwitz II) an der Rampe und in anderen Lagerbereichen selbständig selektiert. Seit dieser Zeit war er auch als Lagerarzt im Außenlager Monowitz (Auschwitz III) eingesetzt, dem größten Nebenlager von Auschwitz, das zugleich das erste private Konzentrationslager des NS-Staates war. In Monowitz war bis Ende 1942 ein riesiger Industriekomplex der IG Farben zur synthetischen Herstellung von Gummi (Buna) und Benzin entstanden. Zum Auf- und Ausbau sowie zum Betrieb der Anlagen „vermietete" die SS auf Anforderung der IG Farben KZ-Häftlinge, für die auf dem Werksgelände ein Lager eingerichtet wurde. IG Farben zahlte der SS für kräftige und gesunde Häftlinge und verlangte, daß kranke und durch die Zwangsarbeit geschwächte Häftlinge zurückgenommen und durch arbeitsfähige ersetzt wurden. Im November 1943 zum verantwortlichen Lagerarzt in Monowitz und zugleich zum Stellvertreter des Standortarztes ernannt, sonderte Fischer bei Selektionen im Krankenbau von Monowitz schwerkranke und arbeitsunfähige Häftlinge aus, die zur Vergasung nach Birkenau gebracht wurden. Am 18. Januar 1945 verließ Fischer Auschwitz befehlsgemäß in Richtung Berlin.

In der DDR war die Ahndung von NS-Verbrechen in den fünfziger Jahren praktisch zum Erliegen gekommen, und eine systematische Verfolgung von NS-Tätern hat es dort – so das Fazit des Autors – zu keinem Zeitpunkt gegeben. Der Staatssicherheitsdienst als zuständiges Untersuchungsorgan verfügte zwar über einen umfangreichen Fundus von Originalakten des „Dritten Reiches" in seinem Zentralarchiv. Doch diese Archivalien wurden nur als Beweismaterialien zur „Entlarvung von führenden Persönlichkeiten in Staat, Wirtschaft und Politik der BRD" genutzt. Schließlich seien – so die immer wieder verkündete Propagandathese – die NS-Täter in der Bundesrepublik zu finden; die DDR habe gründlich mit dem Faschismus abgerechnet und Nazi- und Kriegsverbrecher, die sich nicht in den Westen abgesetzt hätten, vor

Gericht gestellt. So konnte der Auschwitz-Arzt Fischer in der DDR-Provinz zwanzig Jahre unentdeckt leben, obwohl sein Name nicht nur in der Fachliteratur seit langem bekannt war und im Westen nach ihm gefahndet wurde. Die Kreisdienststelle Fürstenwalde des MfS beobachtete zwar seit Ende der fünfziger Jahre den Dr. Horst Fischer, doch nicht wegen seiner SS-Vergangenheit, die der Geheimpolizei unbekannt war, sondern wegen seiner West-Kontakte und „politischen Unzuverlässigkeit". Im April 1964 stieß eine Abteilung des MfS im Zentralarchiv auf Unterlagen, die Fischer als SS-Lagerarzt schwerster Verbrechen beschuldigten. Doch auch das blieb zunächst ohne Folgen. Erst als im Februar 1965 die Kreisdienststelle Fürstenwalde in der MfS-Zentrale eine Datenabfrage startete, wurde die Identität des wegen seiner West-Kontakte beobachteten Fischer mit dem KZ-Arzt deutlich.

Das MfS besorgte die Festnahme Fischers, hielt ihn neun Monate in einem seiner Untersuchungsgefängnisse und nahm umfangreiche Ermittlungen und Vernehmungen, aber auch die konzeptionelle Planung eines „Prozesses vor erweiterter Öffentlichkeit" vor, in dem die Verstrickung der IG Farben in die Verbrechen von Auschwitz, ihr Zusammenwirken mit der SS, eine besondere Rolle spielen sollte. Selbst das Todesurteil wurde vom MfS vorgegeben. Sowohl der Generalstaatsanwalt der DDR, Josef Streit, der die Anklage in dem Prozeß vertrat, als auch das Oberste Gericht hielten sich an die Vorgaben. Fischers Verteidigern, den Ost-Berliner Rechtsanwälten Wolfgang Vogel und Günter Heinicke, blieb nur der erfolglose Versuch, statt der Todesstrafe eine Verurteilung zu lebenslangem Zuchthaus zu erreichen und nach dem Todesurteil dessen Vollstreckung durch einen Gnadenerweis Ulbrichts zu verhindern.

Es ist das Verdienst des Autors, daß er anhand der von ihm ausgewerteten Dokumente zum Fall Fischer deutlich machen kann, wie die DDR die nationalsozialistische Vergangenheit – „die Qualität der Ermittlungsergebnisse ist im Einzelfall nicht zu beanstanden" – zum propagandistischen Kampf gegen die Bundesrepublik instrumentalisierte, nicht zuletzt durch systematische Einflußnahme auf deren NS-

Prozesse. Im großen Frankfurter Auschwitz-Prozeß hatte sie durch den Ost-Berliner Rechtsanwalt Kaul, der als Nebenklägervertreter zugelassen war, vergeblich versucht, das Verfahren in ein Tribunal gegen den IG-Farben-Konzern zu verwandeln. Nach der auch für die SED-Führung überraschenden Festnahme Fischers konnte sie ihr Ziel auf zwei Wegen verfolgen: im zweiten Frankfurter Auschwitz-Prozeß und im Ost-Berliner Fischer-Prozeß. In Frankfurt stand neben anderen seit Dezember 1965 mit dem SS-Sanitäter Neubert[2] die „rechte Hand" Fischers in Monowitz vor Gericht, das Kaul (dessen Nachlaß Dirks benutzen konnte) wiederum zugelassen hatte.

In Ost-Berlin hatte das MfS unsichtbar neben Fischer die „Hintermänner und Nutznießer" der Verbrechen der SS mit auf die Anklagebank gesetzt – „jene monopolistischen Kräfte, die Hitler zur Macht verhalfen und heute wieder an den entscheidenden Schalthebeln von Staat und Wirtschaft in der BRD sitzen und erneut den Frieden bedrohen".

Rezension des Buches von Christian Dirks, Die Verbrechen der anderen. Auschwitz und der Auschwitz-Prozeß der DDR: Das Verfahren gegen den KZ-Arzt Dr. Horst Fischer, Paderborn 2006, 406 Seiten.
Erschienen in der Frankfurter Allgemeinen Zeitung am 27. April 2006

2 Im zweiten Frankfurter Auschwitz-Prozess vom 14. Dezember 1965 bis zum 16. September 1966 gegen Burger, Erber und Neubert – dessen Verfahren im großen Frankfurter Auschwitz-Prozess wegen Krankheit des Angeklagten abgetrennt worden war – wurde Neubert zu drei Jahren und sechs Monaten Zuchthaus verurteilt. Der Bundesgerichtshof verwarf seine Revision am 3. Juli 1970, wandelte aber die Zuchthausstrafe, die in der Bundesrepublik 1969 abgeschafft worden war, in Freiheitsstrafe um. Siehe den Beitrag „Häftlinge in Maßanzügen".

Dokumentenanhang

„Es sind schuldig …"

Urteil in der Strafsache gegen Mulka u. a.
des Schwurgerichts bei dem Landgericht Frankfurt am Main
vom 19./20. August 1965 (Auszüge)

IM NAMEN DES VOLKES

[…]

A. I. Es sind schuldig

1. der Angeklagte Mulka der gemeinschaftlichen Beihilfe zum gemeinschaftlichen Mord in mindestens vier Fällen an mindestens je siebenhundertfünfzig Menschen,
2. der Angeklagte Höcker der gemeinschaftlichen Beihilfe zum gemeinschaftlichen Mord in mindestens drei Fällen an mindestens je tausend Menschen,
3. der Angeklagte Boger des Mordes in mindestens einhundertvierzehn Fällen und der gemeinschaftlichen Beihilfe zum gemeinschaftlichen Mord an mindestens tausend Menschen sowie einer weiteren gemeinschaftlichen Beihilfe zum gemeinschaftlichen Mord an mindestens zehn Menschen,
4. der Angeklagte St. [Stark] des gemeinschaftlichen Mordes in mindestens vierundvierzig Fällen, davon in einem Fall begangen an mindestens zweihundert Menschen und in einem weiteren Fall an mindestens hundert Menschen,
5. der Angeklagte Dylewski der gemeinschaftlichen Beihilfe zum gemeinschaftlichen Mord in mindestens zweiunddreissig Fällen, davon in zwei Fällen begangen an mindestens je siebenhundertfünfzig Menschen,
6. der Angeklagte Broad der gemeinschaftlichen Beihilfe zum gemeinschaftlichen Mord in mindestens zweiundzwanzig Fällen,

davon in zwei Fällen begangen an mindestens je tausend Menschen,
7. der Angeklagte Schlage der gemeinschaftlichen Beihilfe zum gemeinschaftlichen Mord in mindestens achtzig Fällen,
8. der Angeklagte Hofmann des Mordes in einem Fall, des gemeinschaftlichen Mordes in mindestens dreissig Fällen, sowie des gemeinschaftlichen Mordes in mindestens drei weiteren Fällen an je mindestens siebenhundertfünfzig Menschen,
9. der Angeklagte Kaduk des Mordes in zehn Fällen und des gemeinschaftlichen Mordes in mindestens zwei Fällen, begangen in einem Fall an mindestens tausend, in dem anderen an mindestens zwei Menschen,
10. der Angeklagte Baretzki des Mordes in mindestens fünf Fällen sowie der gemeinschaftlichen Beihilfe zum gemeinschaftlichen Mord in mindestens elf Fällen, davon in einem Fall begangen an mindestens dreitausend Menschen, in fünf Fällen begangen an mindestens je tausend Menschen und in fünf Fällen begangen an mindestens je fünfzig Menschen,
11. der Angeklagte Dr. L. [Lucas]
12. der Angeklagte Dr. Frank der gemeinschaftlichen Beihilfe zum gemeinschaftlichen Mord in mindestens sechs Fällen an mindestens je tausend Menschen,
13. der Angeklagte Dr. Capesius der gemeinschaftlichen Beihilfe zum gemeinschaftlichen Mord in mindestens vier Fällen an mindestens je zweitausend Menschen,
14. der Angeklagte Klehr des Mordes in mindestens vierhundertfünfundsiebzig Fällen und der gemeinschaftlichen Beihilfe zum gemeinschaftlichen Mord in mindestens sechs Fällen, davon in zwei Fällen begangen an mindestens je siebenhundertfünfzig Menschen; im 3. Falle an mindestens zweihundertundachtzig Menschen, im 4. Falle an mindestens siebenhundert Menschen, im 5. Falle an mindestens zweihundert Menschen und im 6. Falle an mindestens fünfzig Menschen,

15. der Angeklagte Scherpe der gemeinschaftlichen Beihilfe zum gemeinschaftlichen Mord in mindestens zweihundert Fällen und einer weiteren gemeinschaftlichen Beihilfe zum gemeinschaftlichen Mord an mindestens siebenhundert Menschen,
16. der Angeklagte Hantl der gemeinschaftlichen Beihilfe zum gemeinschaftlichen Mord in mindestens vierzig Fällen und der gemeinschaftlichen Beihilfe zum gemeinschaftlichen Mord in zwei weiteren Fällen an mindestens je einhundertsiebzig Menschen,
17. der Angeklagte Bednarek des Mordes in vierzehn Fällen.

II. Es werden danach unter Freisprechung im übrigen verurteilt:

1. der Angeklagte Mulka zu einer Gesamtzuchthausstrafe von vierzehn Jahren;
2. der Angeklagte Höcker zu einer Gesamtzuchthausstrafe von sieben Jahren;
3. der Angeklagte Boger zu lebenslangem Zuchthaus und einer Gesamtstrafe von fünf Jahren Zuchthaus;
4. der Angeklagte St. [Stark] zu zehn Jahren Jugendstrafe;
5. der Angeklagte Dylewski zu einer Gesamtstrafe von fünf Jahren Zuchthaus;
6. der Angeklagte Broad zu einer Gesamtstrafe von vier Jahren Zuchthaus;
7. der Angeklagte Schlage zu einer Gesamtstrafe von sechs Jahren Zuchthaus;
8. der Angeklagte Hofmann zu lebenslangem Zuchthaus;
9. der Angeklagte Kaduk zu lebenslangem Zuchthaus;
10. der Angeklagte Baretzki zu lebenslangem Zuchthaus und einer Gesamtstrafe von acht Jahren Zuchthaus;
11. der Angeklagte Dr. L. [Lucas zu einer Gesamtzuchthausstrafe von drei Jahren und drei Monaten.]
12. der Angeklagte Dr. Frank zu einer Gesamtzuchthausstrafe von sieben Jahren;

13. der Angeklagte Dr. Capesius zu einer Gesamtzuchthausstrafe von neun Jahren;
14. der Angeklagte Klehr zu lebenslangem Zuchthaus und einer Gesamtstrafe von fünfzehn Jahren Zuchthaus;
15. der Angeklagte Scherpe zu einer Gesamtstrafe von vier Jahren und sechs Monaten Zuchthaus;
16. der Angeklagte Hantl zu einer Gesamtstrafe von drei Jahren und sechs Monaten Zuchthaus, die durch die erlittene Untersuchungshaft als verbüsst gilt;
17. der Angeklagte Bednarek zu lebenslangem Zuchthaus.
[…]

B. Die Angeklagten Sch. [Schoberth], B. [Breitwieser] und Dr. Sc. [Schatz] werden freigesprochen.

GRÜNDE

[…]

2. Abschnitt:
Das Konzentrationslager Auschwitz

I. Allgemeines

Als sich nach Kriegsbeginn die Notwendigkeit für die NS-Führung zeigte, neue Konzentrationslager zu errichten, beauftragte Himmler im Winter 1939/1940 den Inspekteur der KL, Glücks, die Möglichkeit der Errichtung neuer Konzentrationslager in den besetzen Ostgebieten zu prüfen. Glücks berichtete am 21. 2. 1940, „dass Auschwitz, eine ehemalige polnische Artillerie-Kaserne (Stein- und Holzgebäude) nach Abstellung einiger sanitärer Mängel als Quarantänelager geeignet sei“. Das Gelände wurde am 17. und 18. 4. 1940 von einer von dem späteren Lagerkommandanten Höss geleiteten Kommission im Auftrage des Inspekteurs der KL besichtigt. Es liegt in der Nähe der Stadt Auschwitz, die damals zu den dem deutschen Reich eingegliederten Ostgebieten gehörte, am Ostrand der Mährischen Pforte in einer Niederung zwischen den Flüssen Sola und Weichsel, am Schnittpunkt des damaligen Generalgouvernements, des damaligen Warthegaues und Ostoberschlesiens.

Die Kommission sah das Gelände, in dessen Nähe die Bahnlinie Kattowitz – Auschwitz – Krakau vorbeiführte, als geeignet für die Gründung eines Konzentrationslagers an und berichtete entsprechend. Himmler beauftragte daraufhin am 4. 5. 1940 Höss – offensichtlich im Hinblick auf die grosse Zahl polnischer Häftlinge, die in den genannten Gebieten durch die Sicherheitspolizei festgenommen worden waren und die Polizeigefängnisse überfüllten –, „in kürzester Frist aus dem bestehenden Gebäudekomplex ein Durchgangslager für 10 000 Häftlinge zu schaffen". Er ernannte ihn gleichzeitig zum Kommandanten für das zu gründende Lager. Höss begann sofort mit einigen SS-Angehörigen und 200 aus der Stadt Auschwitz zwangsweise rekrutierten Juden mit der Errichtung des Lagers. Die Zivilbevölkerung in der Umgebung der ehemaligen Kaserne wurde zwangsweise evakuiert. Noch im Mai 1940 suchte der erste Rapportführer des Lagers, SS-Oberscharführer Palitzsch, 30 Berufsverbrecher in dem Konzentrationslager Sachsenhausen aus und brachte sie nach Auschwitz. Sie bildeten als erste Insassen die Stammannschaft des Lagers. Nach Eintreffen der ersten Häftlingstransporte wurden sie als Vorgesetzte der Häftlinge (sogenannte Funktionshäftlinge) eingesetzt.

Am 14. 6. 1940 traf der erste polnische Häftlingstransport ein. Zu diesem Zeitpunkt war das Lager noch im Aufbau. Nur ein Steingebäude war mit einem Drahtzaun umzäunt. Am 20. 6. 1940 lief der zweite Transport ein, dem bald weitere Häftlingstransporte folgten. Der Ausbau des Lagers, für den die eingetroffenen Häftlinge eingesetzt wurden, machte nun rasch Fortschritte. Immer weitere Steingebäude (Blocks) wurden ausgebaut, die Lagerstrassen befestigt und der gesamte Bereich des Lagers, der für die Aufnahme und Unterbringung der Häftlinge diente, mit Stacheldraht umgeben.

Als Durchgangslager – dem ursprünglich vorgesehenen Zweck – diente das Konzentrationslager Auschwitz nur teilweise und nur in der ersten Zeit. Himmler sah schon bald andere Aufgaben für das Lager vor. Als „Reichskommissar für die Festigung deutschen Volkstums" konnte er in den eingegliederten Ostgebieten – anders als im Altreich – über das ihm unterstehende Bodenamt in Kattowitz die Beschlagnahme von Grund und Boden zugunsten des Lagers anordnen. Diese Möglichkeit bestimmte ihn zu weitreichenden Plänen. SS-eigene Produktionsstätten sollten in der Nähe und Umgebung des Lagers errichtet und grosse SS-eigene landwirtschaftliche Betriebe und Versuchsanstalten angelegt werden. Die Gefangenen des Lagers sollten in ihnen als billige Arbeitskräfte verwendet werden. Dementsprechend befahl Himmler, nachdem er bereits Ende 1940 die Erweiterung des auf dem Kasernengelände errichteten Lagers angeordnet hatte, nach seiner ersten Besichtigung des Lagers am 1. 3. 1941 die Ausdehnung des Gesamtlagerbereiches (sogenanntes Interessengebiet KL Auschwitz) auf ein Gebiet von 40 qkm und die Errichtung eines weiteren Lagers bei dem Ort Birkenau (Brzinka) ca. 3 km vom Lager Auschwitz entfernt mit einer Kapazität für 100 000 Häftlinge. Später gab er sogar Anweisung, das Lager für 200 000 Häftlinge auszubauen. Massgebend für diesen geplanten riesenhaften Ausbau war nicht zuletzt der Standort der nahegelegenen ostoberschlesischen Industrie, für die die billige Arbeitskraft der Gefangenen ausgenutzt werden sollte.

Mit dem Ausbau des Lagers Birkenau wurde im Oktober 1941 begonnen. Er erfolgte in mehreren Bauabschnitten. Der Plan, 600 Baracken für insgesamt 200 000 Gefangene zu errichten, wurde jedoch bis Kriegsende nicht mehr verwirklicht.

An SS-eigenen Produktionsstätten wurden unter anderem die SS-Wirtschaftsbetriebe „Deutsche Ausrüstungswerke" (DAW), „Deutsche Erd- und Steinwerke" und andere errichtet. In dem polnischen Ort Reisko – wenige Kilometer vom Lager entfernt – entstand ein grosser, SS-eigener landwirtschaftlicher Betrieb mit einer SS-eigenen Versuchsanstalt unter der Leitung des SS-Sturmbannführers Dr. C. [Caesar] In

Harmense – ebenfalls nur einige Kilometer vom Lager entfernt – wurden SS-eigene Fischteiche angelegt.

Ab Frühjahr 1941 wurden ständig Häftlinge aus dem Konzentrationslager Auschwitz der IG-Farbenindustrie zur Errichtung eines Buna-Werkes ca. 7 km vom Lager entfernt zur Verfügung gestellt. Die IG-Farbenindustrie errichtete 1942 für die Häftlingsarbeiter, die zunächst täglich den Weg von und zum Werk zurücklegen mussten, in unmittelbarer Nähe des Buna-Werkes das Häftlingsarbeitslager Monowitz. Weitere kleinere Häftlingslager entstanden bei anderen Industriebetrieben im oberschlesischen Raum aber auch in weiterer Entfernung (z. B. bei Brünn), so dass schliesslich zum KL Auschwitz nicht nur das zunächst errichtete Lager (Stammlager) und das Lager Birkenau, sondern ausser Monowitz, dem grössten der Aussenlager, weitere 38 Aussenlager gehörten.

II. Beschreibung des Konzentrationslagerbereiches

1. Das Stammlager

Das auf dem ehemaligen Kasernengelände errichtete Lager wurde Stammlager genannt. Es bestand aus dem Schutzhaftlager, einem räumlich begrenzten und überschaubaren Rechteck, in dem die Häftlinge untergebracht waren, und den ausserhalb des Lagers befindlichen Gebäuden, die zum Kommandanturbereich gehörten. Das Schutzhaftlager war mit einem 4 m hohen Stacheldrahtzaun umgeben, der abends nach dem Einrücken der Häftlinge von der Arbeit bis zum Ausrücken am nächsten Morgen mit Starkstrom geladen wurde. Auf den Pfosten der Umzäunung befanden sich Scheinwerfer, die nachts das Lager beleuchteten. Am Zaun entlang waren Wachttürme aufgebaut, auf denen SS-Posten während der Nacht, teilweise auch tagsüber, wenn die Häftlinge nicht ausrückten oder bei besonderen Anlässen, Wache hielten. Später wurde noch ein zweiter Stacheldrahtzaun errichtet. Das Eingangstor zum Schutzhaftlager, über dem sich die Überschrift „Arbeit macht frei“ befand, lag an der Nordseite des Lagers.

Das Schutzhaftlager bestand nach seiner Erweiterung und der Bebauung des zunächst in der Mitte des Lagers freigelassenen Appellplatzes aus 28 in mehreren Reihen nebeneinander liegenden Steingebäuden (Blocks genannt), einem Gebäude für die Wäscherei und dem Küchengebäude mit Magazin. Die Steingebäude waren numeriert, die Numerierung wurde jedoch im Laufe der Jahre mehrfach gewechselt. Nach der Bebauung des Appellplatzes im Jahre 1941 hatten sie die Nummern 1-28. Die Blöcke 1-8, 12-18, 22 und 23 dienten als Unterkünfte für die Häftlinge. Die Blöcke 9, 19, 20, 21 und 28 bildeten ab 1941 den Häftlingskrankenbau (HKB). Ursprünglich war nur der Block 21 als Krankenblock benutzt worden. Dann hatte die starke Zunahme der Krankheitsfälle die Einbeziehung des Blocks 28, kurz danach auch die Einbeziehung der Blöcke 20 und 19 und schliesslich des Blocks 9 in den HKB notwendig gemacht.

Im Block 10 waren Frauen untergebracht, an denen Dr. Clauberg und andere Ärzte medizinische Versuche machten.

Block 11 war der Arrestblock. Vor der Erweiterung des Lagers hatte er die Nr. 13. Er erlangte im Schutzhaftlager besondere Bedeutung. Er war besonders abgeschirmt und gesichert. Kein Häftling aus dem Schutzhaftlager durfte ihn betreten, wenn er nicht in diesem Block eine besondere Funktion zu verrichten hatte. Er stand – wie alle Blöcke – mit der Giebelseite zur Lagerstrasse. Von der Stirnseite (von der Lagerstrasse aus gesehen) und der Rückseite des Blocks 11 waren zu Stirn- und Rückseite des parallel daneben liegenden Blocks 10 zwei hohe Steinmauern gezogen worden, so dass zwischen diesen beiden Blöcken ein Hof entstanden war, der von aussen nicht ohne weiteres – jedenfalls nicht von der Lagerstrasse aus – einzusehen war. Unmittelbar vor der hinteren Verbindungsmauer zwischen Block 10 und 11 – von der Lagerstrasse aus gesehen – hatte man aus schwarzen Isolierplatten eine Wand als Kugelfang errichtet. An dieser Wand, die in der Lagersprache den Namen „schwarze Wand" erhielt, wurden unzählige Menschen erschossen.

Durch die vordere Verbindungsmauer führten ein Holztor und eine kleine Holztür. Der Block 11 hatte zwei Eingänge. Der eine führte von der Lagerstrasse aus in den Block auf einen breiten Mittelgang (Flur), der den Block in zwei Hälften teilte. In der rechten Hälfte des Blockes im Erdgeschoss – vom Eingang aus gesehen – lagen mehrere Zimmer, die vom Flur aus zu betreten waren, unter anderem die Blockführerstube (erstes Zimmer vom Eingang aus gesehen), die Schreibstube für den Blockschreiber (zweites Zimmer) und das Zimmer des Blockältesten. In der Mitte des Hauptflurs ging nach links ein Seitenflur in Richtung auf den Hof zwischen Block 10 und 11 ab, der durch einen zweiten Ausgang auf den Hof führte. Auf dem Seitenflur befand sich ein grosser Waschraum, der nur von dem Seitenflur aus zu betreten war. Am Hauptflur lag ein weiterer kleiner Waschraum, und zwar links – von der Lagerstrasse aus gesehen – unmittelbar gegenüber der Blockältestenstube.

Ein weiterer Raum im Erdgeschoss diente zur Unterbringung von sogenannten Polizeihäftlingen, die durch die Gestapoleitstelle Kattowitz in das Lager gebracht und durch ein sogenanntes Standgerichtsverfahren dieser Gestapoleitstelle abgeurteilt wurden. Nähere Einzelheiten hierüber werden noch zu schildern sein.

Der erste Stock diente zeitweilig als Quarantänestation für die Häftlinge, die gerade in das Lager gekommen waren und für solche, die auf ihre Entlassung aus dem Lager warteten. In ihm waren zeitweilig auch Arrestanten der SS untergebracht. In der ersten Zeit (1940/1941) befand sich in Block 11 auch die Strafkompanie (SK).

Im Keller des Blocks 11 befanden sich 28 Arrestzellen für Lagerhäftlinge. In der Lagersprache wurde dieser Zellenbau „Bunker" genannt. Der Keller wurde – wie das Erdgeschoss und der erste Stock – durch einen breiten Mittelgang in zwei Hälften geteilt. Der Gang war durch starke Eisengitter mit zwei Gittertüren unterteilt.

Von ihm zweigten kurze parallele Seitengänge ab, an denen die einzelnen Zellen (2–5) lagen. Sie waren mit dicken Türen mit Stahlverschlägen und Gucklöchern versehen. Eine der Zellen (Nr. 22) war in vier Stehzellen umgewandelt worden. Die Grösse einer Stehzelle betrug noch nicht einen Quadratmeter. In ihr konnte sich ein Mensch weder setzen noch hinlegen. Der Einstieg zu einer Stehzelle bestand nur aus einem kleinen Loch in Kniehöhe, durch das der Häftling hindurchkriechen musste. In die Stehzellen wurden Häftlinge zur Strafe für irgendwelche geringfügigen Lagervergehen eingesperrt. Die Strafe bestand meist darin, dass sie mehrere Nächte hintereinander – ohne Essen und Trinken – in der Stehzelle verbringen mussten. Am nächsten Morgen mussten sie dann wieder mit zur Arbeit ausrücken.

Die Lagerführung sperrte mehrfach auch Häftlinge, die ihr aus irgendeinem Grunde missliebig waren, in die Stehzellen für längere Zeit, also Tag und Nacht, ein, ohne ihnen etwas zu essen und zu trinken geben zu lassen, bis die Häftlinge verhungert waren. Auf diese Weise sind mehrere Häftlinge umgekommen.

In die Arrestzellen wurden Schutzhäftlinge aus dem Lager entweder durch die Lagerführung oder die Politische Abteilung eingewiesen. Der Grund für die Einweisung durch die Lagerführung waren Lagervergehen im Sinne der SS. Von der Politischen Abteilung wurden vornehmlich Häftlinge in den Arrest gebracht, die verdächtig waren, Mitglieder einer Untergrundorganisation zu sein, unzulässige Verbindungen zu Zivilpersonen ausserhalb des Lagers zu unterhalten oder einen Fluchtversuch geplant oder versucht zu haben. Ferner kamen alle Häftlinge hinein, denen eine Flucht gelungen war, die aber wieder ergriffen worden waren. Auch der Verdacht, sonstige Lagervergehen begangen zu haben (z. B. Diebstähle) konnte Grund für die Einweisung in den Arrest sein.

Der Blockschreiber, ein Funktionshäftling, trug die in den Arrest eingewiesenen Häftlinge in das sogenannte Bunkerbuch ein. Ausserdem wurden sie auf einer Karteikarte erfasst. Häftlinge, die nur eine Lagerstrafe zu verbüssen hatten, wurden nicht in das Bunkerbuch eingetragen.

Im Block 24 befand sich die Häftlingsschreibstube für das Schutzhaftlager, später auch ein Bordell. In Block 25 war eine Häftlingskantine, Block 26 diente als Effekten- und Block 27 als Bekleidungskammer.

Neben dem Lagereingang, jedoch ausserhalb der Drahtumzäunung, befand sich in einer Baracke die Blockführerstube, wo sich die ein- und ausrückenden Häftlinge an- und abmelden mussten. Gegenüber dem Lagereingang lagen die zur Fahrbereitschaft gehörenden Gebäude und Werkstätten.

An der Schmalseite des Lagers im Westen – ausserhalb des Stacheldrahtzaunes – befanden sich drei Gebäude, in denen die verschiedenen Dienststellen ihre Büroräume hatten. In dem an der südwestlichen Ecke des Lagers neben Block 1 – jedoch durch den Stacheldrahtzaun getrennt – liegenden Gebäude hatte der Kommandanturstab seine Büros mit je einem Dienstzimmer für den Kommandanten und den Adjutanten. In dem zweiten, nördlich daran anschliessenden, Gebäude war die Verwaltungsabteilung, und in dem dritten, an der Nordwestecke des Lagers neben Block 22 – jedoch ebenfalls durch den Stacheldrahtzaun von diesem getrennt – liegenden Gebäude waren die Apotheke, die Dienststelle des Standortarztes und das SS-Revier untergebracht. Gegenüber diesem zuletzt genannten Gebäude (SS-Reviergebäude genannt) lag das Krematorium, das später, nach dem Ausbau neuer Krematorien in Birkenau, das „alte Krematorium" genannt wurde. In ihm wurden die Leichen der verstorbenen Häftlinge verbrannt. Es diente aber auch, was später noch näher zu erörtern sein wird, als Exekutionsstätte und als Vergasungsraum zur Tötung von Menschen mit Zyklon B.

Neben dem alten Krematorium waren einige Baracken, in denen die Politische Abteilung des Lagers ab 1942 ihre Diensträume hatte und Vernehmungen durchführte.

2. Das Lager Birkenau

Das Lager Birkenau – ebenfalls ein Rechteck –, mit dessen Bau im Oktober 1941 begonnen wurde, umfasste eine Fläche von 170 Hektar. Es wurde in drei Bauabschnitten errichtet. Der Bauabschnitt I, der später die Bezeichnung B I beibehielt, wurde in die Felder a und b unterteilt. Auf ihnen wurden unverputzte Steinbaracken mit gemauerten Boxen als Schlafstätten für Häftlinge erbaut. Im Feld B I a wurden ab

Sommer 1942 Frauen, im Feld B I b Männer untergebracht. Im Jahre 1943 wurden die Männer in den Abschnitt B II verlegt. Das Feld B I b wurde ebenfalls mit Frauen belegt. Der ganze Abschnitt B I bildete nun das Frauenkonzentrationslager (FKL). Auf dem Bauabschnitt B II wurden Baracken nach dem Muster der Wehrmachtspferdestallbaracken errichtet. Sie hatten keine Fenster, sondern nur Öffnungen an ihren Schmalseiten. Das Haupttor des Gesamtlagers befand sich an der Ostseite zwischen den Abschnitten B I und B II. Durch dieses Tor wurde im Jahre 1943 ein Anschlussgleis vom Bahnhof der Stadt Auschwitz in das Lager geführt und zwischen den Abschnitten B I und B II eine Rampe mit 3 Schienensträngen errichtet. Sie wurde Anfang oder Frühjahr 1944 fertig. Sie erlangte besondere Bedeutung bei der Massenvernichtung von jüdischen Menschen in den Gaskammern von Birkenau, auf die noch zurückzukommen sein wird.

Der Abschnitt B II wurde in die Lagerabschnitte a-f unterteilt. Diese Lagerabschnitte bildeten eigene, durch besondere Drahtumzäunung gesicherte Lager. Sie hatten nur je einen, an ihrer nördlichen Schmalseite befindlichen Eingang. Sie konnten daher nur von der zwischen den Bauabschnitten B II und B III von Ost nach West verlaufenden Lagerstrasse betreten werden. Vor dem Eingang jedes Lagerabschnitts befand sich eine Baracke mit der Blockführerstube.

Der Lagerabschnitt B II a war das Quarantänelager. Hierher kamen zunächst die Neuankömmlinge, bis sie auf die anderen Lagerabschnitte verteilt wurden.

In dem Lagerabschnitt B II b befand sich das sogenannte tschechische Familienlager, auch Theresienstädter Lager genannt. Es entstand im September 1943, als tschechische Juden familienweise aus Theresienstadt nach Auschwitz verbracht und auch familienweise in diesem Lagerabschnitt untergebracht wurden. Im Dezember 1943 wurde er mit weiteren tschechischen Juden aus Theresienstadt belegt. Der grösste Teil der Juden wurde – wie noch zu erörtern sein wird – im März und Juli des Jahres 1944 in den Gaskammern von Birkenau getötet, während ein Teil der arbeitsfähigen Juden in andere Lager verschickt wurde.

Der Lagerabschnitt B II c wurde im Jahre 1944 mit ungarischen Frauen belegt.

Im Lagerabschnitt B II d befanden sich arbeitsfähige Männer.

Im Block 11 dieses Lagers war die Strafkompanie (SK) untergebracht. Block 11 war von den anderen Baracken isoliert und besonders gesichert.

B II e war das Zigeunerlager. In ihm waren Zigeuner familienweise bis zu ihrer Vernichtung im Jahre 1944, auf die ebenfalls noch zurückzukommen sein wird, untergebracht.

B II f war das Männerkrankenlager.

An der Westseite des Bauabschnittes B II befand sich noch ein weiteres Barackenlager, das „Effektenlager", in der Lagersprache „Lager Kanada" genannt, in dem die den Juden abgenommenen Gepäckstücke, Kleidung, Schmuck, Uhren usw. gelagert und sortiert wurden.

Das gesamte Lagerrechteck B I und B II war, ähnlich wie das Stammlager, mit hohem doppelten Stacheldrahtzaun umgeben, der nachts ebenfalls elektrisch geladen wurde, Auch die zwischen den einzelnen Lagerabschnitten gezogenen Stacheldrahtzäune wurden nachts unter Strom gesetzt.

In dem gesamten Lager Birkenau waren zur Zeit der Höchstbelegstärke (1943) rund 100 000 Häftlinge untergebracht, während das Stammlager nach seiner Erweiterung und der Aufstockung der Steingebäude nur eine durchschnittliche Belegstärke von 18 000 Personen hatte.

Der Bauabschnitt B III wurde bis zur Evakuierung des Lagers am 18. 1. 1945 nicht mehr vollendet. Auf ihm waren zwar schon einige Baracken errichtet, es fehlte aber an Wasser und sanitären Einrichtungen. Auch war es noch nicht durch einen Drahtzaun gesichert. In den Baracken dieses Abschnitts, der in der Lagersprache „Lager Mexico" genannt wurde, waren zur Zeit der grossen Ungarn-Transporte im Jahre 1944, als Hunderttausende von ungarischen Juden nach Auschwitz zur Vernichtung transportiert wurden, vorübergehend ungarische jüdische Frauen untergebracht, die unter den primitivsten Verhältnissen leben mussten, zum Teil nicht einmal bekleidet waren.

Zum Bereich des Lagers Birkenau gehörten auch zwei nordwestlich vom Lager im Gelände liegende Bauernhäuser, die im Jahre 1942 zu Vergasungsanstalten umgebaut worden sind. In ihnen wurden – was noch zu erörtern sein wird – Tausende von Menschen durch Gas getötet. Ferner gehörten zum Lager Birkenau vier westlich vom Lager im Jahre 1943 errichtete Krematorien mit Gaskammern (die Krematorien I bis IV), die ebenfalls der Tötung unzähliger Menschen dienten.

Das Stammlager und das Lager Birkenau waren tagsüber von einer gemeinsamen grossen Postenkette, bestehend aus bewaffneten SS-Angehörigen, umgeben, die die Lager in einer grösseren Entfernung in einem geschlossenen Ring umgaben und die Flucht von Häftlingen während der Arbeit verhindern sollten. Die grosse Postenkette wurde morgens vor dem Ausrücken der Häftlinge aus dem Lager gebildet, und erst am Abend nach dem Abendappell, wenn festgestellt worden war, dass kein Häftling fehlte, eingezogen. Stellte sich beim Abendappell heraus, dass einer oder mehrere Häftlinge fehlten, blieben die Aussenposten stehen, bis die fehlenden Häftlinge gefunden waren. Das Gebiet innerhalb der grossen Postenkette war Sperrgebiet und durfte nur mit einem besonderen Passierschein betreten werden.

3. Das Lager Monowitz mit seinen Nebenlagern

Das bereits erwähnte, für die IG-Farbenindustrie errichtete Arbeitslager gehörte ebenfalls zu dem Konzentrationslager Auschwitz. Es wurde zuerst „Lager Buna“, später Lager Monowitz genannt. Eine nähere Beschreibung dieses Lagers erübrigt sich, da die Straftaten, die zur Verurteilung der Angeklagten geführt haben, im Bereich des Stammlagers oder des Lagers Birkenau begangen worden sind.

Aus den gleichen Gründen bedarf es nicht der Beschreibung der weiteren 38 zum Teil kleineren Aussenlager.

Im November 1943 wurden die Lager Birkenau und Monowitz organisatorisch verselbständigt. Das gesamte Konzentrationslager Auschwitz wurde in die Lager Auschwitz I (Stammlager), Auschwitz II

(Lager Birkenau) und Auschwitz III (Lager Monowitz mit sämtlichen Nebenlagern) geteilt. Die Lager Birkenau und Monowitz mit Nebenlagern erhielten eigene Lagerkommandanten und Adjutanten. Es fehlten ihnen jedoch eine eigene Fernschreibstelle, eine eigene Politische Abteilung, eine eigene Fahrbereitschaft und ein eigener ärztlicher Dienst. Die zum Kommandanturbereich des Lagers A I gehörende Politische Abteilung, die Fahrbereitschaft, der Standortarzt, die Fernschreibstelle blieben weiterhin für alle Lager zuständig. Ferner hatte der Lagerkommandant des Lagers A I in seiner Eigenschaft als Standortältester des Standortes Auschwitz Weisungs- und Befehlsbefugnisse gegenüber den Lagerkommandanten der Lager A II und A III.

III. Die innere Organisation des Konzentrationslagers Auschwitz

1. Die Lagerkommandantur (Abteilung I)

An der Spitze des Konzentrationslagers stand der Lagerkommandant. Er war für das Lager in jeder Hinsicht verantwortlich. Ihm zur Seite stand als erster Gehilfe der Lageradjutant. Seine Aufgabe war es, den Kommandanten über alle wichtigen Vorgänge im Lager zu unterrichten, die gesamte eingehende Post auf die einzelnen Abteilungen zu verteilen und den Schriftverkehr der Kommandantur mit aussenstehenden Dienststellen und den Abteilungen des Lagers zu bearbeiten. Verschlusssachen hatte er ebenfalls zu bearbeiten und sicher aufzubewahren. Er führte auch das Geheimtagebuch.

Der Adjutant war ferner Personalsachbearbeiter des Kommandanturstabes. Er hatte dem Kommandanten Beförderungen und Ernennungen der im Lagerbereich tätigen SS-Angehörigen vorzuschlagen. Dem Adjutanten unterstand ferner das gesamte Nachrichtenwesen des Lagers sowie die Fahrbereitschaft. Die Angehörigen des Kommandanturstabes (SS-Unterführer und SS-Männer) waren zu der sogenannten Stabskompanie zusammengefasst. Der Adjutant war Chef dieser Kompanie. Er war damit Disziplinarvorgesetzter aller zum Kommandanturstab gehörenden SS-Unterführer und -Männer. Der Adjutant war auch verantwortlich für die Waffen, die Munition und das Gerät des Kommandanturstabes.

Als Hilfskräfte standen dem Adjutanten der Stabsscharführer (Spiess) und mehrere Unterführer (Schreiber) zur Seite.

2. Die Politische Abteilung (Abteilung II)

Die Politische Abteilung (PA) war eine – in sachlicher Hinsicht – selbständige, vom Lagerkommandanten unabhängige Abteilung. An ihrer Spitze stand als Leiter ein SS-Führer im Range eines Untersturmführers, der Beamter der Gestapo war. Er war verantwortlich für die Erfassung der Neuzugänge, die ordnungsmässige Führung der Häftlingskartei und der Häftlingsakten, sowie für die termingerechte Überstellung von Häftlingen zu Polizeidienststellen und Gerichtsterminen. Seine Aufgabe war es ferner, Häftlinge zu vernehmen oder durch ihm unterstellte SS-Unterführer und SS-Männer vernehmen zu lassen. Bei Fluchten sollte er die Fahndung der zuständigen Polizeidienststellen veranlassen. Schliesslich oblag dem Leiter der Politischen Abteilung die Erstellung von angeforderten Führungszeugnissen für Schutzhaftgefangene und die Verständigung der zuständigen Staatsanwaltschaften bei unnatürlichen Todesfällen.

Der Leiter der PA hatte einen Stellvertreter, der ebenfalls ein Gestapobeamter im Range eines SS-Untersturmführers war. Ihm standen ferner weitere SS-Unterführer und SS-Männer zur Erledigung seiner Aufgaben zur Verfügung. Diese waren Angehörige der Waffen-SS und gehörten zur Stabskompanie.

Die Politische Abteilung hatte mehrere Unterabteilungen:

a. Die Aufnahmeabteilung

Ihre Aufgabe war es, eingelieferte Schutzhaftgefangene aktenmässig zu erfassen. Für jeden Häftling wurde eine Karteikarte angelegt und ein Personalbogen ausgefüllt. Die Häftlingsakten, die entweder von der einweisenden Dienststelle übersandt oder bei der Aufnahme des Häftlings neu angelegt wurden, wurden in der zur Politischen Abteilung gehörenden Registratur aufbewahrt. Dort befand sich auch die Kartothek, in der sämtliche im Lager lebenden Häftlinge karteimässig erfasst waren. Starb ein Häftling, so wurde seine Karteikarte aus dieser – wie man im Sprachgebrauch des Lagers sagte – „Lebendenkartei" herausgenommen und in die sogenannte „Totenkartei" abgelegt. Die Aufnahmeabteilung gab an jeden neu in das Lager aufgenommenen Häftling eine Nummer aus. An Hand der für die Neuzugänge angelegten Personalbogen wurden dann Zugangslisten in elf- oder zwölffacher Ausfertigung geschrieben, die den einzelnen Abteilungen des Lagers, der Bekleidungskammer, Effektenkammer usw. zugestellt wurden. Personen, die sofort nach ihrer Einlieferung durch Erschiessen oder durch Gas getötet werden sollten und auch getötet wurden, wurden nicht durch die Aufnahmeabteilung in die Lagerstärke aufgenommen.

b. Die Vernehmungsabteilung

Sie war gegliedert in die ermittlungs- und die nachrichtendienstliche Abteilung. Die Ermittlungsabteilung hatte Rechtshilfeersuchen von Gerichten und Polizeidienststellen durch Vernehmungen der betreffenden Häftlinge zu erledigen. Ihre Hauptaufgabe war es aber, Vergehen von Häftlingen (z. B. Diebstähle), Untergrund- und Widerstandstätigkeit im Lager, Fluchtvorbereitungen, Verbindungen von Häftlingen zu ausserhalb des Lagers lebenden Zivilpersonen aufzuklären und die hierfür erforderlichen Vernehmungen durchzuführen. Die nachrichtendienstliche Abteilung überwachte und beobachtete die Häftlinge insbesondere im Hinblick auf konspirative Tätigkeit. Sie bediente sich vieler im Lager befindlicher Spitzel, die ihre Kameraden aus eigensüchtigen Motiven – oft zu Unrecht – an die SS verrieten. Die nachrichtendienstliche Abteilung überwachte und beobachtete auch SS-Angehörige und schritt ein, wenn Angehörige der SS in den Verdacht unzulässiger Verbindung zu Häftlingen, der Begünstigung von Häftlingen oder sonstiger strafbarer Handlungen gerieten. Bei besonderen Aufträgen durch die Gestapoleitstelle in Kattowitz oder den Lagerkommandanten beobachtete sie auch die im Lager tätigen SS-Führer.

c. Das Standesamt

Das Lager in Auschwitz hatte ein eigenes Standesamt, das zur PA gehörte. Im Standesamt wurden Geburten, Heiraten und Todesfälle registriert. Geburten kamen selten vor. Eine Heirat wurde im Jahre 1944 registriert. [...]

Die Hauptarbeit des Standesamtes bestand in der Registrierung von Todesfällen. Mehrere Häftlingsschreiberinnen mussten täglich stundenlang, da meist Hunderte von Häftlingen an einem Tag starben oder zu Tode gebracht wurden, auf Grund der von einem SS-Arzt unterzeichneten Todesbescheinigungen und an Hand der Häftlingsakten der verstorbenen Gefangenen die Sterbeurkunden ausfüllen, die sie dann einem Standesbeamten (SS-Unterführer) zur Unterschrift vorlegten. Die unterschriebenen Sterbeurkunden wurden später zu Totenbüchern zusammengebunden.

Menschen aus Transporten, die nicht in die Lagerstärke aufgenommen, sondern sofort durch Gas oder auf andere Weise getötet wurden, wurden beim Standesamt nicht erfasst. Für sie wurden keine Todesurkunden ausgestellt.

d. Der Erkennungsdienst

Aufgabe des Erkennungsdienstes war es, die Neuzugänge erkennungsdienstlich zu behandeln. Von jedem Häftling wurden drei fotografische Aufnahmen gemacht und Fingerabdrücke genommen. Hiervon ausgenommen waren allerdings jüdische Häftlinge, die mit sogenannten RSHA-Transporten, auf die noch zurückzukommen sein wird, nach Auschwitz zum Zwecke der Tötung deportiert worden waren, dann aber als arbeitsfähig ausgesondert und in das Lager verbracht worden waren. Bei ihnen entfiel die erkennungsdienstliche Behandlung. [...]

3. Die Schutzhaftlagerführung (Abteilung III)

a. Der Schutzhaftlagerführer

An der Spitze des Schutzhaftlagers stand der Schutzhaftlagerführer im Range eines SS-Führers (SS-Hauptsturm- oder SS-Obersturmführers). Er war verantwortlich für den gesamten Bereich des Häftlingslagers. In Auschwitz gab es im Stammlager drei Schutzhaftlagerführer. Der zweite und dritte Schutzhaftlagerführer unterstanden dem ersten Schutzhaftlagerführer. Sie unterstützten ihn in seinen Aufgaben. Teilweise wechselten sich die drei Schutzhaftlagerführer im Dienst ab. Ihr Dienstzimmer befand sich zunächst in der neben dem Lagereingang befindlichen Baracke, in der die Blockführerstube war, später wurde eine besondere Baracke für die Schutzhaftlagerführer in der Nähe des Lagereingangs aufgestellt. Aufgabe des Schutzhaftlagerführers war es, sich durch ein geeignetes Überwachungssystem über alle Vorgänge im Lager zu unterrichten. Er sollte ferner darauf achten, dass alle Häftlinge „streng aber gerecht" behandelt würden. Misshandlungen von Häftlingen, die ausdrücklich verboten waren, sollte er dem Lagerkommandanten melden. Missstände im Lager sollte er sofort abstellen. Der Schutzhaftlagerführer nahm morgens und abends die Zählappelle ab. Der Appell selbst wurde von dem Rapport- und den Blockführern durchgeführt. Die Blockführer meldeten die Stärke der einzelnen Blocks an den Rapportführer, der wiederum die Gesamtstärke des Lagers dem ersten Schutzhaftlagerführer meldete.

Aufgabe des Schutzhaftlagerführers war es ferner, die täglich, wöchentlich und vierzehntägig von dem Rapportführer an die Kommandantur einzureichenden schriftlichen Stärkemeldungen zu unterzeichnen. Beim Ausrücken der Häftlinge zur Arbeit nach dem Morgenappell machte der Schutzhaftlagerführer am Lagertor Stichproben, ob die ausrückenden Arbeitskommandos auch die gemeldete Stärke hätten. Tagsüber kontrollierte er stichprobenweise die Arbeitskommandos.

Der Schutzhaftlagerführer sollte sich auch durch Stichproben davon überzeugen, ob jeder Häftling das zustehende Essen bekäme. [...]

Schliesslich gehörte es noch zu den Aufgaben des Schutzhaftlagerführers, die Häftlinge für bestimmte Funktionen im Lager auszuwählen und in diese Funktionen einzusetzen.

b. Der Rapportführer

Der Rapportführer war stets ein SS-Unterführer (SS-Oberscharführer oder SS-Unterscharführer). Er war der unmittelbare Vorgesetzte der Blockführer und teilte diese zum Dienst ein. Wie schon unter a. ausgeführt, führte er mit deren Hilfe die Zählappelle durch und war für die genaue Erstellung der Stärkemeldung verantwortlich. [...] Beim Ausrücken der Häftlinge zur Arbeit überprüfte er am Lagertor stichprobenweise die Stärke der Kommandos. Beim Einrücken der Häftlinge in das Lager nach der Arbeit durchsuchte er einzelne Häftlinge, ob sie Lebens- oder Genussmittel bei sich führten, was streng verboten war. Im Lager hatte er auf Ordnung und Sauberkeit zu achten. Im übrigen kontrollierte er tagsüber auch die Arbeitskommandos. Die vom Lagerkommandanten angeordneten Strafmassnahmen hatte er durchzuführen und die Durchführung schriftlich festzuhalten.

c. Die Blockführer

Die Blockführer (SS-Unterführer oder SS-Mannschaftsdienstgrade) waren für einen oder mehrere ihnen zugeteilte Häftlingsblocks verantwortlich. Sie hatten für Ruhe, Ordnung und Sauberkeit in den Blocks zu sorgen. Dabei bedienten sie sich der Häftlingsfunktionäre, an die sie sich bei Verstössen hielten. Sie konnten zu ausserhalb des Lagers eingesetzten Arbeitskommandos eingeteilt werden und hatten dann laufend Arbeiten der Häftlinge zu überwachen und ihre Arbeitsleistungen zu überprüfen.

Täglich waren ein oder mehrere Blockführer als „Blockführer vom Dienst" eingeteilt. In dieser Eigenschaft hatten sie sich in der Blockführerstube vor dem Lagertor aufzuhalten und den Lagereingang zu überwachen. Der Blockführer vom Dienst war für das genaue Zählen der ein- und ausrückenden Häftlingsarbeitskommandos verantwortlich. [...]

4. Die Abteilung Verwaltung (Abteilung IV)

An der Spitze der Abteilung Verwaltung stand der erste Verwaltungsführer im Range eines SS-Führers . Dieser war verantwortlich für Unterkunft, Verpflegung, Kleidung und Besoldung des Kommandanturstabes sowie für die Unterkünfte, Verpflegung und Bekleidung der Häftlinge. Er war der Berater des Lagerkommandanten in allen wirtschaftlichen Angelegenheiten. Dem ersten Verwaltungsführer unterstand auch die Gefangeneneigentumsverwaltung, die die gesamten von den Häftlingen mitgebrachten und in der Effektenkammer aufbewahrten Effekten (Geld, Wertsachen, Bekleidung usw.) zu verwalten hatte. Ihm standen zur Durchführung seiner Aufgaben SS-Unterführer und -Männer des Verwaltungsdienstes zur Verfügung.

5. Der ärztliche Dienst (Abteilung V)

An der Spitze des ärztlichen Dienstes stand der SS-Standortarzt. Er hatte sein Dienstzimmer – wie schon oben erwähnt- in dem sogenannten SS-Reviergebäude. Ihm unterstanden die SS-Truppenärzte, die für die Behandlung des SS-Personals zuständig waren, die SS-Lagerärzte, die die Häftlinge im Schutzhaftlager ärztlich betreuen sollten, die SS-Zahnärzte, die für die zahnärztliche Behandlung des SS-Personals und die zahnärztliche Betreuung der Häftlinge zuständig waren, und der SS-Lagerapotheker, der die zum Konzentrationslager Auschwitz gehörende Lagerapotheke (im SS-Reviergebäude untergebracht) zu leiten hatte.

Den SS-Lagerärzten waren Sanitätsdienstgrade (SDG) im Range von SS-Unterführern oder SS-Männern als Gehilfen zugeteilt, die ihnen unmittelbar unterstanden. Das Stammlager hatte in der Regel einen SS-Lagerarzt, während im Lager Birkenau meist mehrere Lagerärzte in den verschiedenen Lagerabschnitten die Häftlinge betreuen sollten.

Der SS-Lagerarzt war ausser für die ärztliche Betreuung des Schutzhaftlagers auch für die hygienischen und sanitären Einrichtungen des Lagers verantwortlich. Er sollte die Hygiene des Lagers überwachen und vorbeugend Epidemien und Seuchen verhindern. Neuzugänge sollte er untersuchen, ebenso die Häftlinge, die sich täglich krank meldeten. Ferner sollte sich der Lagerarzt von der Zubereitung und der Qualität der Verpflegung in der Küche überzeugen und die in der SS-Küche sowie die in den Häftlingsküchen beschäftigten Häftlinge ständig auf ansteckende Krankheiten hin beobachten.

Missstände im Lager sollte er sofort dem Lagerkommandanten melden. Schliesslich musste der Lagerarzt in bestimmten Abständen ärztliche Berichte an die vorgesetzte Dienststelle erstatten, die davon dem Lagerkommandanten Abschriften zur Kenntnisnahme vorlegen sollte.

Im Stammlager und auch in den Lagerabschnitten in Birkenau kümmerten sich die Lagerärzte – von geringen Ausnahmen abgesehen – kaum um ihre Aufgaben. Sie überliessen die ärztliche Versorgung und Betreuung den Häftlingsärzten und Häftlingspflegern.

In grösserem Umfange liessen sie kranke Häftlinge von den SDGs oder Funktionshäftlingen durch Phenolinjektionen töten oder in den Gaskammern durch Gas töten, was noch in anderem Zusammenhang später näher zu erörtern sein wird.

6. Der Arbeitseinsatz

An der Spitze des Arbeitseinsatzes im KL Auschwitz stand der Arbeitseinsatzführer im Range eines SS-Führers. Er war für den Arbeitseinsatz der Häftlinge nach berufsmässigem Können und Leistungsfähigkeit verantwortlich. Alle Häftlinge des Lagers waren in einer sogenannten Berufskartei vom Arbeitseinsatzführer erfasst.

Dem Arbeitseinsatzführer standen zur Durchführung seiner Aufgaben sogenannte Arbeitsdienstführer (SS-Unterführer) zur Verfügung. Die Arbeitsdienstführer hatten die Arbeitskommandos zusammenzustellen, die bestehenden Arbeitskommandos zu ergänzen oder umzustellen. Sie bedienten sich zur Durchführung ihrer Aufgaben weitgehend der Häftlingsfunktionäre.

7. Die Häftlingsfunktionäre

Der inneren Organisation der SS im KL Auschwitz entsprach auf der Häftlingsseite eine Organisation im Lager, die nach dem Grundsatz der Selbstverwaltung aufgebaut war. Allerdings war diese völlig abhängig von der SS-Führung und hatte deren Willen auszuführen. An der Spitze des Schutzhaftlagers stand auf der Häftlingsseite der Lagerälteste, der von dem Schutzhaftlagerführer nach Fühlungnahme mit dem Rapportführer aus den Häftlingen ausgewählt und in diese Funktion eingesetzt wurde. Neben dem Lagerältesten für das gesamte Schutzhaftlager gab es auch noch Lagerälteste für bestimmte Teilbereiche, z. B. den HKB, der mehrere Blocks umfasste. Der Lagerälteste war verantwortlicher Vertreter des Lagers gegenüber der SS, an den sie sich jederzeit halten konnte, wenn irgendetwas zu beanstanden war, oder wenn sie irgendetwas zu verfügen hatte. Der Lagerälteste war verantwortlich für Ordnung, Ruhe und Sauberkeit im Lager. Ihm unterstanden die Blockältesten, die er aus den Häftlingen auswählte und der SS-Lagerführung zur Ernennung vorschlug.

Der erste Lagerälteste des gesamten Lagers war ein Berufsverbrecher, der aus den 30 ersten, von dem Rapportführer Palitzsch von Sachsenhausen nach Auschwitz verbrachten Häftlingen ausgewählt worden war.

Jeder Wohnblock hatte einen Blockältesten. Dieser war Vorgesetzter aller Häftlinge seines Blocks und für alles, was im Block geschah, verantwortlich. Vor allem hatte er für Ruhe, Ordnung und Sauberkeit im Block zu sorgen. Ihm oblag ferner die Verteilung der Essensportionen, wobei er sich der sogenannten Stubendienste bediente.

Die Häftlinge hatten den Lagerältesten, den Blockältesten und den Stubendiensten unbedingt zu gehorchen. Die Macht, die der Lagerälteste, die Blockältesten und die Stubendienste über die Häftlinge hatten, wurde oft auf das schwerste missbraucht. Allerdings wurden die Häftlingsfunktionäre auch für alles, was der SS-Führung im Lager oder in den Blocks irgendwie auffiel, zur Verantwortung gezogen und nicht selten bestraft.

Dem Rapportführer auf Seiten der SS entsprach im Lager der Rapportschreiber, der die Häftlingsschreibstube im Lager leitete. Hier wurde der gesamte, die innere Verwaltung des Lagers betreffende Verkehr erledigt (z.B. Appellvorbereitungen, Stärkemeldungen, Karteiführung usw.). Auch jeder Block hatte einen Häftlingsschreiber (Blockschreiber). Im HKB war ebenfalls eine Schreibstube, in der mehrere Schreiber tätig waren. Dort wurden alle in den HKB aufgenommenen Häftlinge karteimässig erfasst. Für verstorbene Häftlinge wurden hier die Todespapiere ausgestellt. Je eine Todesmeldung ging an die verschiedenen Dienststellen. Ferner wurden hier die vom Lagerarzt unterzeichneten Todesbescheinigungen für das Standesamt ausgeschrieben. Die Toten wurden in ein Totenbuch eingetragen.

Im übrigen wurde eine Vielzahl von Häftlingsschreiberinnen bei der Politischen Abteilung sowie Häftlingsschreiber bei der Dienststelle des Standortarztes beschäftigt. Auch sonstige Arbeiten liess die SS-Führung in grossem Umfang von Häftlingen erledigen (z.B. Arbeiten des Arbeitsdienstes).

Die einzelnen Arbeitskommandos wurden von Häftlingsvorgesetzten, die „Kapos“ genannt wurden, befehligt und beaufsichtigt. Die Kapos brauchten selbst nicht zu arbeiten. Ihnen standen Vorarbeiter zur Unterstützung zur Seite. An sich sollte jedes Arbeitskommando durch einen SS-Kommandoführer beaufsichtigt werden, dem der Kapo verantwortlich war. [...]

Die Lagerältesten, Blockältesten, Kapos und Vorarbeiter waren durch Armbinden gekennzeichnet. Bei der SS hatten sie eine gewisse Vorzugsstellung. Ihr Bestreben war es daher, ihre Posten zu behalten.

8. Der Wachsturmbann

Die Wachtruppe und die Wachtposten wurden von dem Wachsturmbann, der etwa einem Bataillon der Wehrmacht entsprach, gestellt. Der Wachsturmbann war eine selbständige Einheit. An seiner Spitze stand ein SS-Führer im Range eines SS-Hauptsturm- oder Sturmbannführers. Er war in mehrere Kompanien gegliedert, die von SS-Führern als Kompaniechefs geführt wurden. Der Führer des Wachsturmbannes hatte täglich aus seiner Einheit dem Lagerkommandanten die für die Bewachung des Lagers (kleine und grosse Postenkette) und die für die Arbeitskommandos erforderlichen Wachtposten zur Verfügung zu stellen. Ferner hatte er täglich für das Lager einen „Führer vom Dienst" abzuordnen, der laufend die Wachen und Posten zu kontrollieren hatte. Eine täglich vom Wachsturmbann zu stellende Wache hatte sich ständig im Lagerbereich in Bereitschaft aufzuhalten, um im Alarmfall sofort einsatzbereit zu sein. [...]

Die Angehörigen des Wachsturmbannes waren nicht berechtigt, das Schutzhaftlager zu betreten. Die Begleitposten für die Arbeitskommandos nahmen die Kommandos morgens nach dem Ausrücken aus dem Lager vor dem Lagertor in Empfang. [...]

IV. Unterstellungsverhältnisse, Befehlsweg

Das KL Auschwitz unterstand ebenso wie alle anderen Konzentrationslager unmittelbar dem Inspekteur der KL bzw. dem WVHA [Wirtschaftsverwaltungshauptamt] , nachdem dieses am 1. 2. 1942 gebildet und ihm der Inspekteur der KL als Amtsgruppe D eingegliedert worden war.

Das WVHA war in 5 Amtsgruppen (Amtsgruppen A, B, C, D, W) gegliedert. Die Amtsgruppe D hatte 4 Ämter, die folgende Zuständigkeitsbereiche umfassten:

1. Amt D I: Zentralamt mit den Referaten

D I/1: Häftlingsangelegenheiten

D I/2: Nachrichtenwesen, Lagerschutz und Wachhunde

D I/3: Kraftfahrwesen

D I/4: Waffen und Geräte

D I/5: Schulung der Truppe

2. Amt D II: Arbeitseinsatz der Häftlinge

3. Amt D III: Sanitätswesen und Lagerhygiene

4. Amt D IV: KL-Verwaltung

Den Zuständigkeitsbereichen der Ämter I bis IV der Amtsgruppe D entsprachen die oben unter III angeführten Zuständigkeitsbereiche der verschiedenen Abteilungen im Konzentrationslager Auschwitz, d. h. dem Zentralamt (D I) entsprach die Lagerkommandantur, dem Amt D II der Arbeitseinsatzführer, dem Amt D III der Standortarzt, dem Amt D IV die Abteilung Verwaltung.

Allgemeine Weisungen und Befehle über grundsätzliche Fragen der Häftlingsbehandlung und bezüglich allgemeiner Fragen des Konzentrationslagers erhielt der Lagerkommandant unmittelbar vom Amtsgruppenchef der Amtsgruppe D. Der Amtschef des Amtes D I konnte dem Lagerkommandanten insoweit nicht von sich aus, sondern nur über den Amtsgruppenchef Befehle erteilen. Die übrigen Amtschefs hatten jedoch auf ihren Sachgebieten unmittelbar Weisungsbefugnis gegenüber den entsprechenden Dienststellen im Lager. Das bedeutete, dass der Chef des Amtes D II seine Weisungen bezüglich des Arbeitseinsatzes nicht an den Lagerkommandanten, sondern unmittelbar an den Arbeitseinsatzführer im Lager erteilte, mit dem er in ständigem Kontakt stand, und dass der Standortarzt vom Chef des Amtes D III (dem leitenden Arzt der KL) unmittelbar seine Befehle erhielt, und dass schliesslich der Verwaltungsführer seine Weisungen vom Amtschef D IV unmittelbar bezog. Meldungen, Berichte, Anforderungen und Anfragen usw. gingen ebenfalls unmittelbar von den genannten Abteilungen im Konzentrationslager Auschwitz zu den Ämtern der Amtsgruppe D, denen sie unmittelbar unterstanden. Allerdings sollte der Lagerkommandant in allen wichtigen Fragen auf dem laufenden gehalten werden. Inwieweit ihm Abschriften des Schriftverkehrs, der erteilten Anweisungen und

Befehle zur Kenntnisnahme zugeleitet worden sind, ist im einzelnen nicht aufgeklärt worden.

Die Belieferung des Lagers mit Nahrungsmitteln erfolgte durch das örtlich zuständige Zivilernährungsamt unter Mitwirkung des Amtes D IV.

Die grösste Bedeutung erhielt im Verlaufe des Krieges das Amt D II (Arbeitseinsatz). Dieses Amt hatte unter anderem auch die Zuweisung von Häftlingen an kriegswirtschaftlich wichtige Betriebe (z. B. die IG-Farben AG, die Siemenswerke usw.) zu genehmigen und die Bedingungen hierfür auszuhandeln.

Die Verantwortung für die Versorgung und bauliche Ausstattung des KL Auschwitz lag ausserhalb des Zuständigkeitsbereiches der Amtsgruppe D. Für die Bauangelegenheiten war die Amtsgruppe C des WVHA zuständig, während die Amtsgruppe B Amt II die Wachmannschaft und die Häftlinge mit Bekleidung zu versorgen hatte.

Wie oben bereits ausgeführt, hatte das WVHA mit der Einweisung und Entlassung von Schutzhaftgefangenen unmittelbar nichts zu tun. Dies war Sache des RSHA [Reichssicherheitshauptamtes] bzw. des Amtes IV [Gestapo] im RSHA. Im KL Auschwitz bildete die politische Abteilung das ausführende Organ des RSHA bzw. des Amtes IV. Unmittelbar unterstand sie zwar der Gestapoleitstelle in Kattowitz, sie erhielt aber häufig auch unmittelbar Anweisungen und Befehle durch das RSHA. Z. B. gingen Exekutionsbefehle vom RSHA unmittelbar an die Politische Abteilung. Auch die Führungsberichte über Schutzhaftgefangene waren an das RSHA zu richten. Von ihm wurden Einweisungen und Entlassungen von Schutzhaftgefangenen verfügt.

Der Chef der Politischen Abteilung war als Gestapobeamter nur dem RSHA bzw. der Gestapoleitstelle in Kattowitz verantwortlich. Er unterstand dieser sowohl sachlich als auch disziplinär. Das gleiche galt für seinen Vertreter. Die Politische Abteilung war daher auch im Kreise der SS im Lagerbereich gefürchtet. Die anderen Angehörigen der Politischen Abteilung unterstanden als Angehörige der Waffen-SS zwar sachlich ebenfalls der Gestapo bzw. dem RSHA, gehörten aber zur Stabskompanie und unterlagen der Disziplinargewalt des Adjutanten.

Für den Lagerkommandanten in Auschwitz gab es in bezug auf die Unterstellungs- und Befehlsverhältnisse eine Ausnahme: Höss, der erste Lagerkommandant in Auschwitz, wurde – wie noch später näher auszuführen sein wird – nach dem Entschluss Hitlers, die in seinem Macht- und Herrschaftsbereich lebenden jüdischen Menschen zu „liquidieren", von Himmler damit beauftragt, in Auschwitz die Voraussetzungen für eine solche massenweise Tötung zu schaffen. Insoweit wurde er unmittelbar dem RSHA unterstellt und empfing von dieser Dienststelle unmittelbar seine Befehle für die Tötung der zur Vernichtung nach Auschwitz deportierten jüdischen Menschen. Auch seine späteren Nachfolger trugen als Lagerkommandanten die unmittelbare Verantwortung für die Durchführung dieser Aktionen gegenüber dem RSHA unmittelbar.

[...]

VII. Das KL Auschwitz als Vernichtungslager

1. Das KL Auschwitz als Hinrichtungsstätte für Polen

[...]

Von besonderer Bedeutung für das KL Auschwitz wurden die Standgerichtsverhandlungen der Gestapoleitstelle in Kattowitz. Das „Polizeistandgericht" in Kattowitz tagte in regelmässigen Abständen im KL Auschwitz, meist in einem Zimmer des Blockes 11. Vorsitzender des Gerichtes war der Leiter der Stapoleitstelle in Kattowitz, SS-Obersturmbannführer und Oberregierungsrat Dr. Mildner, später – ab Herbst 1943 – der Kommandeur der Sipo und des SD in Kattowitz, der Zeuge Dr. J. [Thümmler] . Als Beisitzer dieses Gerichtes fungierten ein Beamter der Kriminalpolizei und ein Beamter der Sicherheitspolizei. Verhandelt wurde gegen Zivilpersonen, die von der Gestapo in Kattowitz wegen angeblicher Widerstands-, Untergrund- und Partisanentätigkeit oder Abhörens feindlicher Sender, wegen Unterhaltungen über diese Nachrichten, wegen Kurierdiensten, wegen Schleichhandels oder anderer Vergehen festgenommen worden waren.

Meist wurde gegen grössere Gruppen verhandelt. Die Zivilisten wurden entweder zur Verhandlung aus den Polizeigefängnissen in Kattowitz oder dem Gerichtsgefängnis Myslowitz nach Auschwitz in das Lager gebracht, oder sie waren schon vorher, wenn die Polizeigefängnisse überfüllt waren, in das Lager gebracht und im ersten Stock des Blockes 11 als sogenannte „Polizeihäftlinge“ untergebracht worden. In der Lagerstärke erschienen sie nicht. Zur Verhandlung, die in der Schreibstube des Blockes 11 stattfand, wurden die Polizeihäftlinge von einer Liste, die die Gruppe der Gestapo und des SD aus Kattowitz mitgebracht hatte, aufgerufen und vor dem Vernehmungszimmer aufgestellt. Dann wurden sie einzeln in den Verhandlungsraum hineingeführt. Die „Verhandlung“ unter dem SS-Obersturmbannführer Dr. Mildner dauerte gegen die einzelnen Personen jeweils nur eine Minute oder weniger. Innerhalb von ein bis zwei Stunden wurden 100 bis 150, manchmal auch 200 Personen abgeurteilt. Von ganz geringen Ausnahmen abgesehen, lauteten die Urteile stets auf Todesstrafe. Die „Urteile“ mussten von dem Gauleiter Bracht, der gleichzeitig Oberpräsident der Provinz Oberschlesien war, formell bestätigt werden. Häufig hatte er die Bestätigungen schon vor Verkündung der Urteile blanko erteilt.

Unmittelbar nach den Verhandlungen des Polizeigerichts wurden die zum Tode verurteilten Personen durch Genickschüsse an der schwarzen Wand anfänglich auch in einem Raum des kleinen (alten) Krematoriums durch Angehörige der SS aus dem Lager getötet. Bei den Erschiessungen waren die Mitglieder des Polizeistandgerichts aus Kattowitz in der Regel nicht mehr anwesend. Sie fuhren meist unmittelbar nach der Verhandlung weg.

Das Polizeistandgericht verhandelte bei seinen Sitzungen im KL Auschwitz auch gegen Schutzhäftlinge, die schon einige Zeit im Lager einsassen und glaubten, mit dem Leben davongekommen zu sein. Ein

Angehöriger der Stapoleitstelle in Kattowitz brachte zu den Standgerichtsverhandlungen in Auschwitz häufig Listen von im Lager einsitzenden Schutzhäftlingen mit. Sie standen im Verdacht, mit den abzuurteilenden Zivilpersonen in Verbindung gestanden zu haben. Zu den Verhandlungen wurden sie dann von ihren Arbeitskommandos weggeholt und – mit den übrigen zivilen Angeklagten – zum Tode verurteilt und erschossen.

Die Anzahl der auf diese Weise von dem Polizeistandgericht zum Tode verurteilten und danach hingerichteten Personen konnte nicht festgestellt werden. ....

[...]

4. Das Konzentrationslager Auschwitz als Vernichtungsstätte kranker und entkräfteter Lagerinsassen

Im KL Auschwitz wurden in grossem Umfang auch im Lager befindliche kranke Häftlinge, insbesondere Juden, die man als arbeitsunfähig ansah, getötet.

a. Im HKB wurden fast täglich von den Häftlingen, die sich krank gemeldet hatten und dem Lagerarzt nach einer Untersuchung durch einen Häftlingsarzt vorgestellt wurden (sogenannter Arztvorsteller) diejenigen ausgesondert, die der Lagerarzt als arbeitsunfähig ansah. Anschliessend wurden sie durch Phenolinjektionen getötet. Die Anzahl der auf diese Weise getöteten Häftlinge konnte nicht festgestellt werden. Es waren auf jeden Fall mehrere Tausend. Nähere Einzelheiten über das Aussonderungsverfahren und die Art der Tötung werden noch im Zusammenhang mit den Straftaten der SDGs Klehr, Scherpe, Hantl) zu erörtern sein.

b. Der Lagerarzt ging ferner von Zeit zu Zeit in Begleitung eines SDG durch die Krankensäle des HKB, um neben der Überprüfung der Ordnung und Sauberkeit festzustellen, ob der HKB überfüllt sei. War dies der Fall, dann sonderte er eine Reihe von Häftlingen aus, die anschliessend ebenfalls durch Phenolinjektionen getötet wurden.

Besonders gefährdet waren die Häftlinge, die schon längere Zeit krank im HKB lagen.

Die Anzahl der durch diese sogenannten kleinen Selektionen ausgesuchten und anschliessend durch Phenol getöteten Häftlinge konnte ebenfalls nicht festgestellt werden. Auch auf diese kleinen Selektionen wird noch zurückzukommen sein.

c. Ausser diesen kleinen Selektionen fanden in gewissen Zeitabständen sogenannte grosse Selektionen im HKB statt. Bei diesen grossen Selektionen mussten alle kranken Häftlinge, die im HKB lagen, dem Lagerarzt nackt vorgeführt werden. Durch einen Blick entschied dann der Lagerarzt, ob ein Kranker weiter im HKB bleiben könne oder ob er zu töten sei. Häufig wurden bei solchen grossen Selektionen 200 bis 300 Häftlinge zur Tötung bestimmt. Ihre Fieberkurven wurden auf die Schreibstube gebracht, wo eine Liste mit den Nummern der für den Tod bestimmten Häftlinge erstellt wurde.

Ein oder zwei Tage später wurden die ausgesuchten Häftlinge dann aufgerufen, auf LKWs verladen und in die Gaskammern gebracht, wo sie durch Zyklon B getötet wurden. Die Anzahl der auf diese Weise getöteten Häftlinge konnte ebenfalls nicht mehr festgestellt werden.

d. Schliesslich fanden von Zeit zu Zeit sogenannte Lagerselektionen statt. Hierbei wurden die Lagerinsassen – mit Ausnahme der Funktionshäftlinge und anderer Häftlinge, die für besondere Tätigkeiten gebraucht wurden – auf ihre Arbeitstauglichkeit gemustert. Solche sogenannte Lagerselektionen fanden sowohl im Stammlager als auch in den verschiedenen Lagerabschnitten des Lagers in Birkenau statt. Die Häftlinge mussten bei diesen Selektionen nackt antreten. Ihre Arbeitstauglichkeit wurde von den SS-Lagerärzten mit einem Blick geprüft. Wer nicht mehr arbeitsfähig erschien – dazu gehörten vor allem die sogenannten Muselmänner –, wurde von den anderen Häftlingen abgesondert und in einen bestimmten Block von anderen Häftlingen isoliert untergebracht. Nach wenigen Tagen wurden dann die ausgesonderten Menschen mit LKWs zu den Gaskammern gebracht und dort durch Gas getötet.

Als Todesursache wurde auf den Todesurkunden aller auf diese Weise getöteten Häftlinge natürliche Todesursachen angegeben (z. B. Herzschwäche).

Ob und inwieweit diese Ausmusterungen aufgrund von Befehlen des RSHA oder des WVHA erfolgt sind, konnte nicht geklärt werden. Wahrscheinlich beruhen sie auf der bereits erwähnten Aktion, die unter dem Geheimzeichen 14 f 13 in den Konzentrationslagern lief.

Das Schwurgericht ist zugunsten der Angeklagten davon ausgegangen, dass die SS-Ärzte von höheren Dienststellen (wahrscheinlich dem Amt D III im WVHA) die allgemeine Anweisung erhalten haben, kranke und völlig entkräftete Häftlinge, mit deren Arbeitseinsatz nicht mehr zu rechnen sei, auszumustern und auf unauffällige Weise töten zu lassen.

Ausser durch die Ärzte wurden solche Ausmusterungen aber auch durch SS-Führer, Unterführer und die SDGs zum Teil ohne Befehl eigenmächtig durchgeführt. Auf konkrete Einzelfälle wird noch im Zusammenhang mit den Erörterungen der Straftaten der Angeklagten zurückzukommen sein.

5. Das KL Auschwitz als Massenvernichtungsanstalt für die Tötung jüdischer Menschen

Das KL Auschwitz diente schliesslich im Rahmen der sogenannten „Endlösung der Judenfrage“ als Instrument zur Vernichtung von unzähligen jüdischen Menschen, die nur zum Zweck der Tötung nach Auschwitz verbracht wurden.

Den Hintergrund für diese Massentötungen bildete die radikale antisemitische Politik des NS-Staates, die ebenfalls ein untrennbarer Bestandteil nationalsozialistischer Programmatik war und schliesslich, sich von Stufe zu Stufe steigernd, in der physischen Vernichtung der Juden endete.

Ausgangspunkt für die gesamte Judenpolitik des NS-Staates war das Parteiprogramm der NSDAP vom 24. 2. 1920, in dessen Punkt 4 es hiess:

„Staatsbürger kann nur sein, wer Volksgenosse ist. Volksgenosse kann nur sein, wer deutschen Blutes ist ohne Rücksicht auf die Konfession. Kein Jude kann daher Volksgenosse sein."

Punkt 5 des Parteiprogrammes lautete:

„Wer nicht Staatsbürger ist, soll nur als Gast in Deutschland leben können und muss unter Fremdengesetzgebung stehen."

Schon vor der sogenannten Machtergreifung am 30. 1. 1933 rief Hitler in vielen Parteireden zum leidenschaftlichen Kampf gegen das „Weltjudentum" auf. Seine Partei (die NSDAP) und ihre Gliederungen (SA, SS usw.) hetzten systematisch gegen jüdische Bürger. Gelegentlich kam es auch schon vor der Machtergreifung zu Ausschreitungen gegen Juden.

Nach der Übernahme der Macht wurde der Kampf der nationalsozialistischen Partei gegen die Juden Teil der offiziellen Regierungspolitik in Deutschland. Zahlreiche Gesetze, Verordnungen und Einzelmassnahmen dienten der Entrechtung, Diskriminierung und Verfolgung der jüdischen Bürger. Eine systematische Hetze sollte Hass und Abscheu gegen die Juden in jedem nichtjüdischen Deutschen hervorrufen.

Hier sollen die zahlreichen Gesetze, Verordnungen und Einzelmassnahmen, durch die die deutschen Juden aus dem staatlichen, wirtschaftlichen und kulturellen Leben ausgeschaltet, von sämtlichen Ehrenämtern ausgeschlossen und aus freien Berufen verdrängt und insgesamt in beschämender Weise entwürdigt, entrechtet und diskriminiert werden sollten und wurden, im einzelnen nicht aufgezählt werden. Sie sind historisch und im grossen und ganzen allgemein bekannt. Erwähnt seien nur die sogenannten Nürnberger Gesetze aus dem Jahre 1935 (das sog. Blutschutzgesetz und das Reichsbürgergesetz), die einen gewissen Höhepunkt der gesetzlichen Massnahmen zur Entrechtung und Diffamierung der jüdischen deutschen Mitbürger bildeten. Das

Blutschutzgesetz (RGBl. 1935 I, 1146) verbot die Eheschliessung zwischen Juden und „Staatsangehörigen deutschen oder artverwandten Blutes“, sowie den ausserehelichen Geschlechtsverkehr zwischen Juden und diesen Personengruppen. Juden durften keine weiblichen Angestellten „deutschen oder artverwandten Blutes“ unter 45 Jahren in ihrem Haushalt beschäftigen.

Das Reichsbürgergesetz führte neben der Staatsangehörigkeit die sogenannte Reichsbürgerschaft ein, die durch Verleihung des Reichsbürgerbriefes erworben werden sollte (wozu es allerdings niemals gekommen ist). Reichsbürger konnten nur Staatsangehörige „deutschen oder artverwandten Blutes“ werden. Nur Reichsbürger sollten in den Genuss der vollen politischen Rechte nach Massgabe des Gesetzes kommen.

Eine weitere Diffamierung bedeutete u.a. die Einführung des Kennkartenzwanges für jüdische Bürger durch die Bekanntmachung vom 23. 7. 1938 und die durch die VO vom 17. 8. 1938 erlassenen Vorschriften, dass männliche Juden ab 1. 1. 1939 ihrem nichtjüdischen Vornamen den Vornamen „Israel“ und weibliche Juden den Vornamen „Sara“ beizufügen hatten.

Verschärft wurde die Judenverfolgung in Deutschland, nachdem der Juden Herschel Grünspan den deutschen Legationssekretär vom Rath in Paris erschossen hatte. In der Nacht vom 8. zum 9. 11. 1938 kam es zu der bekannten sogenannten „Reichskristallnacht“, in der im deutschen Reichsgebiet Synagogen in Brand gesteckt, über 7000 jüdische Geschäfte zerstört und viele jüdische Menschen verletzt, getötet oder verhaftet wurden. Gegen diesen von Dienststellen der Partei und ihrer Gliederungen organisierten Terror schritten die zuständigen Polizeibehörden auf höhere Weisung nicht ein. Den Juden in Deutschland wurde zusätzlich noch die Zahlung einer „Busse“ von zunächst 1 Milliarde später 1 1/4 Milliarde Reichsmark auferlegt. Ca. 30 000 wohlhabende jüdische Bürger wurden in Konzentrationslager eingewiesen, später allerdings zum grössten Teil wieder entlassen, wenn sie sich zur Auswanderung bereit erklärten.

Nach Beginn des zweiten Weltkrieges wurden die Juden dadurch diskriminiert, dass sie ihre Rundfunkgeräte abliefern mussten, dass man sie zur Kündigung ihrer Fernsprechanschlüsse zwang und dass sie keine Kleiderkarten erhielten und schliesslich, dass man Ausgehverbote gegen sie erliess.

Der erwähnten Gesetze, Verordnungen und administrativen Massnahmen gegen die Juden sowie die Gewalttaten gegen sie zielten zunächst daraufhin, die deutschen Juden möglichst rasch zur Auswanderung zu bringen und damit den „deutschen Volkskörper“ von dieser – nach Auffassung der NS-Machthaber – „minderwertigen Rasse“ zu reinigen. Nach Ausbruch des Krieges am 1. 9. 1939 fielen weitgehend die Voraussetzungen für eine Auswanderung bzw. Austreibung der deutschen Juden weg, wenn auch der Weg über neutrale Staaten zunächst noch offenblieb. Man strebte daher bald eine radikalere Lösung des Judenproblems an. Erste Anzeichen einer solchen radikalen Lösung für den Fall eines bewaffneten Konfliktes hatte es schon vor dem Kriege gegeben. So hatte [...] Hitler am 30. 1. 1939 anlässlich der Feier des Tages der sogenannten Machtübernahme vor dem Reichstag unter anderem erklärt: [...]

> „Wenn es dem internationalen Finanzjudentum innerhalb und ausserhalb Europas gelingen sollte, die Völker noch einmal in einen Weltkrieg zu stürzen, dann wird das Ergebnis nicht die Bolschewisierung der Erde und damit der Sieg des Judentums sein, sondern die Vernichtung der jüdischen Rasse in Europa.“

Spätestens im Jahre 1941 entschloss sich Hitler zu der in der erwähnten Rede angedeuteten Lösung, nämlich, die in seinem Machtbereich lebenden europäischen Juden auszurotten.

Mit der Verwirklichung dieses Planes, den er „die Endlösung der Judenfrage“ nannte, beauftragte er Himmler, seinen getreuen Gefolgsmann, der mit der ihm unterstellten Polizei und SS die Gewähr einer genauen Durchführung des Planes bot. Allerdings ist ein schriftlicher Befehl Hitlers über die „Endlösung der Judenfrage“ nicht bekannt. Der genaue Zeitpunkt, wann Hitler die physische Vernichtung der Juden befohlen hat, lässt sich nicht mehr genau bestimmen. Hitler muss sie schon vor Ausbruch des Krieges mit Russland mündlich angeordnet haben. Denn die vor Beginn des Russlandfeldzuges entsprechend der Einteilung der Heeresgruppen gebildeten Einsatzgruppen aus Sipo [Sicherheitspolizei] und SD [Sicherheitsdienst der SS] hatten den Auftrag die sogenannten potentiellen Gegner zu vernichten, also zu töten, wobei man sich darüber im klaren war, dass dazu in erster Linie – ausser den politischen Kommissaren – die im rückwärtigen Heeresgebiet anzutreffenden Juden gehörten.

Den Führern der Einsatzgruppen, die in Einsatzkommandos und Sonderkommandos gegliedert waren, wurde im Mai 1941 unter strengster Geheimhaltung mündlich befohlen, die Juden zu erschiessen. Nach Einmarsch der deutschen Truppen in das Gebiet der Sowjetunion begannen auch bald im rückwärtigen Heeresgebiet in grossem Umfang Massenerschiessungen von Juden durch die Einsatzkommandos. Schliesslich stellte man diesen Kommandos auch Gaswagen zur Verfügung, in denen die Juden durch Gas getötet wurden. Alle Juden konnten jedoch in dieser ersten Phase der Massentötung nicht beseitigt werden. Die Überlebenden wurden in grosse Ghettos konzentriert und durch einen gelben Judenstern auf Brust und Rücken gekennzeichnet. Bald folgte eine zweite Phase von Massentötungen und eine allmähliche Räumung der Ghettos.

Inzwischen hatten im Reichsgebiet seit Herbst 1941 grosse als „Umsiedlungsaktion" getarnte Deportationen von Juden zu den Ghettos in Lodz, Warschau, Kowno, Minsk, Riga usw. begonnen. Ziel dieser Deportationen war die schliessliche Vernichtung der deportierten Menschen durch Arbeit oder in dafür einzurichtenden Vernichtungslagern oder Vernichtungsanstalten. Hier soll nicht im einzelnen die organisatorische Durchführung der gesamten Aktion im Rahmen der sogenannten „Endlösung der Judenfrage", die verschiedenen Zuständigkeiten und Verantwortlichkeiten aufgezeigt werden. Es war nicht Aufgabe des Schwurgerichts, dies im einzelnen aufzuklären und aufzuzeigen.

Erwähnt sei nur, dass Göring durch Erlass vom 31. 7. 1941 Heydrich aufforderte, ihm alsbald die sachlichen und materiellen Voraussetzungen zur angestrebten „Endlösung der Judenfrage" vorzulegen. Auch das spricht dafür, dass Hitler schon vor diesem Zeitpunkt den Befehl für die physische Vernichtung der Juden gegeben hat.

In diesem Erlass heisst es u. a.:

> „In Ergänzung der Ihnen bereits mit Erlass vom 24. 1. 1939 übertragenen Aufgabe, die Judenfrage in Form der Auswanderung oder Evakuierung einer den Zeitverhältnissen entsprechend möglichst günstigen Lösung zuzuführen, beauftrage ich Sie hiermit, alle erforderlichen Vorbereitungen in organisatorischer, sachlicher und materieller Hinsicht zu treffen für eine Gesamtlösung der Judenfrage im deutschen Einflussgebiet in Europa.
> Sofern hierbei die Zuständigkeiten anderer Zentralinstanzen berührt werden, sind diese zu beteiligen.
> Ich beauftrage Sie weiter, mir in Bälde einen Gesamtentwurf über die organisatorischen, sachlichen und materiellen Vorausmassnahmen zur Durchführung der angestrebten Endlösung der Judenfrage vorzulegen."

Heydrich berief unter Bezugnahme auf diesen Erlass eine Konferenz am 20. 1. 1942 im Gebäude der Interpol am grossen Wannsee ein, zu der die zuständigen Behörden zu einer „Staatssekretärbesprechung" geladen wurden.

Die Konferenz (Wannsee-Konferenz genannt) wird allgemein als die organisatorische Grundlage für die sogenannte „Endlösung der Judenfrage" bezeichnet. An ihr nahmen hohe Vertreter der Parteikanzlei, der Reichskanzlei, des Amtes Frank, die Staatssekretäre der einzelnen Ministerien, insbesondere aber Angehörige des RSHA teil. Heydrich, der den Vorsitz führte, betonte zunächst, dass die Federführung bei der Bearbeitung „der Endlösung der Judenfrage" ohne Rücksicht auf geographische Grenzen zentral beim Reichsführer SS und Chef der deutschen Polizei liege. Dann erklärte er u. a., dass die Juden nach ihrer Evakuierung nach dem Osten einem harten Arbeitseinsatz zugeführt werden müssten, wobei zweifellos ein grosser Teil durch natürliche Auslese ausfallen werde. Schliesslich erklärte er:

> „Der allfällig endlich verbleibende Restbestand wird, da es sich bei diesem zweifellos um den widerstandsfähigsten Teil handelt, entsprechend behandelt werden müssen, da dieser, eine natürliche Auslese darstellend, bei Freilassung als Keimzelle eines neuen jüdischen Aufbaues anzusprechen ist (siehe die Erfahrung der Geschichte)."

Was mit den Arbeitsunfähigen geschehen solle, wurde in dem Protokoll über diese Konferenz nicht festgehalten. Hier ist auf die Worte „wird entsprechend behandelt werden müssen" hinzuweisen, weil bei den späteren schriftlichen Befehlen, sonstigen Berichten und Schriftstücken, die in Zusammenhang mit der massenweisen Vernichtung der Juden standen, niemals ausdrücklich von einer Tötung die Rede ist. Die Tötungen wurden vielmehr stets mit Worten umschrieben wie „Sonderbehandlung", „Evakuierung", „Judenumsiedlung" und ähnlichen Ausdrücken. Alle Aktionen wurden unter Einhaltung strengster Geheimhaltungsvorschriften durchgeführt. Niemand, der nicht unmittelbar damit befasst war, durfte etwas davon erfahren.

Auf den weiteren Inhalt der Beratungen während der Wannsee-Konferenz soll hier nicht näher eingegangen werden. Das Ergebnis der Konferenz zeigte sich bald: Die bereits begonnenen Deportationen wurden in verstärktem Umfang fortgesetzt. In allen vom deutschen Reich besetzten Ländern Europas wurden Juden zusammengetrieben, in Eisenbahnzüge gepfercht, zum grossen Teil in Güterwaggons, und in Lager nach dem Osten deportiert, wo sie zum grössten Teil getötet wurden. Die in den Ghettos im Osten konzentrierten Juden wurden nach und nach ebenfalls in Vernichtungslager abtransportiert und zum grössten Teil getötet.

Die Zentrale für die Aktion war das RSHA unter Heydrich, später Kaltenbrunner. Im RSHA war das Amt IV unter SS-Obergruppenführer Müller für die Judendeportationen zuständig. Es bediente sich bei der Durchführung der Aktionen er ihm unterstellten Polizei- und SS-Dienststellen. Im Amt IV war Leiter des Referates IV B 4 (Judenangelegenheiten), das später in IV A 4 umbenannt wurde, SS-Obersturmbannführer Eichmann.

Auch das Konzentrationslager Auschwitz wurde als Vernichtungslager für die „Endlösung der Judenfrage" ausersehen. Höss, der erste Lagerkommandant von Auschwitz, erhielt – wie oben schon erwähnt – im Sommer 1941 vom RFSS den Befehl, im KL Auschwitz, die Voraussetzungen für die Massentötungen von Juden zu schaffen. Dabei wurde ihm strengstes Stillschweigen auch Vorgesetzten gegenüber befohlen. Von Eichmann wurde Höss näher in die beabsichtigten Vernichtungsaktionen eingeweiht. Mit ihm besprach er, wie die Tötung der Juden im Lager Auschwitz durchzuführen sei. Beide kamen überein, dass als Tötungsmittel nur Gas in Frage käme, da die Tötung der zu erwartenden Menschenmassen auf andere Weise nicht ausführbar erschien. Bei einer Besichtigung des Geländes stiessen sie auf ein Bauerngehöft in der Nordwestecke des späteren Bauabschnittes B III. Da es durch Wald und Hecken gegen Einsicht geschützt war, hielten sie er für geeignet, um darin – nach entsprechenden Umbauten und der Installierung der erforderlichen technischen Einrichtungen – gleichzeitig mehrere hundert Menschen durch Gas zu töten.

Der Umbau des Gehöftes für den vorgesehenen Zweck wurde alsbald in Angriff genommen.

Wann genau die ersten Judentransporte im Rahmen der sogenannten „Endlösung der Judenfrage" in Auschwitz angekommen sind, liess sich nicht mehr mit Sicherheit feststellen. Im damaligen Sprachgebrauch wurden diese Transporte RSHA-Transporte genannt. Die deportierten Juden, die mit diesen Transporten ankamen, nannte man RSHA-Juden.

Anfangs – ab Oktober 1941 – wurden vereinzelt kleinere Gruppen von Juden, die im Rahmen des Vernichtungsprogramms Hitlers in Auschwitz getötet werden sollten, in LKWs gebracht. Sie wurden im kleinen (alten) Krematorium teils durch Genickschüsse getötet, teils durch Gas umgebracht. Hierauf wird noch bei der Erörterung der Straftaten des Angeklagten St. zurückzukommen sein. Ab Anfang 1942 kamen grössere RSHA-Transporte aus Ostoberschlesien an, denen dann fast ununterbrochen bis Herbst 1944 eine nicht mehr festzustellende Zahl von Transporten aus allen besetzten Ländern Europas folgte.

Grössere Transporte, die mit Ausnahme der Anfangszeit die Regel wurden, kamen in Eisenbahnzügen an. Die Züge wurden auf einem Anschlussgleis, das man vor der Hauptstrecke Kattowitz–Auschwitz–Krakau auf das freie Feld in die Nähe des Stammlagers geführt hatte, geleitet. Dort liess man die Menschen auf eine eigens für diesen Zweck gebaute 500 m lange Holzrampe, die im Jahre 1943 durch eine Betonrampe ersetzt wurde, aussteigen.

Ursprünglich sollten nach dem Befehl Himmlers alle mit sogenannten RSHA-Transporten angekommenen Menschen getötet werden. Dies geschah auch bei den ersten Transporten aus Ostoberschlesien. Bald aber erging ein weiterer Befehl, dass alle arbeitsfähigen Juden, Männer und Frauen, aus den Transporten auszusuchen und im Lager für Rüstungszwecke einzusetzen seien. In der Folgezeit wurden dann jeweils aus den RSHA-Transporten zwischen 10 und 15 %, in seltenen Ausnahmefällen auch mehr, jedoch nie über 25 % arbeitsfähige Männer und Frauen aus den Transporten ausgesucht, die dann in das Lager aufgenommen wurden. Alle anderen jüdischen Menschen wurden durch Gas getötet. Bevor der Umbau des Bauernhauses vollendet war, erfolgten die Tötungen durch Gas im kleinen Krematorium. Ab Sommer 1942 diente das inzwischen in eine Gaskammer umgebaute Bauernhaus als Vernichtungsstätte. Da seine Kapazität zur Tötung der immer dichter werdenden Transporte nicht ausreichte, wurde noch ein weiteres Bauernhaus in der Nähe des ersten zu einer Gaskammer umgebaut und zusätzlich als Vernichtungsstätte benutzt. Beide Gaskammern wurden auch Bunker I und II genannt. Die Leichen der getöteten Menschen wurden zunächst in grossen Gruben begraben, später in langen Gräbern verbrannt.

Da bald vorauszusehen war, dass die Kapazität der beiden Gaskammern für die Tötung der noch zu erwartenden Judentransporte nicht ausreichen werde, wurde der Bau von zwei grossen und zwei etwas kleineren Krematorien mit dazugehörigen Gaskammern in Angriff genommen. Wie oben schon ausgeführt, wurden die grösseren Krematorien (Krematorium I und Krematorium II), die westlich vom Lagerabschnitt B I und B II lagen, im Frühjahr 1943 in Betrieb genommen. Die beiden kleineren Krematorien (Krematorium III und Krematorium IV) wurden ebenfalls im Jahre 1943 vollendet und in Betrieb genommen.

Der Bunker I wurde später bei Beginn des Aufbaues des Lagerabschnitts B III abgerissen, der Bunker II, der nach der Inbetriebnahme der vier neu erbauten Krematorien auch später noch zur Tötung von Menschen benutzt wurde, wenn die Kapazität der vier Krematorien nicht ausreichte oder eine der vier neu gebauten Gaskammern aus irgendeinem Grund ausfiel, wurde nun als Bunker V bezeichnet.

Ab Frühjahr 1944 wurden die Transporte auf die – oben bereits erwähnte – Rampe in Birkenau geleitet, von wo die Menschen unmittelbar nach der Ausmusterung der Arbeitsfähigen in die neu erbauten Gaskammern geführt wurden.

Eine genaue Darstellung über die Empfangnahme, Einteilung und Vernichtung eines RSHA-Transportes, die Ausmusterung der Arbeitsfähigen, die auch als „Selektion“ bezeichnet wird, wobei nicht sicher feststeht, ob dieser Ausdruck bereits damals gebraucht worden ist oder man ihn erst später eingeführt hat, wird im Zusammenhang mit der Erörterung der Straftaten des Angeklagten Mulka gegeben werden.

Die Anzahl der getöteten jüdischen Menschen, die mit sogenannten RSHA-Transporten nach Auschwitz deportiert worden sind, konnte auch nicht annähernd festgestellt werden, da sichere Beweisunterlagen fehlen.

Allein im Jahre 1944, als in grossem Umfang ungarische Juden nach Auschwitz deportiert und mit Ausnahme der als arbeitsfähig Ausgemusterten getötet worden sind, wurden in den Monaten zwischen Mai und Oktober mehr als eine halbe Million jüdischer Menschen getötet.

Die Auszüge finden sich in: C. F. Rüter/D. W. de Mildt (Hrsg.), Justiz und NS-Verbrechen. Sammlung deutscher Strafurteile wegen nationalsozialistischer Tötungsverbrechen 1945–1966. Bd. 21. Die vom 3. 4. 1965 bis zum 21. 8. 1965 ergangenen Strafurteile: lfd. Nr. 590–596, Amsterdam 1979, hier lfd. Nr. 595a, LG Frankfurt/M. 19. 8. 1965, S. 381–383, 391–401, 408–412, 416–421.

„Spezialist für KZ-Verbrecher"

Vernehmung des Zeugen Konrad Morgen im 1. Frankfurter Auschwitz-Prozess vor dem Landgericht Frankfurt am Main am 9. März 1964 (Auszüge)

[...]

Vorsitzender Richter: Herr Doktor Morgen, Sie sind hier jetzt wiederholt genannt worden, und zwar als Richter bei der SS, als SS-Richter, der verschiedene Untersuchungen vorgenommen hat, und zwar Untersuchungen nicht nur in Auschwitz, sondern auch in anderen Lagern. Vielleicht können Sie uns mit einigen Worten sagen, wieso es zu diesen Untersuchungen gekommen ist, aber dann in erster Linie Ihr Interesse richten auf die Untersuchungen im Lager Auschwitz, die uns ja hier hauptsächlich von Bedeutung sind, uns dann sagen, was Sie dort an Mißständen gesehen haben und was Sie veranlaßt haben. [...]

Zeuge Konrad Morgen: Ich war als SS-Richter der Reserve etwa im Mai 1943 zum Reichskriminalpolizeiamt, Gruppe B, zur Bekämpfung von Kapitalverbrechen abkommandiert worden[1] und hatte einen ersten Auftrag in Weimar auszuführen. Dort hörte ich in der Bevölkerung Gerüchte, daß anläßlich der „Juden-Aktion", 1938 glaube ich, sich viele bereichert hätten und daß auch ein gewisser Verdacht auf dem Kommandanten, dem Standartenführer Koch[2], ruhe.

1 Reichskriminalpolizeiamt, Amt V des Reichssicherheitshauptamtes (RSHA).

2 Karl Koch war von 1937 bis 1941 Kommandant des Konzentrationslagers Buchenwald.

Ich habe diese Fragen mit Behördenvertretern gesprächsweise erörtert und mußte dann sowohl von seiten der Polizei wie auch der Gestapo, dem Bürgermeister, der Vertreter der Regierung dieselben Beobachtungen oder Verdachtsgründe bestätigt hören. Und das ließ mir keine Ruhe, und ich bin von mir aus – zunächst ohne jeden Auftrag, außerhalb der mir gesetzten Untersuchung – der Sache nachgegangen und habe dann bei einer Überprüfung der Konten des Standartenführers Koch, die er bei einer Bank unterhielt, festgestellt, daß dieser sich im größten Umfange bereichert hat.

Ich habe darüber dem zuständigen Gerichtsherrn, dem das Konzentrationslager zugehörte, dem Fürsten von Waldeck,[3] Bericht erstattet. Und der sagte mir auch, daß Standartenführer Koch ihm sehr verdächtig sei und daß er seinerzeit ein Verfahren gegen ihn, ein gerichtliches Verfahren, eingeleitet hatte, daß er aber auf Befehl des Reichsführers SS, Himmler, Koch nach zwei Tagen schon aus der Haft entlassen mußte und schwer gerügt wurde. Er sagte mir für diese Untersuchung seine vollste Unterstützung zu, und ich berichtete in Berlin und bekam zu meiner großen Überraschung den Auftrag, die Verfehlungen des Standartenführers Koch aufzuklären. Ich habe Standartenführer Koch und seine Frau Ilse Koch, dann später den Lagerarzt Doktor Hoven, den Bunkerwart, den Hauptscharführer Sommer verhaftet und angeklagt. Koch wurde bekanntlich deswegen, unter anderem wegen Mordes, zum Tode verurteilt und hingerichtet. Die Untersuchung

Vorsitzender Richter [unterbricht]: War das noch vor Beendigung des Krieges? Die Hinrichtung von dem Standartenführer Koch?

3 Josias Erbprinz zu Waldeck und Pyrmont, SS-Obergruppenführer und General der Polizei war von 1938 bis 1945 Höherer SS- und Polizeiführer Fulda-Werra mit Sitz in Kassel.

Zeuge Konrad Morgen: Ja. Standartenführer Koch, ja. Die Untersuchungen, die dehnten sich zwangsläufig auf andere Konzentrationslager aus. Denn Koch galt bis dato als ein Musterkommandant, und zu ihm wurden sehr viele SS-Leute und -Führer zur Ausbildung hingeschickt und nachher in andere Konzentrationslager versetzt. Eine Zeitlang hatte er auch das Konzentrationslager Lublin aufgebaut und geführt. Und so dehnten sich diese Untersuchungen wegen dieser Verdächtigungen, die in Buchenwald angefallen waren, auf diese anderen Lager aus.

Für die zuständigen SS- und Polizeigerichte waren Verfahren gegen Angehörige von Konzentrationslagern ein heißes Eisen. Und nachdem nun mal von mir diese Bresche geschlagen worden war, möchte sagen, so auf allgemeinen Wunsch hin, war man froh, daß man jemand hatte. Und nachdem ich also nun so ein Spezialist für Konzentrationslagerverbrecher geworden war, erhielt ich durch allgemeines Rundschreiben den Auftrag, größere und wichtigere Verbrechenskomplexe in Konzentrationslagern zu untersuchen. Das heißt, die SS- und Polizeigerichte sind angewiesen worden, derartige Fälle an mich als Untersuchungsführer abzugeben. [Pause]

Nun zum Komplex Auschwitz: Meine Untersuchungen im Konzentrationslager Auschwitz wurden ausgelöst durch ein Feldpostpäckchen. Es war ein etwas kleineres, mehr langes als schmales Paket, gewöhnlicher Karton, das wahrscheinlich wegen seines ungeheuren Gewichtes bei der Feldpost aufgefallen war, und wegen seines Inhalts hatte ihn die Zollfahndung beschlagnahmt. Es enthielt nämlich drei Klumpen mit Gold. Gold war eine Devise, ablieferungspflichtig, und so ergab sich die Beschlagnahme durch die Zollfahndung. Absender war ein SDG, das heißt ein Sanitätsdienstgrad des Konzentrationslagers Auschwitz, und adressiert war dieses Paket an seine Frau. Er unterstand damit der SS- und Polizeigerichtsbarkeit, und mir wurde diese beschlagnahmte Sendung mit einem kurzen Anschreiben – „zur weiteren Veranlassung", glaube ich, hieß es – zugeleitet.

Bei dem Gold handelte es sich um hochkarätiges Zahngold, das in einer primitiven Weise zusammengeschmolzen war. Es war ein sehr großer Klumpen, vielleicht in der Größe von zwei Fäusten, der andere war wesentlich kleiner, der dritte mehr unbedeutend. Aber immerhin, es war eine ganze Anzahl von Kilos. Ehe ich nun weiter etwas veranlaßte, überlegte ich mir die Sache. Zunächst war die Dreistigkeit, mit der hier der mir bis dahin unbekannte Täter vorgegangen war, verblüffend. Und es schien sich hier um eine ausgemachte Dummheit zu handeln. Aber je länger ich über die Sache nachdachte, glaubte ich, daß eine solche Auffassung den Täter unterschätzte. Denn immerhin: Bei Hunderttausenden von Feldpostpäckchen war die Chance sehr gering, daß nun ausgerechnet diese gefährliche Sendung beschlagnahmt und entdeckt werden würde. Sondern hier schien mir ein Zug einer raffinierten Primitivität und einer skrupellosen Rücksichtslosigkeit bei dem Täter vorzuwalten, ein Zug, der sich dann bei meinen späteren Ermittlungen im Konzentrationslager Auschwitz als richtig erweisen sollte. Denn nach dieser Methode wurde da eigentlich durchweg gearbeitet. Meine weitere Überlegung, die jagte mir allerdings einen nicht geringen Schauder den Rücken herunter, denn ein [Kilogramm] Gold besteht ja aus 1000 Gramm.
Ich wußte, daß die Zahnstationen der Konzentrationslager beauftragt waren, in den Krematorien das dort anfallende Gold der Leichenverbrennung zu sammeln und an die Reichsbank abzuführen. Und eine Goldplombe, das sind ja nur wenige Gramm. 1000 Gramm oder mehrere Tausend Gramm bedeuteten also den Tod von mehreren Tausend Menschen. Aber es trägt ja nicht jeder Goldplomben, sondern in der damaligen, doch sehr armen Zeit nur ein gewisser Bruchteil. Und je nachdem, wie man schätzte, ob jeder Zwanzigste oder Fünfzigste oder Hundertste Gold im Mund trug, mußte man diese Zahl damit multiplizieren, und so stellte eigentlich diese beschlagnahmte Sendung sozusagen den Gegenwert von Zwanzig-, Fünfzig- oder Hunderttausenden von Leichen dar. [Pause]

Ein erschütternder Gedanke. Aber das geradezu Unfaßbare daran war, daß der Täter unbemerkt derartig bedeutende Mengen beiseite bringen konnte. Und so wenig die Tat des Angeklagten aufgefallen war, so schloß ich weiter, so wenig konnte es da auffallen, daß da 50 000 oder 100 000 Menschen verschwunden und verascht worden waren. Eine natürliche Todesursache konnte hier ja nicht obwalten, sondern die Menschen, die mußten hier ermordet worden sein.
Unter diesem Gesichtspunkt erfaßte ich erstmals, daß dieses damals kaum bekannte Auschwitz, dessen geographische Lage ich mit einigen Schwierigkeiten auf der Karte suchen mußte, eine der größten Menschenvernichtungsstätten sein mußte, die überhaupt die Welt gesehen hatte. [Pause] Ich hätte diesen Vorgang der beschlagnahmten Goldsendung sehr einfach erledigen können. Die Beweisstücke waren ja nun überzeugend. Ich hätte den Täter verhaften lassen können und anklagen, und damit war der Sachverhalt erledigt. Aber nach meinen Überlegungen, die ich Ihnen kurz geschildert habe, mußte ich unbedingt mir das ansehen. Und ich fuhr deshalb, so schnell ich konnte, nach Auschwitz, um die Untersuchungen an Ort und Stelle zu führen.
So stand ich dann an einem Vormittag auf dem Bahnhof in Auschwitz. Man erwartet unwillkürlich von einer Stätte, in der sich Ungeheuerliches, Unsagbares, Unvorstellbares vollzieht, daß irgendwie da Spuren sichtbar sein müßten, eine besondere Atmosphäre. Ich blieb deshalb längere Zeit auf dem Bahnhof stehen, um da irgend etwas zu sehen. Aber Auschwitz war eine kleine Stadt mit einem sehr großen Durchgangs- und Verschiebebahnhof, etwa wie Bebra. Es gingen dauernd Züge durch, Truppentransporte nach dem Osten, Verwundetentransporte kamen zurück, Kohlenzüge, Erzzüge, Güterzüge, auch Personenzüge. Die Menschen, die stiegen da aus, die jungen lustig, die älteren mürrisch, abgearbeitet, als wäre es die alltäglichste Sache von der Welt. Ich sah auch Häftlingstransporte in gestreiften Anzügen. Aber die gingen von Auschwitz weg, es kam keiner an.

Nun, das Konzentrationslager war nicht zu übersehen, aber von außen bot es auch nur den Anblick, den man von Kriegsgefangenenlagern oder anderen Konzentrationslagern gewohnt war: hohe Mauern, Stacheldraht, Wachtürme, Posten, die auf und ab gingen. Ein Tor, ein geschäftiges Treiben der Häftlinge, aber sonst nichts Auffälliges. Ich meldete mich bei dem Kommandanten, dem Standartenführer[4] Höß, ein etwas untersetzter, sehr wortkarger, einsilbiger Mann mit einem steinernen Gesicht. Ich hatte ihm meine Ankunft bereits durch Fernschreiben mitgeteilt und eröffnete ihm, daß ich hier Untersuchungen zu führen hätte. Er sagte etwa dem Sinne nach, daß ihnen eine ungeheuer harte Aufgabe übertragen sei, und dieser Aufgabe seien charakterlich nicht alle gewachsen. Er fragte dann kurz, wie ich beginnen wolle. Ich sagte ihm, ich müßte zunächst mal das ganze Lager besichtigen. Ehe ich eine Untersuchung in einem Konzentrationslager begann, habe ich mir das Lager allgemein und insbesondere seine Schwerpunkte da angesehen. Er sah kurz auf den Dienstplan, telefonierte, und es kam dann ein Hauptsturmführer.[5] Und den wies er an, mich mit einem Wagen durch das Gelände zu fahren und mir alles zu zeigen, was ich sehen wollte. Ich fing mit dem Anfang vom Ende an, nämlich der Rampe in Birkenau. [Pause]
Die Rampe sah aus wie jede andere Rampe auf einem Güterbahnhof auch. Es war nichts besonderes daran festzustellen, und es waren auch gar keine besonderen Vorkehrungen irgendwie getroffen. Ich fragte deshalb meinen Führer, wie das nun vor sich ginge. Er erklärte mir, daß ein Transport, meistens Juden, vom Bahnhof, kurz vor der Ankunft, vorm Einlaufen in Auschwitz, dem Lager gemeldet wird. Darauf rückte eine Wachmannschaft aus, sperrte die Gleise und die Rampe ab. Dann wurden die Türen der Waggons geöffnet,

4 Höß war zu der Zeit SS-Obersturmbannführer.

5 Es war – wie er in Frankfurt als Angeklagter selber aussagte – der Schutzhaftlagerführer Hofmann.

die Ankömmlinge mußten aussteigen und ihr Gepäck absetzen. Männer und Frauen mußten sich getrennt aufstellen, und dann, erklärte er mir, würde zunächst nach Rabbinern gefragt. Rabbiner und sonstige bedeutende jüdische Persönlichkeiten wurden sofort ausgesondert, ins Lager gebracht, in eine Baracke, die sie für sich hatten. Ich habe sie später gesehen, es stimmte. Gut gehalten, sie brauchten nicht zu arbeiten, es wurde erwartet, daß sie möglichst viele Briefe und Postkartengrüße in alle Welt von Auschwitz schickten, um damit von vornherein jeden Verdacht, daß hier irgend so etwas Greuliches vor sich gehe, zu zerstreuen.
Danach fragte man nach Spezialisten, die das Lager brauchte – das Lager war ja mit großen Industriebetrieben verbunden –, die suchte man dann vorher aus. Und der Rest, der wurde dann nach arbeitsfähig, arbeitsunfähig getrennt. Die Arbeitsfähigen marschierten zu Fuß in das Lager Auschwitz, wurden dort regulär als Häftlinge aufgenommen, eingekleidet, eingeteilt. Die andere Gruppe mußte auf Lastwagen Platz nehmen und ging sofort, ohne daß eine namentliche Feststellung erfolgte, in die Gaskammern nach Birkenau. Als schwarzen Witz erzählte mir mein Begleiter, daß, wenn man keine Zeit habe oder kein Arzt da sei, zu viele Ankömmlinge da seien, daß man dann auch gelegentlich ein Verfahren abkürze, man den Ankömmlingen dann sagte, in höflichen Worten, das Lager wäre doch einige Kilometer entfernt, und wer sich zu krank oder zu schwach [+ fühle] oder wem das Gehen zu unbequem sei, der könne auch hier von der Fahrgelegenheit, die das Lager bereitgestellt habe, Gebrauch machen. Darauf setzte dann ein Massenansturm auf die Fahrzeuge ein. Und nur diejenigen, die nicht mitkamen, die konnten dann in das Lager marschieren, während die anderen unbewußt den Tod gewählt hatten. [Pause]
Von der Rampe folgten wir der Spur der Todesfrachten zum Lager Birkenau, es lag einige Kilometer entfernt. Äußerlich war da auch nichts Auffälliges zu sehen: großer Maschendrahtzaun, etwas windschief, mit einem Posten. Dahinter lag das sogenannte Lager

„Kanada", wo die Effekten der Opfer durchsucht, geordnet, weiterverwandt wurden. Man sah von den letzten Transporten noch einen Haufen aufgebrochener Koffer, Wäschestücke, Aktentaschen, aber auch ganze Zahnarzteinrichtungen, Schustereinrichtungen, Medikamententaschen liegen. Offensichtlich waren die sogenannten Evakuierten wirklich der Auffassung, sie würden im Osten, wie man es ihnen gesagt hatte, angesiedelt und fänden dort eine neue Existenz, und hatten dann das Notwendige dazu mitgebracht. [Pause]
Und dahinter lagen dann die Krematorien. Es waren einstöckige Hallen mit Satteldächern, die genausogut Werkschuppen oder kleine Werkstätten hätten sein können. Selbst die sehr breiten und massiven Schornsteine brauchten dem Laien nicht weiter aufzufallen, denn sie waren sehr niedrig, sie endeten kurz über dem Dach. Auf der Seite, wo die Lkws anfuhren, war der Boden schräg vertieft, etwa in Schulhofgröße, mit Schlacke bestreut und kurz abgestellt. Da fuhren die rein, so daß also ein Außenstehender, der diese Lastwagenkolonne sah, dann plötzlich nur feststellte, daß die in einer Bodensenkung verschwunden waren, ohne daß er aber nun feststellen konnte, wo die Transportierten abgeblieben waren – auch wieder eine dieser raffinierten, im Grunde aber primitiven Vorsichtsmaßnahmen, die man als roten Faden durch die ganze Organisation immer wieder feststellen konnte. [Pause] In dem Hof war ein Rudel, muß man sagen, jüdischer Häftlinge mit gelbem Stern, mit ihrem Kapo, der einen langen Knüppel trug, und die uns sofort umkreisten. Sie liefen dauernd so im Kreise da herum, gegenwärtig jeden Befehls und nach jedem Blick haschend. Und es schoß mir so durch den Kopf: Die verhalten sich ja genauso wie ein Rudel Schäferhunde. Und das sagte ich dann auch da meinem Begleiter, der darüber lachte und sagte, ja, das wäre auch die Aufgabe. Die Todesopfer, die sollten zunächst mal, indem sie also ihre Glaubensgenossen da sahen, Vertrauen haben. Und dieses Kommando hatte auch Anweisung, ja nicht die Ankömmlinge zu schlagen. Es sollte

alles vermieden werden, damit keine Panik ausbricht. Sondern man sollte denen ein bißchen Angst und Respekt machen, im übrigen aber eben nur dasein und die da hinleiten und -führen, wo man sie haben wollte.

Hinter dem Hof war ein großes Tor, das in die sogenannten Umkleidungsräume führte, ähnlich wie die Auskleidehalle von einer Turnhalle. Einfache Holzbänke standen da, mit Kleiderrechen, und auffälligerweise war jeder Platz numeriert, trug auch eine Garderobenmarke. Und man schärfte noch den Opfern ein, ja acht auf ihre Garderobe zu geben, die Garderobenmarke festzuhalten – alles, um bis zur buchstäblich letzten Sekunde nicht den geringsten Verdacht aufkommen zu lassen und die Todesopfer ahnungslos in die gestellte Falle zu bringen.

Dann an der Wand war ein großer Pfeil, der in einen Gang wies, und darauf stand kurz und bündig: „Zu den Duschräumen", und das wurde in sechs oder sieben Sprachen wiederholt. Man sagte denen also: Ihr kleidet euch aus und werdet geduscht und desinfiziert. Und an diesem Gang lagen dann verschiedene Kammern ohne jede Einrichtung, kahl, nackt, Zementfußboden. Auffällig und zunächst unerklärlich war nur, daß in der Mitte ein vergitterter Schacht stand, der bis zur Decke führte. Ich hatte zunächst dafür keine Erklärung, bis man mir sagte, daß durch eine Öffnung vom Dach aus Gas, und zwar in kristalliner Form, das Zyklon B, in diese Todeskammern gegossen würde. Bis zu diesem Moment war also der Häftling ahnungslos, und dann war es natürlich zu spät. Gegenüber den Gaskammern lagen die Leichenaufzüge, und diese führten dann nun in den ersten Stock oder, von der anderen Seite aus gesehen, in das ebenerdige Geschoß. [Pause] Das eigentliche Krematorium war ein riesiger Saal, an dessen einer Seite in langer Reihe die Krematoriumsöfen standen, mit geplättetem Fußboden, alles atmete eine sachliche, neutrale, technische, wertfreie Atmosphäre aus. Es war alles spiegelblank, geleckt, und einige Häftlinge in Monteuranzügen, die polierten

da ihre Armaturen, machten sich da künstlich Bewegung. Sonst war alles still und leer.
Nachdem ich diese äußeren Einrichtungen gesehen hatte und irgendwie SS gar nicht in Erscheinung getreten war, interessierte mich natürlich, nun mal die SS-Leute zu sehen und kennenzulernen, die diesen ganzen Apparat da verwalteten und in Betrieb hielten. Es wurde mir dann ein kurzer Blick in die sogenannte Wachstube des Lagers Birkenau gestattet, und hier habe ich dann zum ersten Mal einen wirklichen Schock erlitten. Sie wissen, eine militärische Wachstube, die zeichnet sich bei sämtlichen Armeen der Welt durch eine spartanische Einfachheit aus. Es steht da ein Schreibtisch, es hängen Anschläge, es sind da einige Pritschen da für diejenigen, die da abgelöst werden, Schreibtisch und Telefon. Aber das hier war anders. Es war ein niedriger, etwas schummriger Raum, und da standen bunt zusammengewürfelte Couchen herum. Und auf diesen Couchen, da lagen malerisch einige SS-Leute, meistens untere Führerdienstgrade, und dösten da mit glasigen Augen vor sich hin. Ich hatte den Eindruck, daß sie die Nacht vorher ziemlich viel Alkohol genossen haben mußten.
Statt eines Schreibtisches stand ein riesiger Hotelherd da, und auf diesem buken vier, fünf junge Mädchen Kartoffelpuffer. Es waren offensichtlich Jüdinnen, sehr schöne, orientalische Schönheiten, vollbusig, feurige Augen, trugen auch keine Häftlingskleider, sondern normales, ganz kokettes Zivil. Und die brachten nun ihren Paschas, die auf den Couchen da rumlagen und dösten, die Kartoffelpuffer und fragten besorgt, ob auch genügend Zucker darauf war, und fütterten die. [Pause] Keiner nahm von mir und meinem Begleiter – immerhin also doch einem Hauptmann – Notiz. Es wurde keine Meldung gemacht, es ließ sich keiner stören. Und ich glaubte, meinen Ohren nicht zu trauen: Diese weiblichen Häftlinge und die SS, die duzten sich gegenseitig. Ich muß also wohl ziemlich entgeistert meinen Begleiter angeschaut haben. Der zuckte nur die Achseln und sagte: „Die Männer haben eine schwere Nacht hinter

sich. Sie hatten einige Transporte abzufertigen.“ Ich glaube, so drückte er sich aus. Das bedeutete also, daß in der Nacht, während ich da im Zuge stehend nach Auschwitz fuhr, einige Tausend Menschen, einige Zugladungen voll hier vergast und verascht worden waren. Und von diesen Tausenden von Menschen, da war auch nicht das Stäubchen auf einer Ofenarmatur übriggeblieben. [Pause]
Nachdem ich also in Birkenau alles gesehen hatte, was es zu sehen gab, habe ich dann einen Rundgang durch das Lager gemacht. Was man da so auf die Schnelle gezeigt bekommt: irgendeine gut ausgesuchte Häftlingsstube oder -baracke, Kultureinrichtungen des Lagers, die es auch gab, [Pause] der Krankenbau. Und dann ließ ich mich natürlich in den sogenannten Bunker unter anderem auch führen, und dabei wurde mir ganz offen und mit größter Bereitwilligkeit die sogenannte Schwarze Wand gezeigt, wo die Erschießungen stattfanden. [Pause]
Nachdem ich das Lager besichtigt hatte – es war mittlerweile Spätnachmittag geworden –, da schritt ich nun zur Aktion und ließ das ganze SS-Krematoriumskommando in seiner Unterkunft vor den Spinden antreten und nahm eine Durchsuchung vor. Und wie ich mir es gedacht hatte, kam dann da einiges zum Vorschein: goldene Ringe, Münzen, Ketten, Kettchen, Perlen, so ziemlich sämtliche Währungen der Welt. Bei dem einen wenig „Souvenirs“, wie der Betreffende sagte, bei dem anderen ein kleines Vermögen. Was ich aber nicht erwartet hatte, war, daß aus einem der zwei Spinde mir die Geschlechtsteile frisch geschlachteter Bullen entgegenfielen. Ich war zunächst völlig entgeistert und konnte mir also den Verwendungszweck nicht vorstellen. Bis mir der betreffende Spindinhaber errötend – tatsächlich, das gab es –, dann gestand, daß man sich das besorge zur Auffrischung der eigenen sexuellen Potenz. [Pause]
Nachdem ich also diese Durchsuchung vorgenommen und damit ziemlich das ganze Krematoriumskommando da festgenagelt, kurz vernommen hatte, war der Tag zu Ende. Und ich begab mich dann in meine Unterkunft. [Pause]

Verständlicherweise konnte ich in dieser Nacht kein Auge schließen, obwohl ich da schon einiges in Konzentrationslagern gesehen hatte, aber so etwas nun doch noch nicht. Und ich überlegte mir, was nun dagegen unternommen werden könnte. Der Laie neigt ja nun angesichts der scheinbaren Machtfülle eines Richters, eines Staatsanwaltes dazu, die Frage zu stellen: Warum hast du denn die Verantwortlichen, und zwar an höchster Stelle befindlichen, nicht sofort verhaftet und denen dieser entsetzlichen Verbrechen [wegen] den Prozeß gemacht? Ich darf die Laienbeisitzer zunächst daran erinnern, daß ja kein Richter außerhalb der Hauptverhandlung einer Strafsache die Macht hat, eine Verhaftung vorzunehmen. Sondern er ist darauf angewiesen, daß der zuständige Staatsanwalt einen Haftantrag stellt. Der Staatsanwalt muß in wichtigen Sachen seinem Vorgesetzten, dem Oberstaatsanwalt, dem Generalstaatsanwalt oder dem Bundesanwalt oder dem Justizminister berichten. Die Staatsanwaltschaft ist eine bürokratische Behörde, die weisungsgebunden ist, und es kann nicht irgendein Hilfsarbeiter einer Staatsanwaltschaft einfach den Antrag stellen, irgendwie eine bedeutende Persönlichkeit zu verhaften.
Bei der SS- und Polizeigerichtsbarkeit lagen nun die Dinge ganz anders. Die SS- und Polizeigerichtsbarkeit war ja Kriegsgerichtsbarkeit, neben der Kriegsgerichtsbarkeit des Heeres, der Marine, der Luftwaffe, die Kriegsgerichtsbarkeit des vierten Wehrmachtsteiles, nämlich der Waffen-SS und der Polizei in besonderem Einsatz. Die Kriegsgerichtsbarkeit ist ein Ausfluß der militärischen Kommandogewalt, von dieser abgeleitet und abhängig. Alle wichtigen Funktionen, die sonst das Gericht, mit unabhängigen Richtern besetzt, ausübt, liegen in den Händen des sogenannten Gerichtsherrn, das heißt des kommandierenden Generals. Und über ihm der Korps-, der Armeegeneral und als oberster Gerichtsherr der Oberbefehlshaber der Wehrmacht, damals Hitler. Der Gerichtsherr fertigt, unterschreibt einen Haftbefehl. Der Gerichtsherr ordnet die Eröffnung eines Verfahrens an. Der Gerichtsherr besetzt

das Kriegsgericht. Er bestätigt oder verwirft Urteile, er ordnet die Vollstreckung an.
Um also nun gegen Himmler oder Hitler, die Urheber dieser Verbrechen, vorgehen zu können, gerichtlich vorgehen zu können, hätte ich also bei Hitler selbst oder bei Himmler selbst einen Haftbefehl gegen sie selber beantragen müssen. Und selbst wenn er gegen sich selbst ein Verfahren eröffnet hätte, wäre es unmöglich gewesen, ein Gericht zusammenzustellen. Denn das Gericht mußte so besetzt sein: mit einem Beisitzer als Laienbeisitzer im Range des Angeklagten und mit einem Diensthöheren. Man hätte also einen Hitler als Beisitzer, einen Über-Hitler als zweiten Beisitzer gebraucht. Also, Sie sehen daraus, das war absolut unmöglich. Man mußte feststellen, daß Hitler sich in einem rechtsfreien Raum bewegte, in dem sämtliche Schranken der Gewaltenteilung aufgehoben waren, und er Reichskanzler, Reichspräsident, Oberbefehlshaber der Wehrmacht, oberster Gesetzgeber, oberstes Vollzugsorgan, oberster Gerichtsherr, alles in einer Person darstellte.
[...]

Zeuge Konrad Morgen: Ich bemühte mich vor der Pause, auszuführen, daß mit judiziellen Mitteln gegen die von mir festgestellten Verbrecher nicht vorzugehen war. Was auf die an letzter Stelle Verantwortlichen, nämlich Hitler und Himmler, zutrifft, trifft selbstverständlich auch auf die von ihnen unmittelbar Beauftragten zu, den Standartenführer Höß und die ihm Untergebenen. Denn sie hätten, wenn sie die Anklage gegen diese Männer verfügt hätten, zugleich sich selbst und ihre eigenen Taten anklagen und verurteilen müssen. Der Staatsanwalt, der Richter kann ja nur das Gesetz anwenden, das er vorfindet, und sich kein eigenes machen. Tritt er außerhalb der Schranken des Rechtes, dann wird er selber zum Verbrecher.
Es lag in dieser Lage nahe, an außergesetzliche Möglichkeiten zu denken, nämlich an ein Attentat. Aber das war undurchführbar.
[...]

Man kann daran denken, öffentlich Zeugnis abzulegen von diesem Geschehen. Aber wenn man das gemacht hätte, das hätte ja niemand geglaubt. Man wäre zu einem Verrückten erklärt und festgenommen worden.

Am Ende dieser schlaflosen Nacht mußte ich einsehen, daß dieses System nur von außen zu bekämpfen und zu stürzen war. Und ich glaubte, den Versuch dazu machen zu müssen. [Pause] Es fiel mir ein, daß ich vor einiger Zeit mal mit einem Kriminalkommissar gesprochen hatte, der Jahre im Grenzabschnitt an der Schweiz, Konstanz, Dienst versah und der mir damals gesprächsweise über die vielen Möglichkeiten des Grenzübertrittes berichtete, [...].

[... Ich] glaubte, daß mir der Grenzübertritt gelingen würde, und fragte mich, wie sich das nun im einzelnen drüben abspielen würde. Sicherlich sofort dann eine Vernehmung, man würde von einer Dienststelle zu einer höheren weitergereicht werden. Und während ich mir das plastisch vorzustellen versuchte – die Fragen, meine Antworten –, da wurde mir plötzlich klar, daß dieser mein Bericht und meine Erzählung ja für einen Außenstehenden, insbesondere für einen Neutralen, so unglaublich und unfaßbar klingen mußte, daß mir nichts geglaubt werden würde. Es würde bestimmt die Frage kommen: Haben Sie denn selber eine Vergasung gesehen, haben Sie eine Leiche, einen geschlagenen Häftling gesehen? Und ich hätte ehrlicherweise sagen müssen: Nein.

Aber ich riß mich aus dem Gedanken, stellte mir das umgekehrt vor, dachte: Wenn das nun gutgeht, dir wird geglaubt, was passiert denn dann? Sicher, die Schweizer Regierung, die würde nichts machen. Aber man würde mich der Presse wahrscheinlich stellen, ich würde da Ausführungen machen. Folge davon wäre, die Kriegspropaganda gegen Deutschland, die würde auf ungeheuren Touren anlaufen. Und ich mußte mir sagen, nach dem, was ich gesehen hatte: Bei einem totalen Zusammenbruch, bei einer völligen Besiegung Deutschlands, da würden die Siegermächte uns, das ganze deutsche Volk, ja aufgrund dieser Vorkommnisse vernichten und jeden einzelnen, so dachte ich mir, vierteilen. [Pause] Und nun so etwas in die Wege zu leiten und verantworten zu müssen, das ging über meine Kraft.

„Deutsches Volk", das ist ja ein großer Begriff, aber er setzt sich aus vielen einzelnen zusammen. Und ich dachte nun an die Nächsten. Zunächst natürlich an meine Eltern, die mir unter Opfern das Studium ermöglicht hatten und die ich nur als brave, anständige Menschen kannte und die ein solches Los nicht verdienten. Ich dachte weiter an meine Kameraden, die ich vor kaum einem Vierteljahr an der Rußlandfront verlassen hatte. Ich war damals im Regiment SS-Germania, das zum großen Teil aus Dänen, aus Belgiern, Holländern, Norwegern bestand, Freiwilligen, jungen Idealisten, die mir offen erklärten, sie seien keine Nationalsozialisten, aber daß es hier nur mehr darauf ankomme, die europäische Kultur zu verteidigen gegen den anbrandenden Bolschewismus, und die, unzureichend bewaffnet, gegen eine Übermacht kämpfend, unsinnige Haltebefehle ausführend, da auch – die Soldaten kennen das von der Rußlandfront – als Division verheizt wurden und trotzdem den Tod erlitten für ihre Ideale. Auch die hatten das nicht verdient. Und so sah ich dann auch, von welcher Seite ich die Angelegenheit betrachtete, aus einer solchen Handlung nur neues Unheil kommen, und ich fuhr daraufhin nach Berlin zurück.

Unterwegs wurde ich dann noch weiter ruhig. Und während ich an diese Henkersknechte in Auschwitz, aber auch an die Häftlinge, die sich da dienstbar machten, zunächst mit Haß und Verachtung und Abscheu gedacht hatte, da versuchte ich, mich in deren Lage zu versetzen. Es ist ja nun ein hervorstechender Zug des Menschen, des Lebens überhaupt, daß er sich den Gegebenheiten anpaßt und nach jedem Strohhalm und jeder Chance des Überlebens greift. Und insofern, da war es nicht den Häftlingen zu verübeln, man konnte deshalb also nicht der ganzen Menschheit Gram sein, ebensowenig aber wegen dieser SS-Leute dem ganzen deutschen Volk. [Pause]

Und aus dieser Erkenntnis heraus sah ich plötzlich einen Weg des möglichen Vorgehens. Wo das höchste der Rechtsgüter, das Leben, nichts mehr gilt und in den Schmutz getreten wird, massenweise vernichtet, da müssen ja sämtliche andere Rechtsgüter, ob es nun das Eigentum, die Treue oder sonst etwas ist, auch zerbrechen und ihren Wert verlieren. Und deshalb – und davon hatte ich mich ja schon überzeugt – mußten diese Leute, denen man diese Aufgaben übertragen hatte, zu Verbrechern werden. Und dazu gab mir ja nun mein Auftrag und das Strafgesetzbuch die Möglichkeit, diese Verbrechen, nämlich die nicht befohlenen, zu verfolgen. Und das tat ich dann auch.

Und ich glaubte, daß man, wenn man massenweise das Verbrechertum entlarvte und immer wieder darauf hinwies, daß das ja nun die Folge der Verhältnisse und der gegebenen Befehle sein mußte, daß vielleicht die entfernte Möglichkeit der Einsicht und eines Wandels bestand. Und auch hinsichtlich der Oberverantwortlichen, jedenfalls bis zum Wirtschaftschef der Konzentrationslager, dem SS-Obergruppenführer Pohl, hatte ich schon einen ersten Hinweis bekommen. Sie erinnern sich, daß ich eingangs sagte, daß die in den Krematorien der Konzentrationslager bei den Verbrennungen anfallenden Goldreste der Reichsbank abzuliefern waren. Aber die in den Krematorien in Auschwitz anfallenden Goldmengen gingen nicht zur Reichsbank, sondern zur Läuterung und zum Umschmelzen an die Degussa, Frankfurt/Main. Ich habe den Weg später verfolgt, und gerade aus der Hinterlassenschaft und den Mark und Pfennigen der toten Häftlinge, von diesem Konto, das da geführt worden ist, hatten sich der Obergruppenführer Pohl und seine unmittelbaren Mitarbeiter da einige 100 000 Mark zur Seite gebracht. Das hat mit mir der SS-Wirtschaftsprüfer Steinberg und Brehm auch später festgestellt, einwandfrei bewiesen. [Pause]

Aber von diesen meinen Hoffnungen und Absichten konnte ich, ja durfte ich nichts sagen, wenn es überhaupt zu einer weitergreifenden Untersuchung kommen sollte. Deshalb trug ich in Berlin im Reichskriminalpolizeiamt vor dem Chef, dem SS-Gruppenführer Nebe, der dann nachher im Zusammenhang mit dem 20. Juli gehängt wurde, nur die ganz nüchternen Tatsachen vor: daß also das Konzentrationslager Auschwitz auch einen großen Korruptionskomplex aufweise, wie andere Konzentrationslager, die wir in Untersuchung hatten, auch, daß also ich auf Anhieb bei einer Spindrevision schon 20 mehr oder weniger schwere Fälle festgestellt hatte. Und mittlerweile hatten sich ja die Untersuchungen in den Konzentrationslagern schon eingespielt. Es wurde eine Sonderkommission des Reichskriminalpolizeiamtes gebildet. Ich unterwies den Kommissar in seine Aufgaben und in die Lagerverhältnisse, und dann reisten diese Kriminalisten ab nach Auschwitz.

Sie ermittelten dort – die Ermittlungen waren sehr fruchtbar –, und ich bekam die Berichte. Die wichtigsten für mich, die interessantesten Fälle, soweit also Straftaten von Offizieren des Lagers da anklangen, die bearbeitete ich selbst. Ich ließ mir die betreffenden Häftlinge der SS überstellen, vernahm sie persönlich. Und da stieß ich dann sehr bald schon auf die furchtbaren Zustände, die sich in der Politischen Abteilung des Lagers Auschwitz unter der Ägide des Kriminalobersekretärs der Geheimen Staatspolizei, Untersturmführer Grabner, herausgebildet hatten. Das, was mich zunächst am furchtbarsten traf, das war die sogenannte Stalin- Schaukel. Sie haben sie hier in dem Prozeß, wie ich Zeitungsmeldungen entnehme, als „Boger-Schaukel" geschildert bekommen. Und damals im SS- Jargon hieß sie die „Stalin-Schaukel". Ich brauche sie Ihnen nicht weiter zu schildern, Sie wissen das. Und dieses Verfahren der staatspolizeilichen Kriminaluntersuchung, das ja nun selbst die Schreckenstorturen mittelalterlicher Folterkammern in den Schatten stellte, das war ja auch nicht durch den Erlaß über „Verschärfte Vernehmungen" von Häftlingen in staatspolitisch wichtigen Angelegenheiten gedeckt.

Ich ermittelte weiter, daß Grabner und seine Leute auch Exekutionen auf eigene Faust durchführten, das heißt, zu denen sie nicht befohlen worden waren, zu denen sie ihrer vorgesetzten Dienststelle überhaupt keine Meldung gegeben hatten. Und diese Tötungen, die betrachte ich juristisch als Mord. Und diese „verschärften Vernehmungen“ auf dieser „Stalin-Boger-Schaukel“ als Amtsverbrechen, Aussageerpressung, schwere Körperverletzung im Amt. Ich habe dann Grabner sofort festnehmen lassen. Darauf wurde ich zum Chef der Geheimen Staatspolizei, dem SS-Gruppenführer Müller,[6] zum Rapport ins Reichssicherheitshauptamt bestellt.

Schon beim Eintritt brüllte mich Müller an, was ich da für einen Unfug gemacht hätte, ich hätte wohl kein Verständnis für staatspolizeiliche Aufgaben, so in dieser Tonart. Ich versuchte, sehr ruhig zu bleiben, und sagte ihm etwa sinngemäß: Gruppenführer, ich bin kein Gestapo-Beamter, sondern ein SS-Richter und auf das Gesetz vereidigt. Schließlich leben wir ja noch in einem Rechtsstaat, und es gibt Grenzen, an die sich auch die Gestapo zu halten hat. Müller, der wurde weiß wie Kalk. Er sprang auf, er brüllte mich an, was ich mir erlaube, für eine Sprache mit ihm zu führen, er, ein General der Waffen-SS, und ich, was ich sei, ein einfacher Obersturmführer, ein Würstchen. Das werde er mir beweisen, soll mich rausscheren! Und damit warf er mich buchstäblich zur Tür hinaus.

Ich stand nun in diesen großen, leeren, endlosen Gängen des Gebäudes, des früheren Kaiser-Friedrich-Museums, glaube ich, und war überzeugt, daß der Mann in seinem Haß, in seiner Wut sofort unten die Wache anrief. Denn jeder, der da reinwollte, der mußte

6 Heinrich Müller (Jahrgang 1900) wurde 1939 Leiter der Abteilung IV (Gestapo) im Reichssicherheitshauptamt. 1941 wurde er zum Gruppenführer der SS und Generalleutnant der Polizei befördert. Als Chef der Geheimen Staatspolizei amtierte er bis Mai 1945 in Berlin. Seitdem gilt er als verschollen.

da einen Besucherschein ausfüllen, wurde namentlich festgehalten, und diesen beim Herausgehen wieder abgeben. Ich war überzeugt, wenn ich also jetzt rausgehe, daß ich verhaftet würde und in einem der Keller da verschwände. Ich [Pause] überlegte mir meine Situation und sagte: Du mußt, koste es, was es wolle, den Gruppenführer Müller umstimmen. Und so bitter es ist, und so schwer es dir fällt, du mußt noch mal in die Höhle des Löwen rein. Jedenfalls der Versuch muß gemacht werden. Und nachdem ich mir das überlegt hatte – inzwischen waren fünf oder zehn Minuten vergangen –, da ging ich noch mal ins Vorzimmer rein und sagte, ich hätte dem Gruppenführer noch eine wichtige Meldung zu machen. „Bitte, vorgelassen zu werden."
Zu meiner Überraschung ging die Tür auf, und Müller, der war in der Zwischenzeit auch wieder ruhig geworden. Ich entschuldigte mich für mein militärisch unziemliches Auftreten und sagte ihm: „Gruppenführer, eigentlich bin ich hierhergekommen, um Ihren Rat und Ihre Weisung für die weiteren Untersuchungen zu erbitten." Und plötzlich war der Müller wie umgewandelt. Er sagte auf einmal: „Aber bitte sehr, stehe Ihnen zur Verfügung.",„Kamerad Morgen", sprach er mich an, „nehmen Sie Platz." Ich sagte ihm: „Gruppenführer, es ist doch richtig, daß in jeder Personalakte eines Konzentrationslager-Kommandanten und eines Leiters einer Politischen Abteilung in einem Konzentrationslager ein Revers von dem Betreffenden unterzeichnet [Faksimile] steht, der lautet, daß über das Leben eines Staatsfeindes der Führer entscheidet.",„Ja", sagt er, „das stimmt." Sagte ich ihm: „Ich nehme doch auch richtig an, daß diese Machtbefugnis auf Sie als den Chef der Geheimen Staatspolizei und sonst niemand anderen delegiert worden ist." Sagt er: „Jawohl, das ist richtig." Dann sagte ich: „Wie würden Sie denn dann beurteilen, wenn ein Ihnen weit untergebener, ohne Ihnen eine Meldung zu machen, auf eigene Entschließung, nach eigenem Gutdünken Häftlinge töten würde?",„Na, das ist doch unmöglich, das gibt es doch nicht." Also sagte ich ihm: „Sehen Sie, Gruppen-

führer, so mißachtet man Ihre Autorität in den Konzentrationslagern. Das hat der Untersturmführer Grabner getan, und deshalb habe ich ihn verhaftet." Sagt er: „Das ist aber anders, so habe ich die Sache nicht gesehen."

[...]

Ich sagte: „Gruppenführer, sehen Sie, das mache ich mir mit zur Aufgabe, das zu verhüten." Und darauf also sagte er: „Machen Sie so weiter, aber suchen Sie den Leiter der Gestapoleitstelle, ich weiß nicht, Kattowitz oder Gleiwitz, jedenfalls die da zuständig ist für dieses Konzentrationslager, auf und lassen sich in die besonderen staatspolitischen Aufgaben des Konzentrationslagers dort und der Gestapo-Leitstelle einweisen."

Das habe ich nicht getan, um mich da in meinen weiteren Untersuchungen selber nicht zu binden und befangen zu machen. Der Grabner, der blieb also in Haft und wurde von mir wegen Mordes in mindestens 200 Fällen, die ich namentlich ermittelt hatte, angeklagt. Ich eröffnete dann auch ein Untersuchungsverfahren gegen den Standartenführer Höß. Und zwar konnte ich auch Höß, zusammen mit den Hauptsturmführern Schwarz und Aumeier, außer einem Meineid auch noch mindestens einen versuchten Mord nachweisen.

Der verheiratete Standartenführer Höß hatte ein Liebesverhältnis mit einer tschechischen Häftlingsfrau namens Hodys begonnen, und der weibliche Häftling war schwanger geworden. Damit die Sache nicht rauskam, da hat er seine Geliebte in den Block 11 bringen lassen, in den Bunker. Und zwar dort in dem Keller befanden sich auch Stehbunker. Ich habe die später beseitigen lassen. Das waren Gelasse, so etwa einen bis anderthalb Quadratmeter groß. Und unten war ein kleines Loch, in das man nur reinkriechen konnte, und dort mußte der betreffende Häftling stehen, solange es der Lagerleitung gefiel. Und im Falle Hodys, da hatte er sogar Anweisung gegeben, dieser Frau, die schwanger war, nichts mehr zu essen zu geben. Sie sollte da verhungern. Aber selbst Teile dieser entmenschten Wachen, die haben diesen Befehl nicht ausführen können. Sondern es fand sich ab und zu einer, der ihr was zu essen gab. So hat sie ihr kümmerliches Leben da weiter fristen können. Und aus dieser Marter befreite ich diese Frau.

[Pause]

[...]

Und dann hat diese Frau lückenlos ausgesagt, und wir haben Protokolle aufgenommen und mit den anderen Beweismitteln das unterschreiben lassen, das erhärtet. Und die Frau, die ist dann auch in die Freiheit, nachdem sie wiederhergestellt worden ist, dann auch als Wrack entlassen worden.

Nun, der Standartenführer Höß wurde dann von dem Lager abgelöst. Es kam ein menschlicher Kommandant, der Liebehenschel, dorthin. Unsere Untersuchung ging weiter. Dem Kriminalkommissar, den ich zuerst hingesandt hatte, dem hatte man bald ein Bein gestellt. Man hatte ihn stark unter Alkohol gesetzt, vielleicht hat er es auch selber trinken müssen angesichts dessen, was er da ermittelte und sah. Er hatte da irgendwie eine Laterne zerschlagen und war dann da aufgefallen – provoziert, wie ich überzeugt bin –, woraufhin also das Lager mit Entrüstung seine Ablösung forderte, die dann auch durchgeführt werden mußte. Ein anderer ging hin, und der [beging] diese Fehler nicht mehr.

Dann, eines Tages, wir hatten da im Lager Auschwitz so eine Sonderbaracke, wo wir unsere Akten und Asservate und Vernehmungsräume hatten, und dann brannte die ab, offensichtlich Brandstiftung, durch das Lager gedeckt. Der Täter konnte nie ermittelt werden. So wurde dann auf alle mögliche Weise die Untersuchung erschwert. Es kamen dann natürlich auch von seiten des Obergruppenführers Pohl endlich die Beschwerden: Die Untersuchungen, die störten den Betrieb der Konzentrationslager, die Häftlinge, die würden aufsässig, die Kriegsproduktion, die litte darunter. Und eines Tages wurde ich dann da von meinem Amt entbunden. Das war im Mai, Juni 1944. Nur hat man es diesmal anders gemacht als anderthalb Jahre vorher, wo ich selbst ins Konzentrationslager sollte und dann nachher gnadenweise an die Front zur Frontbewährung – eine Degradierung zum einfachen Mann – geschickt wurde. Diesmal hat man das chevaleresk gemacht. Man hat meinen Rang erhöht, ich wurde Sturmbannführer, also Major, und wurde Chefrichter vom SS- und Polizeigericht Krakau. Es war kurz vor dem Einmarsch der Russen. Wir kamen dann noch raus, und dann wurde ich zum Chefrichter des SS- und Polizeigerichtes Breslau ernannt. Aber zu meinem Glück war es unmöglich, zu diesem Zeitpunkt noch nach Breslau reinzukommen, und so ging dann für mich der Krieg zu Ende.

[...]

Die vollständige Zeugenaussage von Konrad Morgen findet sich im Internet: Fritz Bauer Institut, Tonbandmitschnitt des 1. Frankfurter Auschwitz-Prozesses. „Strafsache gegen Mulka u. a.", 4 Ks 2/63 Landgericht Frankfurt am Main. 25. Verhandlungstag, 9. 3. 1964. Vernehmung des Zeugen Konrad Morgen, http://auschwitz-prozess.de/index.php?show=Morgen-Konrad.

Todesstrafe wegen Verbrechen gegen die Menschlichkeit

Urteil des Obersten Gerichts der DDR gegen den Auschwitz-Arzt Dr. Fischer vom 25. März 1966 (Auszüge)

Im Namen des Volkes

In der Strafsache gegen

den Arzt Dr. med. Horst Paul Sylvester Fischer, geb. am 31. Dezember 1912 in Dresden, zuletzt wohnhaft Spreenhagen, Kr. Fürstenwalde/Spree, seit dem 11. Juni 1965 in Untersuchungshaft,

wegen Verbrechen gegen die Menschlichkeit

hat das Oberste Gericht der Deutschen Demokratischen Republik durch den 1. Strafsenat in den Sitzungen vom 10.–12. März, 14.–15. März, 17.–18. März, 21.–22. März und 25. März 1966 in Berlin für Recht erkannt:

Der Angeklagte wiegen fortgesetzt begangenen Verbrechens gegen die Menschlichkeit (Art. 6 Buchstabe c IMT-Statut, §1 StGB) zum Tode verurteilt.

Die bürgerlichen Ehrenrechte werden ihm auf Lebenszeit aberkannt.

Die Auslagen des Verfahrens hat der Angeklagte zu tragen.

GRÜNDE

I. Der zeitgeschichtliche Rahmen der Tätigkeit des Angeklagten

1.) Gegenstand dieses Strafverfahrens sind schwerste Verbrechen gegen die Menschlichkeit, die während der Hitlerbarbarei gegen Deutsche und Angehörige zahlreicher anderer europäischer Völker, vor allem gegen jüdische Menschen verschiedener Nationalität im Konzentrationslager Auschwitz und seinen Nebenlagern begangen wurden. Diese Verbrechen liegen mehr als 20 Jahre zurück; sie unterliegen jedoch nach völkerrechtlichen Grundsätzen keiner Verjährung, wie das Gesetz der Deutschen Demokratischen Republik über die Nichtverjährung von Nazi- und Kriegsverbrechen vom 1. September 1964 feststellt. Diese völkerrechtlichen Grundsätze beruhen auf der Erkenntnis, dass Verbrechen gegen den Frieden, Kriegsverbrechen und Verbrechen gegen die Menschlichkeit ohne Rücksicht auf den Zeitablauf bestraft werden müssen, um der Gerechtigkeit genüge zu tun und für die Zukunft vorzusorgen. Denn nur die Gewissheit einer gerechten Bestrafung der Täter schützt die Völker vor der Wiederholung derartiger Verbrechen.

2.) Wie das oberste Gericht bereits in seinem Urteil gegen Schäfer - 1 Zst (I) 1/61 - vom 20. Mai 1961 festgestellt hat, wurde die faschistische Diktatur in Deutschland von den aggressivsten Kreisen des deutschen Imperialismus errichtet. Sie begann sofort organisierten Terror gegen alle demokratischen und friedliebenden Kräfte auszuüben, vor allem gegen die Arbeiterklasse und die Kommunistische Partei Deutschlands. Zu diesem Zweck errichtete sie Konzentrationslager, die seit 1934 unter der Bewachung und Leitung der SS standen. Gleichzeitig begann eine grausame, sich ständig steigernde Verfolgung jüdischer Menschen.

Mit dem Überfall deutscher Truppen auf Österreich, die Tschechoslowakei, Polen, Dänemark, Norwegen, die Niederlande, Belgien, Frankreich, Jugoslawien, Griechenland und die Sowjetunion dehnte das Hitlerregime seine Terrorherrschaft und das System der Konzentrationslager auf die besetzten Teile Europas aus. Ein Netz derartiger Lager wurde geschaffen, das der Verfolgung und Vernichtung der Hitlergegner, Widerstandskämpfer und jüdischen Bürger aller europäischen Völker diente. Für die Vernichtung der europäischen Juden stellte die Naziführung in der Wannsee-Konferenz vom 20. Januar 1942 ein Programm zur sogenannten „Endlösung der Judenfrage" auf. [...]

Während noch zu Beginn des 2. Weltkrieges der politische Charakter der Inhaftierung in den Konzentrationslagern im Vordergrund stand, änderte sich 1942 diese Zielsetzung. Ein Bericht des Chefs des SS-Wirtschafts-Verwaltungshauptamtes, SS-Obergruppenführer Pohl[1], vom 30. April 1942 an Himmler sagt darüber aus:

> „1. Der Krieg hat eine sichtbare Strukturänderung der Konzentrationslager gebracht und ihre Aufgaben hinsichtlich des Häftlingseinsatzes grundlegend geändert. Die Verwahrung von Häftlingen nur aus Sicherheits-, erzieherischen oder vorbeugenden Gründen allein steht nicht mehr im Vordergrund. Das Schwergewicht hat sich nach der wirtschaftlichen Seite verlagert. Die Mobilisierung aller Häftlingsarbeitskräfte zunächst für Kriegsaufgaben (Rüstungssteigerung) und später für Friedensaufgaben schiebt sich immer mehr in den Vordergrund.
> 2. Aus dieser Erkenntnis ergeben sich die notwendigen Massnahmen, welche eine allmähliche Überführung der Konzentrationslager aus ihrer früheren einseitigen politischen Form in eine den wirtschaftlichen Aufgaben entsprechende Organisation erfordern."

1 Oswald Pohl war als SS-Obergruppenführer und General der Waffen-SS vom 1. Februar 1942 bis Mai 1945 Chef des SS-Wirtschafts-Verwaltungshauptamts WVHA). Im Nürnberger Nachfolgeprozess gegen das WVHA (Fall VI) wurde er am 3. November 1947 von einem amerikanischen Militärgericht zum Tode verurteilt und am 8. Juni 1951 in Landsberg hingerichtet.

3.) Die Aufgabenstellung der Wannsee-Konferenz und der Häftlingseinsatz für Rüstungszwecke wurden in der bestialischsten Form im Konzentrationslager Auschwitz – dem Tatort der Verbrechen des Angeklagten – verwirklicht. Es war das grösste und am besten organisierte Vernichtungszentrum der Hitlerfaschisten und diente

- der maximalen Ausbeutung billiger Arbeitssklaven für die deutschen Monopole, vor allem die IG-Farben und die SS-eigenen Betriebe,
- der Vernichtung nicht mehr arbeitsfähiger Häftlinge und ihrer Ersetzung durch neue Arbeitssklaven,
- der Vernichtung der willkürlich als arbeitsunfähig eingestuften jüdischen Deportierten unmittelbar nach ihrer Ankunft.

Nach der Zielsetzung der SS wurden also die Opfer, wie die Beweisaufnahme umfassend bestätigt hat, entweder sofort dem Gastod zugeführt oder durch Arbeit vernichtet, wobei die Häftlinge im Lager starben oder als arbeitsunfähig schliesslich dem Tode überantwortet wurden.

An dieser Massenvernichtung unschuldiger Menschen hat der Angeklagte in der Funktion eines SS-Arztes massgebend mitgewirkt.

4.) Am 27. April 1940 erliess Himmler den Befehl, das Konzentrationslager Auschwitz für eine Kapazität von 10 000 Häftlingen zu errichten und ernannte Rudolf Höss zum Kommandanten. [...] Das sogenannte Interessengebiet der SS in Auschwitz und Umgebung erstreckte sich schliesslich auf einen Bereich von 40 Quadratkilometer. Bereits Anfang 1942 war der Häftlingsbestand auf 28 000 gestiegen.

5.) Anfang 1941 begann die IG-Farben zur maximalen Erhöhung der Produktion kriegswichtiger chemischer Erzeugnisse die Planung eines vierten Buna-Werkes in der Nähe von Auschwitz. Dieser Standort wurde nicht nur wegen der in diesem Gebiet vorhandenen Kohlen- und Kalkvorkommen geplant. In der Notiz über eine Besprechung vom 18. Januar 1941, an der seitens der IG-Farben Direktor Dr. Ambros teilnahm, heisst es: „In unmittelbarer Nähe von Auschwitz wird für die Juden und Polen ein Konzentrationslager gebaut".

Das Terrain, auf dem die Fabrik entstehen sollte, war Eigentum von Polen. Sie wurden ausgesiedelt, der Boden ihnen weggenommen und ohne Entgelt der IG-Farben zugewiesen.

6.) Die Zusammenarbeit zwischen SS und IG-Farben hat eine längere Vorgeschichte. Bereits 1933 war der „Freundeskreis des Reichsführers SS" gebildet worden, dem hohe SS-Offiziere und Vertreter des Finanzkapitals angehörten. [...] Der „Freundeskreis" unterstütze die SS mit jährlichen Zuwendungen, an denen die Herren der IG-Farben jeweils mit 100 000 Reichsmark beteiligt waren. Über die Verwendung dieser Mittel für die „besonderen Aufgabengebiete" der SS waren sich die Spender klar; so erklärte Bankier Kurt von Schröder, man könne von Himmler nicht erwarten, dass er diese Mittel humanitären Zwecken zuführe. Die Gegenleistungen der SS bestanden in der Sicherung der Ausbeutung in den monopoleigenen Betrieben, in Rüstungsaufträgen und später in der Vermittlung von Häftlingen an die Monopole. Die Profite aus der Häftlingsarbeit wurden zwischen der SS und den Monopolen geteilt.

7.) In welchem Masse sich die Interessen des faschistischen Staates mit denen der Konzerne deckten, zeigt eine von Göring als Beauftragter für den 4-Jahresplan unterschriebene „Geheime Reichssache" vom 18. Februar 1941, in der es heisst:

> „Zur Sicherstellung des Arbeitsbedarfs und der Unterbringung der Arbeiter für den Anfang April beginnenden, in höchstmöglichem Tempo durchzuführenden Bau des Buna-Werkes Auschwitz in Ost-Oberschlesien bitte ich, folgende Massnahmen zu treffen:
> 1. Rasche Aussiedlung der Juden in Auschwitz und weiterer Umgebung, insbesondere zwecks Freimachung ihrer Wohnungen für die Unterbringung der Bauarbeiterschaft für das Buna-Werk.

2. Vorläufige Belassung der als Bauarbeiter in Betracht kommenden Polen in Auschwitz und weiterer Umgebung in ihren bisherigen Wohnstätten bis zur Beendigung der Bauarbeiten.
3. Bereitstellung einer möglichst grossen Anzahl von Baufach- und Bauhilfsarbeitern für den Bau des Buna-Werkes aus dem benachbarten Konzentrationslager."

Auf dieser Grundlage erging eine Anweisung des Reichsführers SS vom 26. Februar 1941, die am 4. März 1941 der IG-Farben, z. Hd. von Direktor Dr. Ambros übermittelt wurde. Durch diese Anordnung wurden der Inspekteur der Konzentrationslager und der Chef des Wirtschafts-Verwaltungshauptamtes angewiesen „an Ort und Stelle sofort mit dem Bauleiter des Buna-Werkes in Verbindung zu treten und das Bauvorhaben durch die Gefangenen aus dem Konzentrationslager in jedem nur möglichen Umfang zu unterstützen". Für alle das Werk Auschwitz betreffenden Fragen wurde der Chef des persönlichen Stabes des Reichsführers SS, SS-Gruppenführer Wolff, zuständig gemacht und gleichzeitig als Verbindungsmann zwischen dem Reichsführer SS und dem Werk Auschwitz bestimmt. In einem Rundschreiben vom 3. April 1941 teilte die IG-Farben Direktion mit:

„Sämtliche staatlichen und SS-Dienststellen, die in dem Gebiet um Auschwitz eine bestimmte Aufgabe zu erfüllen haben, haben Anweisung erhalten, das Bauvorhaben in jeder erdenklichen Weise zu fördern".

Diese Zusammenarbeit war auch für die SS von Nutzen, wie eine Mitteilung des Chefs des SS-Wirtschafts-Verwaltungshauptamtes, SS-Obergruppenführer Pohl, vom 5. April 1941 beweist:

„In der grundlegenden Besprechung bei SS-Gruppenführer Wolff mit den Vertretern der IG-Farben AG über die Errichtung eines neuen Buna-Werkes beim KZ-Auschwitz haben die Herren von der

IG-Farben zugesagt, uns in jeder Weise mit Kennziffern und Dringlichkeitsstufen behilflich zu sein, da sie nur mit Unterstützung des KL die Planung des neuen Werkes beginnen können".

8.) Nachdem auf diese Weise die Zusammenarbeit zwischen SS und IG-Farben prinzipiell festgelegt war, fand am 27. März 1941 in Auschwitz eine Besprechung statt, an der seitens der IG-Farben der Betriebsleiter des Werkes Auschwitz, Dr. Dürrfeld und der Bauleiter, Oberingenieur Faust, seitens der SS Lagerkommandant Höss und Vertreter der Berliner SS-Führung teilnahmen. In dem von Dr. Dürrfeld unterzeichneten Bericht über diese Besprechung, der u. a. Direktor Dr. Ambros zuging, heisst es unter anderem:

> „1. Von Herrn Faust werden für das laufende Jahr etwa 1000 Hilfskräfte und Facharbeiter – soweit sie vorhanden sind – gefordert. Diese Zahl kann das Lager ohne weitere Vorbereitungen stellen.
> 2. Für das nächste Jahr wird ein Bedarf von etwa 5000 Häftlingen angekündigt. Diese Zahl wird das KL stellen können, wenn die notwendigen Unterkünfte in dem Lager zur Vermehrung der bisherigen Häftlingszahl von 8000 geschaffen worden sind. […]
> 3. Eine weitere Gestellung von Arbeitskräften auf die gesamte Zahl hinaus ist durchaus möglich, da das Lager für die Zahl von etwa 30 000 Häftlingen vergrössert werden soll. […]
> […]
> 5. Die Arbeitszeit richtet sich nach der Jahreszeit und kann mit 10 bis 11 Stunden im Sommer, im Winter mit mindestens 9 Stunden angenommen werden. Die Leistung wird auf 75 % eines normalen deutschen Arbeiters geschätzt. Für die Häftlinge soll pro Hilfsarbeiter und Tag 3,-- RM, pro Facharbeiter und Tag 4,-- RM gezahlt werden. In diesen Kosten ist alles inbegriffen, Transport, Verpflegung usw. Über diese Kosten hinaus fallen keinerlei Unkosten für uns durch die Häftlinge an, es sei denn, dass zum Ansporn dann und wann kleine Vergütungen (Zigaretten usw.) gegeben werden."

Auf dieser Grundlage wurde am 7. April 1941 das IG-Farben Werk Auschwitz gegründet. [...]

9.) Bereits im April 1941 begannen die ersten Häftlinge die Arbeit beim Bau des IG-Farben Werkes. Anfangs mussten sie den 7 km langen Weg zu Fuss zurücklegen, dann wurden sie mit der Bahn gebracht. Im Herbst 1942 wurde ein Teil der Häftlinge in neu errichtete Baracken nahe dem IG-Werk verlegt. Es entstand das Lager Monowitz, das infolge der ständig gesteigerten Anforderungen des IG-Werkes an Arbeitskräften schnell vergrössert wurde. Im Zusammenhang mit der steigenden Häftlingszahl wurde am 12. November 1943 eine Neuaufteilung des Bereiches des Konzentrationslagers Auschwitz in folgender Form durchgeführt:

Konzentrationslager Auschwitz I – Stammlager,
Konzentrationslager Auschwitz II – Birkenau,
Konzentrationslager Auschwitz III – Monowitz und Nebenlager.

Das Lager Monowitz mit seinen 40 Nebenlagern, die an Betriebsstätten und Kohlengruben der IG-Farben und anderer deutscher Konzerne errichtet wurden, umfasste im Zeitpunkt der grössten Belegung etwa 25 000 Häftlinge. Die entsprechenden Zahlen betragen für das Stammlager 13 000 und für Birkenau 110 000 Männer und Frauen.

10.) In der Beweisaufnahme haben zahlreiche Zeugen die Lagerverhältnisse in Monowitz geschildert. Die für eine Person berechneten Holzpritschen in den Baracken waren mit 1 bis 3 Häftlingen belegt. Nicht jedem Häftling stand eine Decke zur Verfügung. Die Baracken waren so überfüllt, dass pro Häftling weniger als ein Achtel des notwendigen Luftraumes zur Verfügung stand. Unter diesen Umständen hatten die Häftlinge keine Möglichkeit, durch einen normalen Schlaf ihre Kräfte wiederherzustellen. Die sanitären Verhältnisse waren unerträglich. Eine unzulängliche Wasserversorgung, völliges Fehlen von Seife und Handtüchern, unzureichende Latrinen, keine Kleidung zum Wechseln, seltene Ausgabe frischer Unterwäsche, Holzschuhe als einzige Fussbekleidung unabhängig von der Witterung, kennzeichneten die Lebensverhältnisse der Häftlinge.

Die Ernährung war völlig unzureichend. Sie betrug auf dem Papier 1500 Kalorien pro Tag und Häftling, eine Menge, die lediglich ausreicht, einen Menschen im Ruhezustand zu ernähren. Tatsächlich aber erhielten die Häftlinge nur etwa 1300 Kalorien und diese Ernährung enthielt nur geringen Mengen an Eiweiss, Fett und Kohlehydraten. Das Material für die Verpflegung wurde von der IG-Farben angeliefert. Bei dieser Ernährung wurde von den Häftlingen schwere Arbeit verlangt. Das führte zum Verbrauch der Fettdepots des Körpers und der eigenen Muskulatur und schliesslich zum völligen körperlichen Verfall der Häftlinge, der durch Infektionen und Erkrankungen noch beschleunigt wurde. Die Zeugen haben übereinstimmend ausgesagt und der medizinische Sachverständige Professor Dr. Win. hat es bestätigt, dass die Lebenserwartung eines Häftlings unter diesen Umständen etwa 3 Monate betrug.

Von einer gesundheitlichen Betreuung durch die SS-Ärzte und Sanitätsdienstgrade konnte überhaupt keine Rede sein. Soweit den Häftlingen mit unzureichenden Mitteln geholfen wurde, war dies der aufopfernden Tätigkeit der Häftlingsärzte und -pfleger zu verdanken. Die SS-Ärzte liessen eine Behandlung zu, soweit sie innerhalb 14 Tagen den Kranken wieder für die IG-Farben arbeitsfähig machte. Gelang dies nicht oder war von vornherein vorauszusehen, dass die Krankheit nicht in diesem Zeitraum geheilt werden konnte, schickten sie den kranken Häftling in den Gastod oder liessen ihn durch Phenolinjektionen ermorden. Der Zeitraum von 14 Tagen beruhte auf einer Vereinbarung zwischen SS und IG-Farben, die für erkrankte Häftlingsarbeiter ihres Werkes nur für diese Zeit weiter die „Miete“ an die SS zahlte.

Die Zeugen Be. und Ama., die viele Jahre in faschistischen Zuchthäusern und Konzentrationslagern verbracht haben, sagten übereinstimmend aus, dass Auschwitz und von den Auschwitzer Teillagern Monowitz das schrecklichste unter allen Lagern war. Diese Tatsache wird durch die erschütternde Feststellung des Sachverständigen Smo.

bestätigt, der auf Grund unanfechtbarer Unterlagen zu dem Ergebnis kam, dass insgesamt etwa 405 000 Häftlinge in die Auschwitzer Lager eingeliefert wurden, von denen etwa 340 000 den Tod fanden.

11.) In dem IG-Farben Werk Auschwitz wurde die Arbeitskraft der Häftlinge bis zum äussersten ausgenutzt. Die Beweisaufnahme hat ergeben, dass bereits Meister und Aufseher der IG-Farben schwache Häftlinge bezeichneten, die sie nicht mehr bei der Arbeit sehen wollten. Direktor Dürrfeld und Oberingenieur Faust führten wiederholt Beschwerde über unzureichende Arbeitsleistungen, was Selektionen unter den Arbeitskommandos und im Häftlingskrankenbau und den Einsatz neuer Häftlinge im IG-Farben Werk zur Folge hatte. Oberingenieur Faust hat sogar selbst an einer Selektion am Lagertor teilgenommen.

Diese Bekundungen werden durch den Wochenbericht 90/91 vom Februar 1943 bestätigt. In diesem Bericht teilt Oberingenieur Faust mit, dass am 10.Februar 1943 SS-Obersturmbannführer Maurer vom SS-Wirtschafts-Verwaltungshauptamt das Lager Auschwitz III besuchte. In dem Bericht heisst es:

> „Weiter sagte Obersturmbannführer Maurer zu, dass alle schwachen Häftlinge abgeschoben werden können, so dass die Gewähr für die volle Leistung, verglichen mit einem deutschen Hilfsarbeiter, herausgeholt werden kann."

Für alle Beteiligten dieser Vereinbarung war klar, dass das „Abschieben" der Häftlinge ihre Ermordung bedeutete.

Der Nutzen, den die IG-Farben aus ihrer Zusammenarbeit mit der SS zog, war so gross, dass sie immer mehr Häftlinge anforderte. [...]

Berücksichtigt man zusammenfassend das planmässige jahrelange Zusammenwirken der IG-Farben und der SS bei der Vernichtung der Häftlinge durch Arbeit, so ergibt sich die Schlussfolgerung, dass beide an dem tausendfachen Mord in gleichem Masse Schuld tragen.

12.) Im Rahmen des faschistischen Programms zur Vernichtung der jüdischen Bevölkerung der europäischen Länder führte die SS in immer grösserem Umfange Transporte jüdischer Menschen dem Konzentrationslager Auschwitz zu. Diese Deportierten wurden sofort auf den Verladerampen – seit Frühjahr 1943 unter Aufsicht eines SS-Arztes – selektiert. Kinder, schwangere Frauen, alte Menschen, Kranke und sonstige Arbeitsunfähige wurden sofort für den Gastod bestimmt; die übriggebliebenen männlichen Häftlinge wurden dem Lager Monowitz, die weiblichen dem Lager Birkenau zugeführt. In der Beweisaufnahme ist festgestellt worden, dass mindestens zwei Drittel von jedem Transport sofort ermordet wurden. Unter anderen Dokumenten lag dem Gericht eine Nachricht des Reichssicherheitshauptamtes vom 16. Dezember 1942 vor, in der es auszugsweise heisst:

„Im Zuge der bis 30. 1. 1943 befohlenen verstärkten Zuführung von Arbeitskräften in die KL kann auf dem Gebiet des Judensektors wie folgt verfahren werden:
1. Gesamtzahl: 45 000 Juden,
2. Transportbeginn: 11. 1. 1943, Transportende: 31. 1. 1943 (Die Reichsbahn ist nicht in der Lage, in der Zeit vom 15. 12. 1942 bis 10. 1. 1943 infolge des verstärkten Wehrmachtsurlauberverkehrs Sonderzüge für die Evakuierung bereitzustellen).
3. Aufgliederung: Die 45 000 Juden verteilen sich auf 30 000 Juden aus dem Bezirk Bialystok – 10 000 Juden aus dem Ghetto Theresienstadt, davon 5000 arbeitsfähige Juden, die bisher für im Ghetto erforderliche kleinere Arbeiten eingesetzt wurden und 5000 im allgemeinen arbeitsunfähige (auch über 60 Jahre alte Juden), um bei dieser Gelegenheit den im Interesse des Ausbaues des Ghettos zu hohen Lagerbestand von 48 000 etwas herunterzudrücken. Hierfür bitte ich, Sondergenehmigung zu erteilen … 3000 Juden aus den besetzten niederländischen Gebieten – 2000 Juden aus Berlin – 45 000. In der Zahl von 45 000 ist der arbeitsunfähige Anhang (alte Juden und Kinder) mit inbegriffen. Bei Anlegung eines zweckmässigen

Massstabes fallen bei der Ausmusterung der ankommenden Juden in Auschwitz mindestens 10–15 000 Arbeitskräfte an."

Die ausgesonderten Deportierten wurden von der SS unverzüglich in die als Baderaum getarnten Gaskammern getrieben, die sich zunächst in zwei Bauernhäusern befanden. Später wurden nach den Plänen der Firma Topf & Söhne 5 Krematorien errichtet, die teilweise mit Gaskammern versehen wurden. In den Gaskammern wurden die Deportierten mit Zyklon B, das von der IG-Farben Firma Degesch in ständig steigender Menge und mit grossem Gewinn an die SS geliefert wurde, vernichtet.

Den Leichen wurden die Haare abgeschnitten, Schmuck abgenommen und goldene Zähne herausgebrochen. Dann wurden die Leichen in den Krematorien und – wenn diese nicht ausreichten – in offenen Gruben verbrannt. Die SS bereicherte sich auch an der Kleidung und dem mitgebrachten Gepäck ihrer vernichteten Opfer. Der sowjetische Sachverständige Pac. hat dargelegt, dass diese Gegenstände waggonweise nach Deutschland transportiert wurden und dass trotzdem im Zeitpunkt der Befreiung des Lagers noch Hunderttausende von Kleidungsstücken, Schuhen und Gebrauchsgegenständen toter Deportierter in den Magazinen lagen. Die Sachverständigen Smo. und Pac. haben dem Gericht genaue Berechnungen über die Kapazität der Krematorien und der Verbrennungsgräben und die Zeit ihrer Benutzung vorgelegt. Auf dieser Grundlage und nach der Zahl der in Auschwitz eingegangenen Transporte des Reichssicherheitshauptamtes und unter Berücksichtigung der sonstigen Unterlagen ergibt sich, dass im Konzentrationslager Auschwitz 4 Millionen Menschen vernichtet worden sind. Diese Zahl wurde auch im Nürnberger Prozess gegen die Hauptkriegsverbrecher bestätigt. Mit Recht stellte die ausserordentliche Staatliche Kommission der UdSSR, die nach der Befreiung die Untersuchung in Auschwitz führte, fest:

„Auschwitz übertrifft bei weitem alle bisher bekannten deutschen Todeslager an Raffinement seiner Methoden, an technischer

Organisation, in der Masse der Opfer und der Grausamkeit der Mittel, mit denen die Menschen umgebracht wurden."

In dem System dieses Vernichtungslagers nahm der Angeklagte Fischer einen wichtigen Platz ein.

II. Die persönlichen Verhältnisse des Angeklagten

Der Angeklagte Fischer wurde am 31. Dezember 1912 in Dresden als Sohn eines Kaufmanns geboren. Er verlor frühzeitig seine Eltern und wurde von Verwandten erzogen. Er besuchte das Gymnasium in Dresden und Berlin und gehörte zeitweise der Pfadfinderbewegung an. 1932 legte er in Berlin die Reifeprüfung ab und begann das Medizinstudium an der Universität Berlin. Am 15. Dezember 1937 bestand er das medizinische Staatsexamen; nach Durchführung eines praktischen Jahres an verschiedenen Berliner Krankenhäusern erhielt er am 15. Dezember 1938 die medizinische Approbation. Ab 1. Januar 1939 bis zu seiner Einberufung war er als Assistenzarzt in der chirurgischen Abteilung des St. Hedwigs-Krankenhauses in Berlin-Charlottenburg tätig. Während eines Urlaubs legte er am 22. Februar 1941 die medizinische Doktorprüfung ab. In seinen, zu diesem Zweck der Medizinischen Fakultät der Universität Berlin am 25. Januar 1941 eingereichten Unterlagen befindet sich folgende, von dem Angeklagten unterschriebene Erklärung:

„Ich gelobe und verspreche, stets die medizinische Wissenschaft hoch zu halten und sie, soweit es in meinen Kräften steht, zu fördern, auch die Pflichten des ärztlichen Standes sowohl gegenüber den meine Hilfe Heischenden als auch gegenüber den ärztlichen Kollegen in humaner Gesinnung treu und gewissenhaft zu erfüllen".

Der Angeklagte heiratete kurz vor Kriegsbeginn. Aus der Ehe gingen 4 Kinder hervor, von denen die älteren 1941 und 1943, die beiden jüngeren nach dem Kriege geboren sind.

Am 1. November 1933 trat der Angeklagte in die allgemeine SS ein. 1934 war er als Student 10 Wochen im Arbeitsdienst. Am 1. Mai 1937 wurde er Mitglied der NSDAP. Nach seinen Angaben übte er in der SS keine Funktion aus und gehörte zuletzt einem Sanitätssturm beim SS-Hauptamt an. An einem Parteitag der NSDAP will er einmal teilgenommen und dabei Absperrdienst geleistet haben.

Am 3. September 1939 wurde der Angeklagte zur Waffen-SS einberufen. Dort wurde er nach einer Woche zum SS-Standartenoberjunker befördert und als Hilfsarzt eines Bataillons eingesetzt. Anfang 1940 kam er nach Stralsund und erhielt dort eine achtwöchige militärische Ausbildung. In Stralsund lernte er den SS-Arzt Dr. Wirths kennen. Im April 1940 wurde der Angeklagte zum SS-Untersturmführer befördert. Nach verschiedenen Kommandos in Prag, Brünn, Berlin und bei der SS-ärztlichen Akademie in Graz wurde der Angeklagte im November 1940 Hilfsarzt im Regiment Nordland der SS-Division Wiking in Wien. Von dort erhielt er Urlaub zur Doktorpromotion. Nach Rückkehr zur Division wurde er mit dieser im Juni 1941 nach Lublin verlegt und nahm am Überfall auf die UdSSR teil. Am 30. Januar 1942 wurde er – inzwischen Truppenarzt bei einer Panzerjägerabteilung – zum SS-Obersturmführer befördert. [...] In dieser Zeit erkrankte der Angeklagte an einer Diphtherie mit anschliessenden Lähmungserscheinungen und wurde deshalb zur ärztlichen Behandlung nach Deutschland verlegt. Nach mehrwöchigem Aufenthalt in Berlin kam er in ein SS-Sanatorium in Bad Homburg. Dort lernte er den leitenden SS-Arzt der Konzentrationslager Dr. Lolling[2] kennen. Als dieser ihm gesprächsweise vorschlug, Arzt in einem Konzentrationslager zu werden, stimmte der Angeklagte zu. Nach Abschluss der Kur wurde er in verschiedenen Dienststellen

2 Dr. Enno Lolling war ab Februar 1941 leitender Arzt bei der Inspektion der Konzentrationslager und seit dem 3. März 1942 Chef des Amtes D III im WVHA (Sanitätswesen und Lagerhygiene). Er war somit der Vorgesetzte aller KZ-Ärzte. Sein letzter SS-Dienstgrad war Standartenführer. In einem Lazarett in Flensburg beging er am 27. Mai 1945 Selbstmord.

eingesetzt. Am 1. November 1942 wurde er zum SS-Wirtschafts-Verwaltungshauptamt versetzt und am 6. November 1942 nach Auschwitz kommandiert.

In Auschwitz traf der Angeklagte den ihm bekannten Dr. Wirths als SS-Standortarzt an. Der Angeklagte war dort in verschiedenen Funktionen tätig. Am 21. Juni 1943 wurde er zum SS-Hauptsturmführer befördert und kurze Zeit darauf als Stellvertreter des Standortarztes eingesetzt. Diese Tätigkeit des Angeklagten dauerte bis zur Evakuierung am 18. Januar 1945. [...]

Nach der Evakuierung begleitete der Angeklagte den Marsch der Häftlinge bis Loslau und leitete dort im Auftrage des Lagerkommandanten ihren Abtransport. Anschliessend begab er sich über Gross-Rosen nach Oranienburg. Seinem Wunsch, zu einer Kampfeinheit versetzt zu werden, wurde nicht entsprochen. Er wurde als Arzt beim SS-Wirtschafts-Verwaltungshauptamt eingesetzt. Bei den Kämpfen um Berlin war er Truppenarzt einer SS-Kampfgruppe. Den Einmarsch der Sowjetarmee erlebte er als Arzt auf einem Verbandsplatz. Seinen SS-Waffenrock, sein Soldbuch und die Pistole hatte der Angeklagte vorher vernichtet; er geriet nicht in Kriegsgefangenschaft.

Bei der Auflösung des Verbandsplatzes wurden die Verwundeten zur Charité überführt. Diese Gelegenheit benutzte der Angeklagte, um sich das Blutgruppenzeichen der SS operativ entfernen zu lassen. In der gleichen Zeit holte er sich Zivilkleider und Papiere aus seiner Berliner Wohnung. Er begann, als Arzt im Krankenhaus in Weissensee zu arbeiten. Als der Chefarzt dieses Krankenhauses wegen seiner SS-Zugehörigkeit verhaftet wurde, flüchtete der Angeklagte und verliess Berlin, um sich zu seiner in der Gegend von Braunschweig befindlichen Familie zu begeben. Auf dem Wege dorthin kam er nach Golzow, wo ein ihm sehr entfernt Verwandter, Pfarrer Günther, amtierte. Dieser überredete den Angeklagten in Kenntnis seiner SS-Zugehörigkeit und seines Einsatzes in Auschwitz, in Golzow zu bleiben und legitimierte ihn als seinen Neffen. Der Angeklagte erhielt einen Personalausweis, für den er ein älteres Foto verwandte, um sich nicht fotografieren lassen zu müssen. Ab 1. Juni 1945 übernahm er eine Arztpraxis in Golzow. Dorthin liess er auch seine Familie kommen. Im Februar 1946 war er einige Wochen als Arzt im Umsiedlerlager Belzig und im September/Oktober 1946 im Durchgangslager Gronenfelde tätig. Hier erfuhr er, dass im Kreise Beeskow/Storkow 3 Arztstellen unbesetzt waren. Nach Annahme seiner Bewerbung entschied er sich für Spreenhagen, wo ihm ein eigenes Haus zur Verfügung stand und vor ihm ein Arzt namens Fischer tätig gewesen war. Im November 1946 verzog er in die Landgemeinde Spreenhagen und erhielt eine Niederlassungsgenehmigung.

Um seine verbrecherische Vergangenheit zu verbergen, fälschte der Angeklagte mehrere Fragebogen und Lebensläufe. Er verschwieg seine Mitgliedschaft in der allgemeinen SS und in der NSDAP, seine Zugehörigkeit zur Waffen-SS und seine Tätigkeit als KZ-Arzt in Auschwitz. Um Nachfragen auszuschliessen, gab er an, sein medizinisches Praktikum in Königsberg gemacht zu haben. Er behauptete weiter, Wehrmachtsarzt gewesen und 1942 wegen Krankheit entlassen worden zu sein und dann bis Januar 1945 eine Arztpraxis in Loslau/Oberschlesien ausgeübt zu haben. Auch die Lebensläufe seiner beiden älteren Kinder fälschte er, so dass sie nicht erfuhren, vorübergehend in Auschwitz wohnhaft gewesen zu sein. Als günstig für sich wertete der Angeklagte den Umstand, dass ein KZ-Arzt Dr. Fischer nach Pressemeldungen in Nürnberg verurteilt worden war.

In Spreenhagen war der Angeklagte als praktischer Arzt und Geburtshelfer tätig und nahm zeitweise an der Arbeit der Gewerkschaftsgruppe Ärzte teil. Er stand der Entwicklung in der Deutschen Demokratischen Republik ablehnend gegenüber und informierte sich durch Westrundfunk und Westfernsehen. Von 1954 bis zum 13. August 1961 suchte er häufig Westberlin auf. Ende Juni 1960 machte er einen Verwandtenbesuch in Westdeutschland. Nach komplizierten Ermittlungen wurde er am 11.Juni 1965 in Spreenhagen festgenommen.

III. Sachverhalt und Beweiswürdigung

1.) Während seiner Dienstzeit im Konzentrationslager Auschwitz übte der Angeklagte als SS-Arzt mehrere Funktionen aus. Unmittelbar nach seinem Eintreffen am 6. November 1942 wurde er vom SS-Standortarzt Dr. Wirths als Truppenarzt eingesetzt. Da ihn diese Tätigkeit nicht voll in Anspruch nahm, beauftragte ihn Dr. Wirths im März 1943 ausserdem mit der Wahrnehmung der Aufgaben des SS-Lagerarztes im Konzentrationslager der IG-Farben Monowitz. Im November 1943 wurde der Angeklagte von seiner Funktion als Truppenarzt entbunden, als das Lager Auschwitz III (Monowitz und Nebenlager) gebildet wurde. Als Lagerarzt in Auschwitz III war er bis September 1944 tätig. Von diesem Zeitpunkt bis zur Evakuierung des Lagers leitete er die chirurgische Abteilung des SS-Lazaretts und war Lagerarzt im Stammlager Auschwitz I.

Als SS-Lagerarzt hatte der Angeklagte alle in diesen Lagern tätigen SS-Sanitätsdienstgrade (SDG) – die für die sanitären Belange verantwortlich waren – und die in den Häftlingskrankenbauen (HKB) arbeitenden Häftlingsärzte und -pfleger zu beaufsichtigen sowie in den Häftlingsunterkünften, Küchen und Latrinen die hygienischen Anlagen zu kontrollieren. Seine hauptsächlichste „Tätigkeit" bestand in der „Senkung des Krankenstandes" durch regelmässige Selektionen, die im Einvernehmen mit dem SS-Standortarzt und dem jeweiligen Lagerkommandanten bzw. -führer durchgeführt wurden. In deren Ergebnis wurde jedesmal eine im Einzelfall unterschiedliche Zahl von kranken Häftlingen nach dem Konzentrationslager Auschwitz II (Birkenau) „überstellt", was mit deren Vernichtung in der Gaskammer oder durch Herzinjektionen von Phenol gleichbedeutend war. Auch Selektionen in den Häftlingsunterkünften und den Arbeitskommandos gehörten zu den Aufgaben des Angeklagten.

Im Frühjahr und Herbst des Jahres 1943 vertrat der Angeklagte den Lagerarzt von Auschwitz I (Stammlager) während dessen Urlaubs und der Zeit seiner Erkrankung. Hier übte er die gleiche „Tätigkeit" aus wie im Lager Auschwitz III (Monowitz).

Im Sommer 1943 wurde der Angeklagte auf Grund eines Kommandanturbefehls neben seiner „Tätigkeit" als Lagerarzt von Auschwitz III zum Stellvertreter des SS-Standortarztes Dr. Wirths ernannt, da er neben dem SS-Arzt Mengele den höchsten Dienstgrad unter den im Standort Auschwitz tätigen SS-Ärzten hatte, neben Wirths der dienstälteste SS-Arzt war und bei den SS-Leuten den Ruf eines energischen SS-Arztes hatte. Diese Funktion bekleidete er bis zur Evakuierung des Lagers am 18. Januar 1945.

Der Standortarzt war der unmittelbare Dienstvorgesetzte aller in den Konzentrationslagern Auschwitz I (Stammlager), Auschwitz II (Birkenau) und Auschwitz III (Monowitz) und den dazu gehörigen Nebenlagern tätigen SS-Ärzte und SDG. Er bestimmte deren Einsatz und Aufgabenstellung und kontrollierte die Durchführung der gegebenen Befehle. Ausserdem war er für die gesundheitliche Betreuung aller SS-Angehörigen sowie deren dort wohnenden Familienangehörigen verantwortlich. Vor allem trug er die Verantwortung für die Durchführung von Selektionen ankommender Transporte von Deportierten und in den HKB und Arbeitskommandos, die Beschaffung des Giftgases Zyklon B zur Vergasung von Deportierten und Häftlingen, für die Tätigkeit der Desinfektoren einschliesslich der Aufsicht über den Vernichtungsvorgang und die Beratung des Kommandanten in Fragen des Sanitätsdienstes und der Vernichtung von Häftlingen. Ausserdem hatte der SS-Standortarzt zu allen Konzernen und Betrieben, in denen Häftlinge arbeiteten, ständige Verbindung zu halten. Er war dem leitenden Arzt der Konzentrationslager beim SS-Wirtschafts-Verwaltungshauptamt (SS-WVHA), SS-Obersturmbannführer Dr. Lolling, unterstellt und rechenschaftspflichtig. Für die Durchführung der genannten Aufgaben trug der Angeklagte die volle Verantwortung, als er im Jahre 1943 während des 14tägigen Urlaubs und im Herbst 1944 während einer vierwöchigen Kur Dr. Wirths die Funktion des SS-Standortarztes ausübte.

Der Angeklagte war insoweit mit der Anklage beschuldigt worden, als amtierender SS-Standortarzt sowohl 1943 als auch 1944 mehrfach Giftgas Zyklon B zur Vernichtung von Häftlingen angefordert zu haben. Dafür konnte aber in der Hauptverhandlung kein Beweis erbracht werden. Der Angeklagte hat sich zwar dahin eingelassen, während dieser Zeit mehrere Unterschriften geleistet zu haben, er konnte sich aber nicht mehr erinnern, ob er die sachliche Richtigkeit von Rechnungen über die Lieferung von Zyklon B bestätigte oder Giftgasanforderungen unterschrieb. Da dem Senat insoweit keine den Angeklagten überführenden Dokumente vorlagen und auch Zeugen Derartiges zu bekunden nicht in der Lage waren, kann nicht mit der erforderlichen Sicherheit festgestellt werden, dass der Angeklagte Giftgas zur Vernichtung von Häftlingen angefordert hat. Er kann daher aus diesem Grunde strafrechtlich nicht zur Verantwortung gezogen werden.

In Anwesenheit des Standortarztes hatte der Angeklagte angesichts seiner „Tätigkeit" als Lagerarzt die ihm jeweils von Dr. Wirths mündlich erteilten Aufträge zu erfüllen. Er hatte insbesondere für die Ausbildung der SDG im Geländedienst und für den Einsatz der Sanitätskraftwagen und anderer Fahrzeuge der SS-Ärzte zu sorgen. Wirths informierte den Angeklagten über die von Prof. Clauberg[3] und Dr. Schumann[4] an Häftlingen durchgeführten „Experimente"

3 Der Gynäkologe Professor Dr. Carl Clauberg unternahm ab 1942 in Auschwitz extrem grausame Versuche zur Massensterilisierung jüdischer Frauen. 1948 wurde er in Moskau zu 25 Jahren Haft verurteilt. Als Nichtamnestierter im Oktober 1955 in die Bundesrepublik entlassen, wurde er im November 1955 in Untersuchungshaft genommen, in der er am 9. August 1957 in Kiel starb. Vgl. Ernst Klee: Das Personenlexikon zum Dritten Reich.

4 Der Euthanasiearzt Dr. Horst Schumann war ab 1939 im Rahmen der geheimen NS-Euthanasie-Aktion Leiter der Tötungsanstalt Grafeneck und ab 1941 der Tötungsanstalt Sonnenstein/Pirna. Vom Herbst 1942 bis Sommer 1944 leitete er als Lagerarzt in Auschwitz die Röntgenkastration jüdischer Häftlinge. Im Januar 1945 kam er als Truppenarzt an der Westfront in amerikanische Gefangenschaft, aus der im Oktober 1945 entlassen wurde. Erst 1951 geriet er ins Visier der Strafverfolgungsbehörden und setzte e sich nach Afrika ab, wo er zuletzt als „Urwaldarzt" tätig war. 1966 wurde er von Ghana

sowie über die beim Lagerkommandanten stattgefundenen Besprechungen.

Der Angeklagte hatte im übrigen aus dem für jeweils 10 bis 14 Tage für alle SS-Ärzte vom Standortarzt aufgestellten Dienstplan zu entnehmen, wann er an der „Rampe" Selektionen ankommender Deportiertentransporte durchzuführen und bis etwa Mai 1943 den anschliessenden Vernichtungsvorgang an der als „Sauna" bezeichneten Gaskammer sowie im Krematorium II zu beaufsichtigen hatte.

2.) Kurze Zeit nach der Ankunft des Angeklagten im Konzentrationslager Auschwitz nahm ihn Dr. Wirths mit zur „alten Rampe", wo er die Selektionen eines Deportiertentransportes beobachtete. Anschliessend fuhr er mit zu einem hinter dem Konzentrationslager Birkenau gelegenen, als Bad getarnten Bauernhaus, in dem eine Gaskammer zur Vernichtung der ausgesonderten Deportierten eingerichtet war und im Lagerjargon als „Sauna" bezeichnet wurde. Dort beobachtete der Angeklagte den grauenvollen Vernichtungsvorgang.

Seit dieser Zeit wurde er von Wirths mit in den SS-Ärztedienstplan aufgenommen und für die Beaufsichtigung der SS-Desinfektoren zur Gewährleistung des Vernichtungsvorganges eingeteilt. So wurde der Angeklagte jeweils durch den Leiter der Schreibstube des SS-Standortarztes Dr. Wirths benachrichtigt, wenn ein Transport an der Rampe zu erwarten war. Inzwischen waren auch die SS-Desinfektoren mit einem Sanitätskraftwagen geholt worden, die im SS-Revier eine Kiste mit Zyklon-B-Büchsen aufluden. Anschliessend fuhren sie mit dem Angeklagten zur Rampe. Da die Transporte stets während der Dunkelheit ankamen, wurde der Sanitätskraftwagen an einer gut sichtbaren, durch Scheinwerfer beleuchteten Stelle abgestellt, um den Deportierten vorzutäuschen, dass für ärztliche Betreuung gesorgt sei. Der Angeklagte

an die Bundesrepublik ausgeliefert. Ein 1970 in Frankfurt am Main gegen ihn begonnener Prozess wurde 1971 wegen seiner Verhandlungsunfähigkeit eingestellt. Er starb im Mai 1983 in Frankfurt am Main.

beobachtete die in dieser Zeit durch andere SS-Angehörige durchgeführte Selektion. Die für die Vernichtung ausgewählten Opfer wurden auf Lkw geladen und von der alten Rampe zur „Sauna“ gefahren. Der Angeklagte fuhr im Sanitätskraftwagen hinterher, der an der „Sauna“ abgestellt wurde.

Die zur Vernichtung ausgesonderten Deportierten, vor allem Frauen mit Kindern, schwangere Frauen, Körperbehinderte sowie Personen über 60 Jahre und Jugendliche, wurden in eine 100 m entfernt stehende Auskleidebaracke gebracht, wo sie sich entkleiden mussten. Unter dem Vorwand, gebadet zu werden, wurden die Deportierten in die durch entsprechende Hinweisschilder getarnte Gaskammer getrieben und mittels Zyklon B vernichtet, das von SS-"Desinfektoren“ durch eine Luke manuell in die Gaskammer geschüttet wurde.

Der Angeklagte hatte dabei die „Desinfektoren“ zu beaufsichtigen und ihnen erste Hilfe zu gewähren, falls sie sich beim Einschütten der Zyklon-B-Kristalle selbst vergifteten. Zu diesem Zweck wurde ein Sauerstoffgerät mitgeführt. Er gewährte diesen Mördern seine ärztliche Hilfe und wirkte auf diese Weise an der Vernichtung von Menschenleben mit. Der Angeklagte hat zweimal durch das in der Tür zur Gaskammer befindliche Guckloch geschaut und „aus reinem Interesse“ die Wirkung des Zyklon B beobachtet und den grauenerregenden Todeskampf der Häftlinge verfolgt. Nach Schliessen der Einwurfsklappe durch die Desinfektoren hörte er Schreie und Klopfen an der Tür und nach etwa zwei Minuten nur noch ein qualvolles Röcheln der Opfer. Sie fielen übereinander, ihre Körper hoben und senkten sich unter den letzten Atemzügen. Nach fünf bis sieben Minuten war es stumm geworden. Während dessen ahmten die weiterhin anwesenden SS-Angehörigen gerade in die Gaskammer getriebene Gelähmte und Krüppel nach und machten sich über ihre Opfer zynisch lustig.

Bei einer dieser Vernichtungsaktionen, etwa im Januar 1943, eilte bei Frostwetter eine unbekleidete Frau mit einem etwa einjährigen Kind auf dem Arm und einem dreijährigen Kind an der Hand mit schnellen Schritten auf die Tür der „Sauna“ zu, um mit ihren kleinen Kindern die schützende Wärme des Gebäudes zu erreichen, weil sie annahm, ins Bad zu gehen. Auch sie wurde mit ihren Kindern unter Aufsicht des Angeklagten vergast.

Der Angeklagte hat in der Hauptverhandlung zugegeben, in der Zeit von Ende 1942 bis Frühjahr 1943 in 12 Fällen in der geschilderten Weise an der Vergasung von jeweils 250 bis 300, also von mindestens 3000 Deportierten in der „Sauna" mitgewirkt zu haben. Anschliessend sah er, dass den Leichen die Goldzähne entfernt wurden und er überzeugte sich mehrfach, wiederum „aus reinem Interesse", von der Verbrennung der Leichen in den dazu errichteten Verbrennungsgruben.

3.) Ab April 1943 hat der Angeklagte an der Rampe entsprechend den Festlegungen des Dienstplanes selbst Selektionen von Deportiertentransporten durchgeführt. Jedesmal fuhr er mit den Desinfektoren in dem mit der erforderlichen Menge Zyklon B beladenen Sanitätskraftwagen bis zur Rampe und stellte sich am Gleisende auf.

Die jeweils aus 10 bis 40 Güterwaggons bestehenden Züge wurden nach ihrem Eintreffen von der SS umstellt. Auf Befehl des diensthabenden Lagerführers öffneten die anwesenden Blockführer die Waggontüren und trieben die Deportierten unter Beschimpfungen, Drohungen, mit Fusstritten und Schlägen auf die Rampe. Das Gepäck blieb in den Waggons oder musste auf der Rampe „abgelegt" werden. Während des Transportes Verstorbene mussten von den Deportierten ausgeladen und hingelegt werden. Die Blockführer stellten unter Drohungen und Gewaltanwendung Marschkolonnen auf. Die eine bestand aus Männern und Jugendlichen, die andere aus Frauen, Müttern mit Kindern und Jugendlichen unter 16 Jahren. Die Familien wurden dabei sofort auseinandergerissen.

Nachdem deportierte Ärzte, Zahnärzte, Apotheker, Pfleger und Schwestern ohne Selektion ins Lager geschickt worden waren, wurde die Marschkolonne der Frauen am Angeklagten vorbeigetrieben. Ein von ihm beauftragter SS-Angehöriger hielt die Frauen nacheinander kurz an, der Angeklagte betrachtete sie wenige Sekunden und entschied durch einen Fingerzeig, ob die Betreffende als „Arbeitsunfähige“ in die Gaskammer oder in das Lager zur Vernichtung durch Arbeit geschickt werden sollte. Das gleiche wiederholte sich bei den männlichen Deportierten. Die Blockführer hatten vorher unter der Aufsicht des für die Selektion allein verantwortlichen diensthabenden SS-Arztes, also auch des Angeklagten, die „offensichtlich Arbeitsunfähigen“ – Mütter mit Kindern, Schwangere, alte und gebrechliche Deportierte und Körperbehinderte – für den Gastod ausgesondert und sie am Angeklagten vorbeigetrieben.

Auf diese Weise selektierte der Angeklagte einen Transport von beispielsweise 4000 Deportierten in etwa 90 Minuten.

[...]

Bei den zunächst an der alten und später an der neuen Rampe ankommenden Deportiertentransporten handelte es sich in der Hauptsache um jüdische Bürger, die aus den von den Nazis besetzten Ländern zur sogenannten „Endlösung der Judenfrage“, das heisst, zur sofortigen oder späteren Vernichtung in das Konzentrationslager Auschwitz geschickt wurden. Die ankommenden Transportzüge enthielten jeweils 300 bis 4000 Deportierte. Im Durchschnitt kamen nach den Einlassungen des Angeklagten mit einem Transport 2000 Deportierte in Auschwitz an, da in jeden Waggon bis zu 100 Personen gepfercht worden waren. Anfang des Jahres 1943 kamen ein bis zwei, im Sommer 1943 zwei bis drei Transporte wöchentlich an. Mit Beginn des Jahres 1944 verstärkte sich die Anzahl der Transporte. Sie trafen fast täglich an der neuen Rampe ein. Im Monat Juni 1944 trafen jedoch täglich 4 bis 5 Transporte, vor allem aus Ungarn, dem Warschauer Ghetto und Theresienstadt ein. Allein aus Ungarn wurden etwa 400 000 Deportierte nach Auschwitz gebracht und grösstenteils sofort vernichtet. Da die Kapazität der Krematorien nicht ausreichte, verbrannte die SS die Leichen der Deportierten in Gruben und auf Scheiterhaufen. In wenigen Fällen kamen zwei Transporte gleichzeitig an, so dass der SS-Apotheker Capesius und SS-Zahnärzte zur Durchführung von Selektionen an der Rampe mit eingesetzt wurden.

Der Angeklagte hatte vom Frühjahr 1943 bis etwa Mai 1944 wöchentlich je 24 Stunden, von Mai bis August 1944 angesichts der grossen Anzahl der Transporte zweimal wöchentlich je 12 Stunden „Rampendienst". Er hat zugegeben, in der Zeit von April 1943 bis August 1944 40 bis 50 Transporte mit einer Gesamtstärke von 80 000 bis 100 000 Deportierten an den Rampen selektiert zu haben. Nach seinen Einlassungen in der Hauptverhandlung wurden durchschnittlich nur 25 bis 30 % der Deportierten für arbeitsfähig befunden. Er hat somit mindestens 55 000 Deportierte für den sofortigen Gastod bestimmt.

Für diese barbarischen Handlungen gewährte die SS allen daran Beteiligten als „Entschädigung" für den von diesen SS-Leuten „zusätzlich" verrichteten Dienst eine aus Wurst und Rum bzw. Schnaps bestehende „Sonderverpflegung", die auch der Angeklagte mehrfach in Anspruch nahm.

4.) Am 31. März 1943 wurde das Krematorium II in Betrieb genommen und zur Vernichtung der an der Rampe ausgesonderten Deportierten benutzt. Das Gebäude des Krematoriums und die Anlagen davor machten nach den Worten des Angeklagten einen „gepflegten Eindruck". Vor dem Gebäude waren zur Tarnung Rasenrabatten angelegt und vor den Fenstern waren Blumenkästen angebracht. Im Auskleideraum hingen Schilder mit der Aufschrift „Zum Baderaum".

Nach den Einlassungen des Angeklagten in der Beweisaufnahme hat dieser vom 31. März 1943 bis zum 10.Mai 1943 entsprechend den Festlegungen des Dienstplanes in Abständen von 10 bis 14 Tagen die SS-Desinfektoren beim Einschütten des Zyklon-B-Gases in die Gaskammern des gerade erst in Betrieb genommenen Krematoriums überwacht und die Vernichtung der Opfer gesichert. Die Gaskammer hatte den Einlassungen des Angeklagten zu Folge eine Kapazität von 500 bis 600 Menschen. Sie wurde jedesmal voll ausgeschöpft, so dass die Tür der Gaskammer jeweils gerade noch geschlossen werden konnte. Der Angeklagte hat somit auch hier in mindestens 4 Fällen an der Vernichtung von insgesamt 2400 Deportierten mitgewirkt.

5.) Im Herbst des Jahres 1943 wirkte der Angeklagte seinen Einlassungen zu Folge auch an der Vernichtung eines starken Transportes von Deportierten aus Norwegen im Krematorium mit. Diesen Deportierten hatte man ebenfalls gesagt, sie würden zum „Bad" gebracht. Als die Deportierten den Betrug der SS bemerkt hatten, entriss einer von ihnen einem SS-Mann die Pistole und verwundete damit zwei SS-Leute. Der Angeklagte, der sich als diensthabender SS-Arzt am Krematorium aufhielt, bemerkte, dass ein Teil der zur Vernichtung bestimmten Deportierten zu fliehen versuchten. Daraufhin zog er seine Pistole und sicherte das Krematorium mit ab. Schliesslich wurden 10 bis 20 Deportierte von der SS im Ankleideraum erschossen und die übrigen vergast, wovon sich der Angeklagte überzeugte.

6.) Gegen Ende des Jahres 1943 hat der Angeklagte weiterhin an der Vernichtung des in einer Baracke in der Nähe der „alten Rampe" untergebrachten und in einem Krematorium eingesetzten Häftlingssonderkommandos als diensthabender Arzt mitgewirkt.

Der Leiter dieses Kommandos, SS-Oberscharführer Moll, hatte die Häftlinge völlig betrunken gemacht. Als sie eingeschlafen waren, wurde die Unterkunft abgedichtet. Der Angeklagte hat danach durch die Beaufsichtigung der SS-Desinfektoren, die das Giftgas Zyklon B in der erforderlichen Menge in die Baracke warfen, an der Vernichtung des mindestens 20 Häftlinge zählenden Sonderkommandos mitgewirkt. Die Häftlinge dieses und auch anderer Sonderkommandos kannten die Verbrechen der SS, wurden von dieser daher als Geheimnisträger bezeichnet und waren deshalb von vornherein zur Vernichtung bestimmt, die in bestimmten Zeitabständen vollzogen wurde.

7.) Als SS-Lagerarzt hatte der Angeklagte unter anderem auch die „Aufgabe", die „Straffähigkeit" von aus nichtigen Anlässen mit 5 bis 25 Stockschlägen bestraften Häftlingen „ärztlich" zu bescheinigen. Diese den Menschen entwürdigenden und die ohnehin kurze Lebenserwartung der Häftlinge vermindernden „Strafen" gehörten zum System des

Konzentrationslagers und dienten dazu, die Häftlinge einzuschüchtern und bei ihnen Furcht und Schrecken hervorzurufen.

Im Ergebnis der Beweisaufnahme konnte der Angeklagte überführt werden, in 71 Fällen durch seine unterschriftlich bestätigte Zustimmung den Vollzug der schweren körperlichen Misshandlungen bedenkenlos genehmigt zu haben. Der Angeklagte führte zwar aus, dass für diese Genehmigungen der körperliche Zustand des betreffenden Häftlings ausschlaggebend gewesen wäre; er gab aber zu, dass er sich in sehr vielen Fällen diese Häftlinge, soweit sie sich in den örtlich weit entfernten Nebenlagern befanden, überhaupt nicht ansah, aber dennoch deren Straffähigkeit bestätigte. [...]

8.) Nach dem Ergebnis der Beweisaufnahme hat der Angeklagte, als er im Frühjahr sowie im Herbst 1943 den Lagerarzt des Stammlagers vertrat, dort ebenfalls Selektionen zur Vernichtung der Ausgesonderten im HKB, Block 9, 20 und 21 durchgeführt. Nachdem der Angeklagte den Häftlingsärzten wahrheitswidrig gesagt hatte, dass er auf Grund der Überbelegung des Krankenbaues genötigt sei, länger erkrankte Häftlinge in den HKB nach Birkenau zu „überstellen" – ein im SS-Lagerjargon gebräuchliches Synonym für Vernichtung -, begab er sich in Begleitung des richtig informierten SDG, des Revierältesten und des zuständigen Häftlingsarztes in die Krankenblocks. Dort betrachtete er 15 bis 60 Sekunden den kranken Häftling und entschied dann bereits über Leben oder Tod des Kranken. Häufig genügte ihm ein einziger Blick, um die Aussonderung vorzunehmen. Häftlinge, die schon nicht mehr die Kraft hatten, ihren Körper im Bett zu entblössen, sonderte der Angeklagte sofort aus. In die Krankenpapiere nahm er keine Einsicht. Seine Entscheidung gab der Angeklagte dadurch bekannt, dass er dem SDG sagte: „schreiben Sie auf" oder ihm ein entsprechendes Zeichen gab. Der SDG notierte daraufhin die Lagernummer des betreffenden kranken Häftlings. In der Schreibstube des HKB wurden die vom SDG notierten Häftlingsnummern in einer Liste erfasst und von diesem zur politischen Abteilung des Lagers und zur Lagerführung gebracht. Die zur Vernichtung ausgesonderten Häftlinge wurden entweder noch am gleichen oder am nächsten Tage mit Kraftfahrzeugen in das Konzentrationslager Birkenau zur Vergasung gebracht oder durch Herzinjektion von Phenol getötet.

[...]

Somit hat der Angeklagte als amtierender Lagerarzt im HKB des Konzentrationslagers Auschwitz I (Stammlager) im Frühjahr und Herbst 1943 mindestens 870 Häftlinge zur Tötung in den Gaskammern bzw. durch Phenolinjektionen bestimmt, wobei jeweils die von den Zeugen angegebenen geringsten Zahlen zugrunde gelegt worden sind.

Dem stehen die Einlassungen des Angeklagten – der sich nur noch an eine im HKB 20 durchgeführte Selektion mit 50 bis 100 Opfern erinnert – nicht entgegen, da er die Vornahme der von den Zeugen bekundeten Aussonderungen ausdrücklich nicht ausgeschlossen hat. Bezüglich der Aussagen der genannten Zeugen sind nicht die geringsten Anhaltspunkte für einen Zweifel an deren Wahrheitsgehalt gegeben.

9.) Im März 1943 fuhr der SS-Standortarzt Dr. Wirths gemeinsam mit dem Angeklagten in das Konzentrationslager der IG-Farben nach Monowitz, wo er ihm den damaligen Lagerführer, SS-Untersturmführer Schöttel [Schöttl], vorstellte und anschliessend den Häftlingskrankenbau zeigte. Dr. Wirths machte den Angeklagten später auf die Bedeutung des Konzentrationslagers Monowitz für die kriegswichtige Produktion des IG-Farbenkonzerns aufmerksam und erklärte, dass er als Lagerarzt im Zusammenwirken mit der Lagerführung im Häftlingslager strenge Massstäbe anzulegen habe, es könne nicht jeder kranke Häftling sofort im Krankenbau aufgenommen werden.

Seit dieser Zeit übte der Angeklagte mit Ausnahme von etwa sechs Wochen – er war vom 10. Mai bis Ende Juni 1943 nach Berlin abkommandiert – die Funktion des SS-Lagerarztes im Konzentrationslager Monowitz aus. Hier führte er in unregelmässigen Zeitabständen und in unterschiedlichem Umfange Selektionen im Krankenbau, den Häftlingsunterkünften und Arbeitskommandos durch.

a) Durch die Aussagen von 20 Zeugen und die auf Berechnungen basierenden Einlassungen des Angeklagten ist erwiesen, dass er während seiner Dienstzeit im Konzentrationslager Monowitz allein im HKB mindestens 4000 kranke Häftlinge auf die bereits geschilderte Weise zur Vernichtung ausgesondert hat.

Die Zeugen, die sich zu unterschiedlichen Zeitpunkten und über verschiedene Zeiträume hinweg im HKB des Konzentrationslagers Monowitz als Kranke oder Häftlingsärzte bzw. -pfleger befanden, kennen zwar nicht den Gesamtumfang der vom Angeklagten dort durchgeführten Selektionen. Ihre diesbezüglichen vor dem Senat bekundeten Kenntnisse überführten jedoch den Angeklagten im genannten Umfange eindeutig.

[...]

Nach einem am 20. August 1944 erfolgten Luftangriff auf das IG-Werk Auschwitz stellte der Angeklagte sein menschenfeindliches Verhalten ein weiteres Mal unter Beweis. Da den Häftlingen das Aufsuchen der Luftschutzräume nicht gestattet war, wurden nach den Aussagen des Zeugen Ni. 200 bis 300 Häftlinge verletzt bzw. verwundet. Anstatt diesen Menschen ärztliche Hilfe zu gewähren, nahm der Angeklagte eine Selektion vor und schickte über 100 Verletzte in den Gastod. [...]

b) Der Angeklagte führte aber nicht nur im HKB, sondern auch in den Unterkünften, auf dem Appellplatz sowie beim Aus- und Einmarsch der Arbeitskommandos Selektionen durch, an denen wiederholt Vertreter des IG-Werkes – am Lagertor stehend – teilnahmen. Bei diesen Aktionen wurden die Häftlinge ausgesondert, die sich nur noch unter grossen Anstrengungen zu den Arbeitsplätzen in das IG-Werk zu schleppen vermochten, infolge der unmenschlichen Arbeits- und Lebensbedingungen binnen kurzer Zeit physisch völlig erschöpft waren und deshalb im SS-Lagerjargon als „Muselmänner" bezeichnet wurden. Der Angeklagte brachte vor, sich an die Vornahme derartiger Selektionen nicht mehr konkret erinnern zu können. Er wurde jedoch durch (neun namentlich genannte) Zeugen der Durchführung solcher Selektionen überführt.

[…]

Bei richtiger Würdigung dieser Aussagen zueinander ist der Angeklagte somit überführt, mindestens 2400 Häftlinge aus Arbeitskommandos ausgesondert und für den Gastod bestimmt zu haben.

c) Selektionen von Häftlingen aus den Arbeitskommandos und aus den Häftlingskrankenbauen führte der Angeklagte nicht nur im Konzentrationslager Monowitz, sondern auch in den zu diesem Lager gehörenden Nebenlagern durch, für die er als SS-Lagerarzt von Auschwitz III seit November 1943 ebenfalls zuständig war. […]

Der Angeklagte liess sich in der Hauptverhandlung dahin ein, dass er im November 1943 auf Grund einer Beschwerde des IG-Werkes im Auftrage des SS-Standortarztes Dr. Wirths in allen Nebenlagern Selektionen „zur Senkung des ausserordentlich hohen Krankenstandes" durchführte. […] Insgesamt räumte er ein, in der Zeit von November 1943 bis September 1944 in allen Nebenlagern 1300 bis 1600 Häftlinge selektiert zu haben.

Im Ergebnis der Beweisaufnahme ist daher auf der Grundlage der angeführten Zeugenaussagen und der eigenen Einlassungen des Angeklagten festzustellen, dass dieser im genannten Zeitraum mindestens 1300 Häftlinge in den zum Konzentrationslager Auschwitz III gehörenden Nebenlagern Jaworznow, Swientochlowice, Janinagrube, Jawischowitz, Golleschau und anderen Nebenlagern zur Vernichtung aussonderte. Anfang des Jahres 1944 hatte er weiterhin die SS-Sanitätsdienstgrade in den Nebenlagern angewiesen, selbständig Selektionen durchzuführen und die Überführung der Opfer nach Birkenau zu veranlassen.

10.) Zu den vorstehenden Feststellungen haben dem Obersten Gericht zahlreiche Dokumente, Zeugen und Sachverständige zur Verfügung gestanden. Die Verlesung der schriftlichen Beweismittel sowie die Vernehmung der Zeugen und Sachverständigen ermöglichten es, bis ins einzelne gehende Feststellungen zu treffen.

Während der Beweisaufnahme sind aus der Volksrepublik Ungarn (zwei namentlich genannte) Zeugen, aus Österreich (einer), aus der Bundesrepublik (zwei) Zeugen, aus der CSSR (zehn) Zeugen, aus der Volksrepublik Polen (vierzehn) Zeugen sowie aus der Deutschen Demokratischen Republik (vierzehn jeweils namentlich genannte) Zeugen vernommen worden. Die von diesen Zeugen bekundeten Vorgänge betreffen ausnahmslos derart scheussliche Verbrechen, dass sie ihnen in allen Einzelheiten exakt in Erinnerung geblieben sind. Die Zeugen haben im Konzentrationslager Auschwitz täglich im grossen Umfange derart brutale und barbarische Vorgänge erlebt, dass ihre Wiedergabe in Anbetracht des dazwischen liegenden Zeitraumes von über 20 Jahren keine aussergewöhnlichen Anforderungen an das menschliche Erinnerungsvermögen stellt. Die Zeugen, deren Aussagen, soweit sie gleiche Geschehnisse betrafen, übereinstimmten, hielten sich streng an unmittelbar eigene Wahrnehmungen und liessen ausdrücklich erkennen, inwieweit ihre Aussagen auf Berichten ehemaliger Mithäftlinge beruhten.

Der Senat ist auch den in der Beweisaufnahme verlesenen Aussagen der Zeugen Prof. Hey. und Hän. gefolgt, da ihre Aussagen konkret und detailliert sind und mit den Aussagen der vernommenen Zeugen und den Einlassungen des Angeklagten übereinstimmen.

An der Wahrheit und Unvoreingenommenheit aller Zeugenaussagen bestehen keine Zweifel. Das trifft ebenso auf die Gutachten der Sachverständigen Smo., Pac., Prof. Dr. Win. und Prof. Dr. Mo. zu.

Durch die Aussagen der Zeugen und die Einlassungen des Angeklagten ist erwiesen, dass er während seiner Dienstzeit als SS-Lagerarzt und Stellvertreter des SS-Standortarztes im Konzentrationslager Auschwitz an der Vernichtung von insgesamt mindestens 70 000 Deportierten und Konzentrationslagerhäftlingen mitgewirkt hat. Dafür hat er sich zu verantworten.

IV. Rechtliche Würdigung, Strafzumessung und Kostenentscheidung

Der Angeklagte hat während der Zeit der faschistischen Gewaltherrschaft als SS-Obersturmführer bzw. SS-Hauptsturmführer in seiner Eigenschaft als SS-Arzt im Konzentrationslager Auschwitz an der Tötung Zehntausender Deportierter verschiedener Nationalität mitgewirkt und sich dadurch, sowie durch weitere Handlungen, schwerster vorsätzlicher Verbrechen gegen die Menschlichkeit im Sinne des Artikels 6 Buchstabe c des Statuts für den Internationalen Militärgerichtshof (IMT-Statut) als Täter schuldig gemacht.

Die Tatbestände des IMT-Statuts über Verbrechen gegen den Frieden, Kriegsverbrechen und Verbrechen gegen die Menschlichkeit sind [...] als geltendes Recht unmittelbar anzuwenden. Sie wurden formuliert und festgelegt durch die Mächte der Antihitler-Koalition zur Bestrafung derjenigen, die sich an den planmässig und unter systematischem Einsatz der faschistischen Staatsmacht begangenen Massenverbrechen schuldhaft beteiligt hatten. Mit Art. 6 dieses Statuts, das im Abkommen über die Verfolgung und Bestrafung der Hauptkriegsverbrecher der europäischen Achse vom 8.August 1945 festgelegt wurde, sind zunächst lediglich erstmalig in einem völkerrechtlichen Vertrag die Tatbestände, aus denen sich die sachliche Zuständigkeit des Internationalen Militärtribunals für die Aburteilung der Hauptkriegsverbrecher ergab, definiert und festgelegt worden, ohne damit neue Straftatbestände zu schaffen.

Die Verurteilung anderer Personen wegen der gleichen Verbrechen wurde insbesondere durch das Kontrollratsgesetz Nr. 10 anderen Gerichten zugewiesen. Da in diesem Gesetz grundsätzlich die gleichen Tatbestände enthalten waren, und diese, entweder durch Verweisung auf das Londoner Statut oder auch direkt in die entsprechenden Gesetze zahlreicher europäischer Länder aufgenommen wurden, hat Art.6 des IMT-Statuts eine über das konkrete Ziel des Abkommens weit hinausreichende Bedeutung erlangt. Dafür ist von ausschlaggebender

Bedeutung, dass dic in Art. 6 des IMT-Statuts definierten Tatbestände von 26 Staaten als völkerrechtliche Verbrechen anerkannt wurden, dass ihre Allgemeinverbindlichkeit durch die Entschliessungen der UN vom 11. Dezember 1946 und vom 21. November 1947 bestätigt wurde und dass auch die Friedensverträge vom Jahre 1947 in entsprechenden Bestimmungen unzweideutig die völkerrechtliche Verbindlichkeit der dem Art.6 entsprechenden Tatbestände voraussetzen. Aus Art. 6 des IMT-Statuts ergibt sich in entscheidendem Masse und eindeutig der Inhalt der allgemein anerkannten völkerrechtlichen Normen über die Verfolgung von Verbrechen gegen den Frieden, Kriegsverbrechen und Verbrechen gegen die Menschlichkeit.

Für das nationale Strafrecht der Staaten, in welchen ausnahmslos ebenfalls Mord, Körperverletzung, Misshandlung, Raub usw. als Einzelverbrechen für strafbar erklärt sind, ergibt sich daraus, dass die Völker das Recht und die Pflicht haben, solche staatlich organisierten Massenverbrechen, die die Ermordung ganzer Völker, ihre Ausrottung, Ausplünderung und Versklavung zum Ziele haben, als völkerrechtliche Verbrechen im Sinne des IMT-Statuts zu kennzeichnen und abzuurteilen.

Da Art.5 der Verfassung der Deutschen Demokratischen Republik den allgemein anerkannten Regeln des Völkerrechts im innerstaatlichen Bereich unmittelbar Geltung verschafft, sind die Tatbestände des Art.6 des IMT-Statuts als geltendes Recht unmittelbar anzuwenden, ohne dass es eines besonderen innerstaatlichen Gesetzes bedarf.

Im Zusammenhang damit hat der Senat die im Urteil (des Obersten Gerichts der DDR) gegen Globke (vom 23. Juli 1963 – 1 Zst (I) 1/63) vertretene Auffassung aufgegeben, dass neben den Tatbeständen des IMT-Statuts auch Straftatbestände des nationalen materiellen Strafrechts anzuwenden seien. Die vom IMT-Statut erfassten völkerrechtlichen Massenverbrechen unterscheiden sich hinsichtlich ihres Charakters, ihrer Begehungsweise als staatlich geplante und organisierte Massenverbrechen und hinsichtlich ihres Ausmasses prinzipiell von allen anderen Straftaten. Ihre vollständige Erfassung und richtige Charakterisierung ist deshalb allein durch unmittelbare Anwendung der einzelnen Tatbestandsmerkmale des Art. 6 Buchstaben a, b und c möglich. Die Anwendung der auf die Bestrafung individueller Einzelverbrechen gerichteten Straftatbestände des nationalen Strafrechts neben diesen völkerrechtlichen Bestimmungen lässt den jeweils spezifischen Inhalt und die Aufgabe dieser unterschiedlichen Normen ausser Betracht.

Die Anwendung der Tatbestände des nationalen Strafrechts ist auch nicht erforderlich, um aus den in ihnen enthaltenen konkreten Strafandrohungen die Strafe bestimmen zu können. Die in Art. 6 Buchstaben a, b und c des IMT-Statuts beschriebenen Handlungen sind nach allgemein anerkanntem Völkerrecht Verbrechen. Aus der mit Art. 5 Abs. 1 der Verfassung der Deutschen Demokratischen Republik festgelegten Bindung der Staatsgewalt an die allgemein anerkannten Normen des Völkerrechts ergibt sich das Erfordernis, die für derartige Verbrechen allgemein zulässige Strafart sowie ihr Mindest- und Höchstmass aus § 1 Abs. 1 in Verbindung mit §§ 13, 14 und 32 des Strafgesetzbuches zu entnehmen. Der darin für Verbrechen bestimmte Strafrahmen lässt weitgehendste Differenzierung der Strafen zu, ermöglicht aber auch die gerechte Bestrafung schwerster Kriegs- und Menschlichkeitsverbrechen.

Die Handlungen des Angeklagten sind ausnahmslos Verbrechen gegen die Menschlichkeit im Sinne des Art. 6 Buchstabe c des IMT-Statuts. Sie unterscheiden sich in ihrer Begehungsweise von den Einzelverbrechen der allgemeinen Kriminalität dadurch, dass sie als Teil der vom faschistischen Staat zentral durchgeführten Planung und Organisation dieser Massenverbrechen ungeheuerlichen Ausmasses im Zusammenwirken mit vielen anderen begangen wurden und den verbrecherischen Erfolg herbeiführten.

Während insbesondere die Ministerialbürokratie des faschistischen Deutschland und dabei vor allem die Rassen- und Germanisierungsspezialisten wie der Verurteilte Globke die scheinlegale Grundlage für diese Verbrechen lieferten und mit verbindlichen Anweisungen sowohl die zu verfolgenden Opfer, als auch deren Entrechtung bestimmten, wurden sie von anderen wie Eichmann zusammengetrieben, deportiert und schliesslich zum grossen Teil in die Vernichtungslager gebracht, in deren grösstem, in Auschwitz, SS-Verbrecher wie der Angeklagte die letzten Massnahmen zur massenweisen physischen Ausrottung dieser Opfer in Gang setzten.

Die Handlungen des Angeklagten waren ein entscheidender Teil der massenweisen Tötung Deportierter oder anderer Häftlinge des Konzentrationslagers Auschwitz. Die Ausführung der Tötungsverbrechen konnte in diesem Ausmass unmöglich durchgeführt werden, ohne dass auch hier jeweils grössere, nach einem bestimmten Plan handelnde Gruppen von SS-Leuten zu seiner Durchführung eng zusammenwirkten und so gemeinschaftlich den verbrecherischen Erfolg herbeiführten. Der Angeklagte hat in seiner Funktion als SS-Arzt dabei in verschiedener Weise mitgewirkt.

Bei den Selektionen ankommender Transporte Deportierter an der Rampe war es seine Aufgabe bei der Durchführung der Verbrechen zu bestimmen, welche dieser Menschen zur Ausbeutung durch Arbeit nützlich erschienen und welche von ihnen durch das Giftgas Zyklon B zu töten waren.

Die Letzteren, deren Zahl zumeist etwa zwei Drittel, teilweise aber einen noch grösseren Teil der mit einem Transport ankommenden Menschen betraf, wurden unmittelbar nach seiner Entscheidung von anderen SS-Verbrechern streng bewacht der jeweils für ihre Tötung vorgesehenen Gaskammer zugeführt. Nachdem diese geschlossen und verriegelt war, wurde von den sogenannten SS-Desinfektoren schliesslich das Giftgas zur Wirkung gebracht und die Tötung herbeigeführt. Diesem Ablauf sich zu entziehen war nahezu unmöglich, weil die teuflische und häufig perfekte Täuschung der Opfer von diesen entweder nicht oder zu spät erkannt wurde und die strenge Bewachung durch zahlreiche bewaffnete SS-Angehörige jeden Ausbruchversuch verhindert hätte. Die von dem Angeklagten lediglich durch eine Handbewegung vorgenommene „Aussonderung“ der von ihm als nicht arbeitsfähig beurteilten Deportierten war daher in Wirklichkeit eine

Entscheidung, durch welche der Angeklagte die Ermordung dieser Menschen bestimmte und gleichzeitig den für die Ausführung vorgesehenen weiteren Ablauf des Verbrechens in Gang setzte. Diese „Selektionen an der Rampe" sind daher ein notwendiger und wesentlicher Tatbeitrag des Angeklagten zu diesen gemeinschaftlich mit anderen SS-Angehörigen begangenen Tötungen vieler Zehntausender Deportierter, der ihn als Täter kennzeichnet. Diese Beurteilung trifft nicht nur auf die Selektionen zu, die er durch direkte persönliche Bezeichnung der auszusondernden und zu tötenden Personen vornahm, sondern betrifft gleichermassen auch die durch ihm untergeordnete SS-Dienstgrade vorgenommene sogenannte Vorselektion an der Rampe, durch welche Greise, Kinder, Krüppel und Mütter mit Kleinkindern herausgesucht und für den Gastod bestimmt wurden, um ihm die erforderliche schnelle Selektion der verbleibenden Deportierten zu ermöglichen. Diese Vorselektion lag in seinem Verantwortungsbereich. Die von ihr Betroffenen wurden in Kolonnen an ihm vorbei zur Gaskammer geführt. Er billigte die so getroffene Vorauswahl und griff nur in Einzelfällen ein, wenn unter den ihm unmittelbar persönlich vorgeführten sich noch Deportierte befanden, die bei der Vorauswahl dem sofortigen Gastod noch entgangen waren, obwohl sie als nicht arbeitsfähig von vornherein bestimmbar waren. Das ergibt sich auch daraus, dass er einen fünfjährigen Knaben, der ihm zusammen mit seinem Vater zur Selektion vorgeführt wurde, zu den bei der Vorauswahl ausgesonderten Deportierten und mit diesen zur Vergasung schickte.

Durch diese Selektionen ist der Angeklagte der Mitwirkung bei der Ermordung von mindestens 55 000 Deportierten schuldig.

Der rechtlichen Beurteilung der von dem Angeklagten an der „Rampe" vorgenommenen Selektionen sind gleichzustellen seine Selektionen in den Häftlingskrankenblöcken, den Häftlingsunterkünften und aus ein- bzw. ausrückenden Arbeitskommandos der Häftlinge, soweit er sie in Auschwitz I (Stammlager) und in Auschwitz III (Monowitz und Nebenlager) durchgeführt hat. Dabei wurden die von ihm als nicht mehr arbeitsfähig bezeichneten und damit zu tötenden Häftlinge fast ausnahmslos listenmässig erfasst, isoliert und unter strenger Bewachung ihrer Vernichtung zugeführt. Seine Entscheidung bedeutete für die von ihm Ausgesonderten in aller Regel den Gastod. Im gleichen Sinne ist er strafrechtlich verantwortlich für die von den SS-Sanitätsdienstgraden (SDG), insbesondere in den Aussenlagern von Auschwitz III vorgenommenen Selektionen. Sie führten damit durch, was er ihnen übertragen und vorpraktiziert hatte und wie es ihrer gemeinsamen Ideologie entsprach: Aussonderung und Vernichtung der nicht mehr Arbeitsfähigen. Er ist deshalb – unbeschadet der strafrechtlichen Verantwortlichkeit der die Selektion unmittelbar ausführenden SDG – auch insoweit als Täter schuldig, und zwar unabhängig davon, ob er für die Selektionen detaillierte Richtlinien gab, ob seine Anweisung allgemein gehalten war oder ob er den SDG bei den Selektionen freie Hand liess.

Seine Mitwirkung bei der Tötung von mindestens 5400 Deportierten in der als Sauna getarnten Gaskammer, in der Gaskammer des Krematoriums II und bei der Tötung des Häftlingssonderkommandos ist ebenfalls als gemeinschaftlich mit den anderen daran beteiligten SS-Angehörigen begangen zu beurteilen. Erst das Zusammenwirken der die verschiedenen Aufgaben verwirklichenden SS-Angehörigen konnte bei diesen Massenverbrechen den verbrecherischen Gesamterfolg herbeiführen. Ob sie den Häftlingstransport und die Selektionen absicherten, ob sie die für den Tod Bestimmten bewachten, um zu gewährleisten, dass sich keiner dem ihm zugedachten Schicksal entzieht, ob sie die Türen der Gaskammer hinter den Menschen verschlossen, die Zyklon-B-Kristalle in die Gaskammer warfen, oder ob sie wie der Angeklagte, als SS-Arzt darüber wachten, dass keiner der Mörder beim Umgang mit dem Gas während der Verbrechensausführung Schaden an Gesundheit oder Leben nimmt, immer waren das notwendige Teilhandlungen, die sich gegenseitig bedingten und für den verbrecherischen Gesamterfolg unentbehrlich waren. Das zeigt sich, was die Beaufsichtigung der „Desinfektoren" durch den Angeklagten betrifft, darin, dass diese Mitwirkung durch den jeweils diensthabenden SS-Arzt bereits in der

Planung des organisatorischen Ablaufs der Vergasung vorgesehen war, dass der ehemalige Kommandant des Konzentrationslagers Auschwitz Höss, aus Anlass von Vergiftungserscheinungen, die bei einem dieser „Desinfektoren“ aufgetreten waren, in einem Sonderbefehl auf bestehende und bei den Vergasungen zu beachtende Richtlinien sowie darauf hinwies, dass der Standortarzt bei deren Nichtbeachtung die „Verantwortung für Unglücksfälle“ ablehne. Das ist aber auch daraus erkennbar, dass die Mitwirkung von SS-Ärzten bei der Vergasung von Deportierten entfiel, als eine Gefährdung der „Desinfektoren“ bei der Anwendung des Giftgases durch technisch-organisatorische Massnahmen ausgeschlossen werden konnte.

Soweit nicht eindeutig festgestellt werden konnte, dass der Angeklagte auch bei der Vernichtung eines Transportes aus Norwegen Deportierter die SS-„Desinfektoren“ beaufsichtigt hat, besteht seine Beteiligung an ihrer Ermordung darin, dass er mit gezogener Pistole den Ausgang des Krematoriums absicherte.

Soweit der Angeklagte als SS-„Arzt“ in mindestens 71 Fällen unterschriftlich bestätigte, dass gegen den Vollzug der Prügelstrafe an Häftlingen keine Bedenken bestehen, ist auch das ein notwendiger Bestandteil der Ausführung dieser Misshandlungen, denn ohne seine Entscheidung, die – wenn auch zur Täuschung der Öffentlichkeit – vorgeschrieben und auf entsprechenden Formularen nachzuweisen war, hätten sie nicht durchgeführt werden können.

Der Angeklagte ist somit hinsichtlich aller ihm zur Last gelegten Straftaten als Täter schuldig.

Der Angeklagte hat in ungeheurem Umfange an dem vom faschistischen Gewaltregime geplanten und durchgeführten Völkermord teilgenommen und insgesamt mindestens 70 000 unschuldige Opfer, darunter viele Kinder, Greise und Frauen, die aus vielen Ländern Europas gewaltsam verschleppt und nach Auschwitz gebracht wurden, für den Tod bestimmt. Diese Verbrechen des Völkermordes waren eine der grausamsten Formen der Begehung des Mordes. Sie vollzogen sich schrittweise von der Entrechtung der Betroffenen über die Misshandlung bis zur qualvollen Tötung und wurden aus faschistischen Rassen- und Völkerhass, den niedrigsten Beweggründen begangen. Alle diese Handlungen sind deshalb Verbrechen gegen die Menschlichkeit (Art. 6 Buchstabe c IMT-Statut).

Soweit es in Einzelfällen nicht zur Tötung der von ihm ausgesonderten Häftlinge gekommen ist, weil die internationale Solidarität und die im Konzentrationslager bestehende Widerstandsorganisation der Häftlinge das unter Einsatz ihres eigenen Lebens verhindern konnten oder weil die politische Abteilung der SS in der Leitung des Konzentrationslagers aus besonderen Gründen einzelne Häftlinge von der Vernichtung zunächst ausnahm, befreit das den Angeklagten nicht von strafrechtlicher Verantwortung. In diesen Fällen war sein Wille ebenso auf die Vollendung des Verbrechens, die Tötung der betreffenden Häftlinge gerichtet als in den anderen. Die ohne sein Zutun und sein Wissen unterbliebene Ermordung dieser Häftlinge ist als versuchtes Tötungsverbrechen ebenfalls ein Verbrechen gegen die Menschlichkeit im Sinne der angeführten Bestimmung.

Das gleiche trifft zu auf seine Mitwirkung bei der Anordnung der Prügelstrafe bei Häftlingen. Diese Strafen, die vielfach wegen geringfügiger Handlungen der Betroffenen angeordnet wurden, mit denen diese ihr Leben zu verlängern oder ihr schweres Los zu erleichtern trachteten, sind sowohl wegen des Grundes ihrer Anordnung als auch wegen der Art und Weise ihrer Vollstreckung als unmenschliche Handlungen zu beurteilen.

Alle diese Verbrechen gegen die Menschlichkeit hat der Angeklagte vorsätzlich begangen.

Der Angeklagte hat in dem Bestreben gehandelt, dem faschistischen Regime dienstbar zu sein und dessen Ziele durchzusetzen. Als er in Auschwitz von dem mit ihm befreundeten SS-Standortarzt Dr. Wirths mit dem Mordmechanismus des KZ vertraut gemacht und in seine Rolle als Mörder eingewiesen wurde, hat der Angeklagte, der bereits seit dem Jahre 1933 der faschistischen SS angehörte und 1937 der Nazipartei beitrat, als bewusster Anhänger des Nationalsozialismus und seiner menschenfeindlichen Ideologie die systematische Ermordung und Ausrottung fremder Völker, insbesondere der jüdischen Bevölkerungsteile, schnell als Notwendigkeit anerkannt. Er kannte seit diesem Zeitpunkt auch vollständig den Zusammenhang zwischen seinen Tatbeiträgen, insbesondere den Selektionen und dem nachfolgend von anderen SS-Angehörigen entsprechend den ihnen zugewiesenen Teilhandlungen vollendeten Mord. Er nahm jede Aussonderung als arbeitsunfähig mit dem Bewusstsein vor, dass die Betroffenen getötet werden. Er rechtfertigte diese Verbrechen damals entsprechend der ihm von Wirths gegebenen Einweisung mit dem „Befehl des Führers“ und als „Kampf an der inneren Front“, wie er in der Hauptverhandlung erklärte.

Die Durchführung der Verbrechen war als solche selbst, aber auch schon in ihrer Anordnung und in der Art und Weise, in der sie durchzuführen waren, für jeden, der davon wusste, als verbrecherisch zu erkennen, weil damit gleichzeitig angewiesen wurde, wie die Opfer zu täuschen und die Spuren der Verbrechen über die Fälschung von Totenscheinen bis zur Wegschaffung der Asche der verbrannten Leichen zu beseitigen waren. Der Angeklagte, dem dies alles bekannt war, wusste also auch, dass die gegebenen entsprechenden Befehle verbrecherisch waren. Er kannte entsprechend seiner Erziehung nur zwei Kategorien von Menschen, die Häftlinge, deren Leben er als „geringwertig“ einschätzte und die germanische Herrenrasse.

Der Angeklagte kann sich auch nicht darauf berufen, dass er seine Verbrechen auf Grund ihm persönlich gegebener oder allgemein erlassener Befehle begangen hat. Ein Handeln auf Befehl, das völkerrechtlich und strafrechtlich keinen Rechtfertigungs- oder Strafausschliessungsgrund darstellt, kann zwar als Strafmilderungsgrund berücksichtigt werden. Im vorliegenden Falle steht dem aber schon das ungeheure Ausmass der Verbrechen sowie die Tatsache entgegen, dass der Angeklagte keinen ernsthaften Versuch unternommen hat, sich der Ausführung der Verbrechen zu entziehen. Er hat auch nicht aus Furcht vor Nachteilen gehandelt. Er beging seine Verbrechen vielmehr ausser den in seiner faschistischen Einstellung liegenden Beweggründen auch wegen persönlicher Vorteile, die er darin sah, dass mit der sogenannten Endlösung der Judenfrage auch viele jüdische Ärzte vernichtet wurden, die ihm nunmehr bei seiner späteren Entwicklung als Arzt nicht mehr als Konkurrenten im Wege standen, dass er bei seiner Tätigkeit im Konzentrationslager die Möglichkeit hatte, sich als Chirurg weiterzubilden und dass seine in Auschwitz wohnende Familie vor Bombenangriffen verhältnismässig sicher war.

Der Angeklagte hat, wie sich aus seiner Beurteilung durch den SS-Standortarzt ergibt, „weltanschaulich gefestigt" alle ihm übertragenen „dienstlichen Belange" so restlos ausgefüllt, dass er für die Verwendung in „nächsthöheren oder anderweitigen Aufgaben" geeignet erschien.

Er ist daher in vollem Umfange schuldig.

Da seine Verbrechen in zeitlichem Zusammenhang stehen, stets dem gleichen Ziele dienten und in gleichartiger Weise begangen wurden, liegt eine fortgesetzte Handlung vor.

Die gegen den Angeklagten auszusprechende Strafe ist daher § 1 Abs. 1 StGB zu entnehmen.

Der Angeklagte hat seine schweren Verbrechen im Konzentrationslager Auschwitz in einem Zeitraum von etwa 2 Jahren begangen. Sie sind gekennzeichnet durch gewissenlose Missachtung der Daseinsberechtigung und Würde seiner Opfer aus vielen europäischen Ländern und durch ausserordentliche Intensität. Ausgehend von der Gesamtzahl der von ihm für den Tod bestimmten Deportierten und Häftlinge und ohne Berücksichtigung der ständig steigenden Selektionen an der Rampe sind das monatlich fast 3000 und täglich fast 100 Tötungsverbrechen, an denen er in dieser Zeit entscheidend mitgewirkt hat. Der Mord gehörte zum Alltag seines Lebens.

Angesichts dessen müssen die von der Verteidigung vorgetragenen Gesichtspunkte, dass der Angeklagte nicht Initiator dieser Massenverbrechen, sondern nur einer der Ausführenden war, dass hinter diesen Verbrechen massgeblich auch die am Profit interessierte Industrie des faschistischen Deutschlands stand und der Angeklagte über die ihm aufgetragenen Verbrechen nicht hinausging, zurücktreten. Der

Hinweis auf die Entscheidungen des Obersten Gerichts gegen Oberländer und Globke[5] lässt ausser Betracht, dass bei Fragen der Strafzumessung stets vielfältige Gesichtspunkte zu berücksichtigen sind, von denen die jeweils zutreffenden in ihrem jeweiligen Verhältnis und in ihrer Bedeutung zueinander unterschiedlich zu beurteilen sind. Für den vorliegenden Fall sind von ausschlaggebender Bedeutung das ungeheure Ausmass und die Intensität der Verbrechen des Angeklagten. Sie werden in ihrer Bedeutung für die Bemessung der Strafe auch nicht dadurch beeinträchtigt, dass der Angeklagte in Einzelfällen auf die Einwirkungen der im Geiste des Humanismus tätigen Häftlingsärzte einzelne Häftlinge von einer Selektion zurückstellte. Das geschah weder auf seine Initiative noch aus humanitären Gründen, sondern aus der Erwägung, sich die Unterstützung von als Häftlingsärzten tätigen hervorragenden Kapazitäten und Spezialisten bei seiner eigenen fachlichen Qualifizierung zu sichern.

Wenn auch als Ausgangspunkt der Verbrechen des Angeklagten der deutsche Faschismus angesehen werden muss und er von diesem zum Massenmörder erzogen wurde, so war das aber nur möglich, weil er sich in das System des Faschismus, dessen Leitmotiv die Unmenschlichkeit war, willfährig eingeordnet und bereitwillig den ihm übertragenen Anteil an den unmenschlichen Massenverbrechen zur vollen Zufriedenheit seiner Auftraggeber auf sich genommen hat. Er hat sich damit selbst ausserhalb der humanitären Prinzipien der zivilisierten Menschheit gestellt. Er stand seinen Zehntausenden unschuldigen und wehrlosen Opfern vom Kind bis zum Greis Auge in Auge gegenüber, er hat ihre verzweifelten Schreie und ihr letztes Todesröcheln gehört und kannte kein Erbarmen. Ihn kann auch selbst nur die Todesstrafe[6] treffen.

5 Siehe: DDR-Justiz und NS-Verbrechen. Sammlung ostdeutscher Strafurteile wegen nationalsozialistischer Tötungsverbrechen. Band III. Die Verfahren Nr. 1064–1114 der Jahre 1955–1964. Bearbeitet von Prof. Dr. C. F. Rüter u. a., Amsterdam/München 2003, Verfahren Lfd. Nr. 1087 und 1068.

6 Die Todesstrafe wurde in der DDR erst 1987 abgeschafft.

Wegen des Charakters und der Schwere der von dem Angeklagten begangenen Verbrechen war es erforderlich, ihm gemäss § 32 StGB die bürgerlichen Ehrenrechte auf Lebenszeit abzuerkennen.

Die Entscheidung über die im Verfahren entstandenen Auslagen beruht auf § 353 StPO.

Das Urteil des Obersten Gerichts der DDR gegen den Auschwitz-Arzt Dr. Horst Fischer findet sich in: DDR-Justiz und NS-Verbrechen. Sammlung ostdeutscher Strafurteile wegen nationalsozialistischer Tötungsverbrechen. Band II. Die Verfahren Nr. 1031–1063 der Jahre 1965–1974. Bearbeitet von Prof. Dr. C. F. Rüter u. a., Amsterdam/München 2002. Verfahren 1 Zst (I) 1/66 lfd. Nr. 1060, S. 695–718.

Dienstgradvergleich

Wehrmacht	SS /Waffen-SS	Polizei
Generalfeldmarschall	Reichsführer SS und	Chef der deutschen Polizei
Generaloberst	Oberstgruppenführer	Generaloberst
General	Obergruppenführer	General der Polizei
Generalleutnant	Gruppenführer	Generalleutnant
Generalmajor	Brigadeführer	Generalmajor
–	Oberführer	–
Oberst	Standartenführer	Oberst
Oberstleutnant	Obersturmbannführer	Oberstleutnant
Major	Sturmbannführer	Major
Hauptmann	Hauptsturmführer	Hauptmann
Oberleutnant	Obersturmführer	Oberleutnant
Leutnant	Untersturmführer	Leutnant
Stabsoberfeldwebel	Sturmscharführer	–
Oberfeldwebel	Hauptscharführer	–
Feldwebel	Oberscharführer	Meister
Unterfeldwebel	Scharführer	Hauptwachtmeister
Unteroffizier	Unterscharführer	Rev. O. Wachtmeister
Obergefreiter	–	Oberwachtmeister
Gefreiter	Rottenführer	Wachtmeister
Obersoldat	Sturmmann	Rottwachtmeister
Soldat	SS-Mann	Unterwachtmeister
–	SS-Anwärter	–

Literaturauswahl

Benz, Angelika, Der Henkersknecht. Der Prozess gegen John (Iwan) Demjanjuk in München, Berlin 2011.

Buchheim, Hans/Broszat, Martin/Jacobsen, Adolf/Krausnick, Helmut, Anatomie des SS-Staates. Bd. I: Die SS – das Herrschaftsinstrument. Befehl und Gehorsam. Bd. II: Nationalsozialistische Konzentrationslager 1933–1945. Kommissarbefehl und Massenexekutionen sowjetischer Kriegsgefangener. Judenverfolgung, Olten/Freiburg i. Br. 1965. (6. Aufl. München 1994).

Dirks, Christian, „Die Verbrechen der anderen". Auschwitz und der Auschwitz-Prozess der DDR: Das Verfahren gegen den KZ-Arzt Dr. Horst Fischer, Paderborn u. a. 2006.

Długoborski, Wacław/Piper, Franciszek (Hrsg.), Auschwitz 1940–1945. Studien zur Geschichte des Konzentrations- und Vernichtungslager Auschwitz. 5 Bde., Oświęcim 1999.

Fritz Bauer Institut/Staatliches Museum Auschwitz-Birkenau (Hrsg.), Der Auschwitz-Prozess. Tonbandmitschnitte, Protokolle und Dokumente. DVD-ROM, Berlin 2005 (3. Aufl. 2007).

Gross, Raphael/Renz, Werner (Hrsg.), Der Frankfurter Auschwitz-Prozess (1963–1965). Kommentierte Quellenedition. 2 Teilbde., Frankfurt a. M./New York 2013.

Höß, Rudolf, Kommandant in Auschwitz. Autobiographische Aufzeichnungen. Hrsg. v. Martin Broszat, Stuttgart 1958 (München 1963, 20. Aufl. 2006).

Hoffmann, Hans, „Hast Du diese Tötungen befohlen?" SS-Richter und ihre Ermittlungen in den Konzentrationslagern, Bad Harzburg 1997.

Klee, Ernst, Das Personenlexikon zum Dritten Reich. Wer war was vor und nach 1945, Frankfurt a. M. 2001 (3. Aufl. 2003).

– Auschwitz. Täter, Opfer, Gehilfen und was aus ihnen wurde. Ein Personenlexikon, Frankfurt a. M. 2013.

Langbein, Hermann, Der Auschwitz-Prozeß. Eine Dokumentation, Frankfurt a. M. 1965 (unveränd. Neuaufl. 1995).

Laternser, Hans, Die andere Seite im Auschwitz-Prozeß 1963/1965. Reden eines Verteidigers, Stuttgart 1966.

Naumann, Bernd, Auschwitz. Bericht über die Strafsache gegen Mulka und andere vor dem Schwurgericht Frankfurt am Main, Frankfurt a. M./Bonn 1965 (Gekürzte und bearbeitete Taschenbuch-Ausgabe, Frankfurt a. M. 1968. Mit einem Nachwort von Marcel Atze und einem Text von Hannah Arendt, Berlin 2004).

Renz, Werner, Der 1. Frankfurter Auschwitz-Prozess. Zwei Vorgeschichten, in: Zeitschrift für Geschichtswissenschaft 50 (2002) 7, S. 622–631.

Rüter, Christiaan Frederik, Die Ahndung von NS-Tötungsverbrechen. Westdeutschland, Holland und die DDR im Vergleich. Eine These, in: Claudia Kuretsidis-Haider/Winfried R. Garscha (Hrsg.), Keine „Abrechnung". NS-Verbrechen, Justiz und Gesellschaft in Europa nach 1945, Leipzig/Wien 1998, S. 180 ff.

– (Hrsg.), DDR-Justiz und NS-Verbrechen. Sammlung ostdeutscher Strafurteile wegen nationalsozialistischer Tötungsverbrechen. Bd. II (Oberstes Gericht der DDR. Auschwitz-Arzt Dr. Horst Fischer), Amsterdam/München 2002.

– /Dick W. de Mildt (Hrsg.), Justiz und NS-Verbrechen. Sammlung deutscher Strafurteile wegen nationalsozialistischer Tötungsverbrechen, Bd. XXI (Auschwitz-Prozess), Amsterdam 1970 und Bd. XLIX (Demjanjuk-Prozess), Amsterdam 2012.

Steinbacher, Sybille, … nichts weiter als Mord. Der Gestapo-Chef von Auschwitz und die bundesdeutsche Nachkriegsjustiz, in: Institut für Zeitgeschichte (Hrsg.), Ausbeutung, Vernichtung, Öffentlichkeit. Darstellungen und Quellen zur Geschichte von Auschwitz. Bd. 4, München 2000, S. 265–299.

Steinke, Ronen, Fritz Bauer. Oder Auschwitz vor Gericht. Biografie. Mit einem Vorwort von Andreas Voßkuhle, München 2013.

Wagner, Bernd C., IG Auschwitz. Zwangsarbeit und Vernichtung von Häftlingen des Lagers Monowitz 1941–1945, München 2000.

Warnke, Martin, Zeitgenossenschaft. Zum Auschwitz-Prozess 1964. Vorgestellt von Pablo Schneider und Barbara Welzel, Zürich/Berlin 2014.

Weiss, Peter, Die Ermittlung. Oratorium in elf Gesängen, Frankfurt a. M. 1965.

Werle, Gerhard/Wandres, Thomas, Auschwitz vor Gericht. Völkermord und deutsche Strafjustiz. Mit einer Dokumentation des Auschwitz-Urteils, München 1999.

Wildt, Michael, Generation der Unbedingten. Das Führungskorps des Reichssicherheitshauptamtes, Hamburg 2002.

Winters, Peter Jochen, Bernd Naumann – Die Protokolle des Auschwitz-Prozesses, in: Claudia Fröhlich/Michael Kohlstruck (Hrsg.), Engagierte Demokraten. Vergangenheitspolitik in kritischer Absicht, Münster 1999, S. 254–264.

– Berichterstatter im Auschwitz-Prozess 1963/65, in: Alfred Gottwaldt/Norbert Kampe/Peter Klein (Hrsg.), NS-Gewaltherrschaft. Beiträge zur Historischen Forschung und juristischen Aufarbeitung, Berlin 2005, S. 378–390.

– Der Frankfurter Auschwitz-Prozess. Ein Rückblick 50 Jahre nach dem Urteil, in: Aus Politik und Zeitgeschichte. Beilage zur Wochenzeitung „Das Parlament“ 65 (2015) 16–17, S. 41–47.

Wojak, Irmtrud (Hrsg.), „Gerichtstag halten über uns selbst …“ Geschichte und Wirkung des ersten Frankfurter Auschwitz-Prozesses, Frankfurt a. M. 2001.

– (Hrsg.), Auschwitz-Prozeß 4 Ks 2 / 63 Frankfurt am Main (Katalog), Köln 2004.

– Fritz Bauer 1903–1968. Eine Biographie, München 2009.

Personenregister

Adler, H. G. 52
Althusius, Johannes 8, 235
Ambros, Otto 188, 190 f.
Aschenauer, Rudolf 83
Aumeier, Hans 182

Baab, Heinrich 95
Bacon, Yehuda 56
Baer, Richard 27, 31, 36
Bahr, Egon 9
Baretzki, Stefan 33, 92, 122 f.
Bartsch, Helmut 49
Bauer, Fritz 16, 30, 184
Bednarek, Emil 44, 78, 92, 110–112, 123 f.
Bejlin, Aron 71
Bergstraesser, Arnold 8, 235
Berning, Hermann Wilhelm (Bischof) 71
Best, Werner 79 f.
Bischoff, Heinrich 33, 44, 60, 80
Boger, Wilhelm 31, 32, 36, 45, 50–54, 66, 73, 83, 92, 121, 123, 179 f.
Bonhoeffer, Emmi 57
Bracht, Fritz 149
Brehm (SS-Wirtschaftsprüfer) 178
Breitwieser, Arthur 16 f., 44, 82 f., 91 f., 124
Broad, Pery 32, 34, 36 f., 70, 80, 93, 95, 121, 123
Brühne, Vera 66
Bruns, Heinrich 97
Buchheim, Hans 46
Burger, Wilhelm 117

Caesar, Joachim 48, 126
Capesius, Victor 32, 39, 43, 60, 69, 82, 93, 95, 122, 124, 207
Clauberg, Carl 128, 203
Cyrankiewicz, Józef 65

Demjanjuk, John 10, 17 f.
Diamanski, Hermann 51
Dirks, Christian 113 f., 117
Dönitz, Karl 8, 235
Dürrfeld, Walther 191, 194
Dylewski, Klaus 32 f., 36 f., 69 f., 80, 93, 95, 121, 123

Eichmann, Adolf 7, 12, 16, 38, 66, 159, 218
Erber, Josef 117

Faust, Max 59, 191, 194
Fejkiel, Władysław 71
Fertig, Hans 84
Fischer, Horst 13, 113–117, 185–226
Frank, Willy 43, 70, 80, 82, 93, 95, 122 f.
Friedrich Wilhelm (der Große Kurfürst) 8

Gibian, Rudolf 68 f., 72
Globke, Hans 216 f., 225
Glocke, Nicole 236
Głowacki, Czesław 63
Glücks, Richard 124
Göllner, Gerhard 84
Göring, Hermann 157, 189
Goldmann, Helene 71 f.
Grabner, Maximilian 41, 49, 179 f., 182
Gröning, Oskar 10
Großmann, Hanns 77, 82, 84
Grünspan, Herschel 154
Günther, Ernst 199

Hantl, Emil 44 f., 62, 82, 94, 123 f., 150
Hartjenstein, Friedrich 71
Heinicke, Günter 116
Heydrich, Reinhard 157, 159
Himmler, Heinrich 45, 48, 59, 86, 104, 124–126, 148, 155, 160, 164, 175, 187–189
Hitler, Adolf 8, 10, 54, 85, 117, 148, 153, 155–157, 159, 174 f., 235
Höcker, Karl 31, 36 f., 80, 82, 93, 121, 123
Hodys (Häftlingsfrau) 182 f.
Hofmann, Franz 32, 42 f., 48, 80, 92, 122 f., 168
Hofmeyer, Hans 41, 60, 80, 89–91
Honecker, Erich 235
Höß, Rudolf 27, 36, 41–43, 59 f., 78, 86, 93, 107, 124 f., 148, 159, 168, 175, 182 f., 188, 191, 221
Hotz, Walter 74
Hoven, Waldemar 164

Jugl, Friedrich 84

Kaduk, Oswald 16 f., 32, 39, 43, 45, 60, 66, 69, 73, 84 f., 92, 122 f.
Kalb, Peter 57
Kaltenbrunner, Ernst 103, 159
Kaul, Friedrich Karl 33, 47, 58, 61, 117
Klehr, Josef 32, 40, 44 f., 62–64, 66, 73, 79, 84, 92, 122, 124, 150
Kłodziński, Stanisław 65
Koch, Ilse 164 f.
Koch, Karl 48 f., 163–165
Kral, Jozef 57, 60, 64 f.

Kret, Józef 108
Krummacher, F. A. 99
Kuczynski, Jürgen 47, 58
Kügler, Joachim 78, 82, 86

Langbein, Hermann 52 f., 56
Laternser, Hans 64, 83, 85–87
Lebedjew, Alexej 72
Lechler, Helmut 80 f.
Leeuwarden, Willi 51
Liebehenschel, Arthur 183
Lingens, Ella 50, 52
Lolling, Enno 198, 202
Lübke, Heinrich 77, 90
Lucas, Franz Bernhard 45, 68–73, 76, 80, 83, 85, 93, 98, 122 f.
Luff, Karl 80

Malycha, Andreas 8, 236
Mao Zedong 54
Maurer, Gerhard 194
Mengele, Josef 32, 42, 202
Mielke, Erich 235
Mildner, Rudolf 34, 148 f.
Minssen, Barbara 57
Moll, Otto 111, 209
Morgen, Konrad 6, 13, 48 f., 163, 165, 175, 181, 184
Mulka, Robert 6, 36, 39, 42, 60, 78, 80, 82, 90, 92–94, 121, 123, 161, 184, 229
Müller, Heinrich 159, 180–182
Müller, Hilde 57
Münch, Hans 48
Münch, Wilhelm 47

Nebe, Arthur 179
Neubert, Gerhard 14, 44, 80, 117
Noske, Gustav Adolf 79
Novotny (Prager Journalistin) 51

Oberländer, Theodor 225
Ormond, Henry 33, 72, 82

Palitzsch, Gerhard 42, 125, 143
Pauls, Rolf 89
Pohl, Oswald 86, 178, 183, 187, 190
Preston, George 77 f.

Raabe, Christian 82 f.
Roegele, O. B. 99
Rosenthal, Maryla 50 f.
Rüter, C. F. 13

Schäfer, Wilhelm 186
Schatz, Willi 43, 69, 82 f., 91, 124
Schazar, Salman 89
Scheidel, Leo 51
Scherpe, Herbert 44 f., 62, 82, 94, 123 f., 150
Schlage, Bruno 44, 60, 70, 80, 93, 122 f.
Schoberth, Johann 33, 80, 82 f., 91, 124
Schöttl, Vincenz 211
Schröder, Kurt von 189

Schulz, Erwin 79
Schumann, Horst 203
Schwarz, Heinrich 182
Sehn, Jan 74
Smoleń, Kazimierz 74
Sommer, Martin 164
Stalin, Josef W. 54, 179, 180
Stark, Hans 40, 45, 60, 70, 80, 92, 121, 123
Steinacker, Fritz 84
Steinberg (SS-Wirtschaftsprüfer) 178
Streckenbach, Bruno 80
Streit, Josef 116

Thümmler, Johannes 6, 34, 79, 103–106, 148

Ulbricht, Walter 116

Velsen, Anton van 50
Vogel, Wolfgang 82, 84, 87, 116

Waldeck, Josias Erbprinz zu Waldeck und Pyrmont 164
Wasserstrom, Dounia 56
Wiese, Gerhard 82
Wirsing, Giselher 10
Wirth, Ursula 57
Wirths, Eduard 41, 52, 198 f., 201–204, 211, 213, 222 f.
Wirtzfeld (Landgerichtsdirektor) 95
Wolf, Erik 8, 235
Wolff, Karl 190
Wolf, Markus 8 f., 236
Wolken, Otto 50, 53
Wucher, Albert 99

Znamirowski, Franciszek 111 f.

Lebenslauf von Dr. Peter Jochen Winters

Peter Jochen Winters wurde am 14. Dezember 1934 in Bremen als Sohn eines Kapitäns des Norddeutschen Lloyd geboren. Während des Krieges Schulbesuch im thüringischen Schmalkalden von 1941 bis 1946. Nach Bremen zurückgekehrt, besuchte er das Gymnasium am Barkhof, wo er 1954 das Abitur ablegte. Von 1954 bis 1959 studierte er Wirtschaftswissenschaften, Politische Wissenschaft, Soziologie sowie Rechts- und Staatsphilosophie an den Universitäten Hamburg (1954–1956) und Freiburg im Breisgau (1956–1959). 1957 Diplom-Volkswirt, 1959 Promotion bei den Professoren Arnold Bergstraesser und Erik Wolf zum Dr. phil. mit einer Untersuchung über die Grundlegung der Politischen Wissenschaft im 16. und beginnenden 17. Jahrhundert. (Als Buch: Die „Politik" des Johannes Althusius und ihre zeitgenössischen Quellen, Freiburg 1963). Von 1960 bis 1967 Redakteur der evangelischen Wochenzeitung „Christ und Welt" in Stuttgart, befasst mit Innenpolitik, Schwerpunkte Rechts- und Bildungspolitik. 1966 führte er Gespräche mit dem von Adolf Hitler testamentarisch zu seinem Nachfolger bestimmten Nachfolger Großadmiral Karl Dönitz. Von 1968 bis 1999 war Peter Jochen Winters Redakteur der Frankfurter Allgemeinen Zeitung, für die er auch nach seiner Pensionierung gelegentlich schreibt. Schwerpunkte Innen- und Deutschlandpolitik. Seit 1972 war er Politischer Korrespondent der Zeitung in Berlin, zuständig für West-Berlin und die DDR. Er berichtete unter anderem ausführlich über die ersten Prozesse gegen die führenden Mitglieder der terroristischen „Rote Armee Fraktion" (RAF). Von 1977 bis 1990 war er zugleich auch als ständiger Korrespondent der F. A. Z. in der DDR akkreditiert. Nach dem Ende der DDR beschäftigte er sich mit der juristischen Aufarbeitung von DDR-Regierungskriminalität und berichtete über die Verfahren gegen Mielke, Honecker und die Mitglieder des SED-Politbüros sowie „Mauerschützen". Zudem galt sein journalistisches Interesse dem Aufbau der Neuen Länder, speziell des Landes Brandenburg. Seit 1972 ist Winters Mitglied des „Berliner Presse Club e. V.", dessen stellvertretender Vorsitzender er von 1989 bis 1997 war. Für seine Berichterstattung über den Frankfurter Auschwitz-Prozess (1963–1965) erhielt er 1965 den „Deutschen Journalistenpreis". Er ist Autor wissenschaftlicher Publikationen in Zeitschriften und Handbüchern zur Politik- und Rechtswissenschaft, zur deutschen Rechtsgeschichte, zu Politik und Geschichte der DDR, zur deutschen Einheit und zur Geschichte Berlins. 2009 erschien das von ihm zusammen mit dem Berliner Historiker Andreas Malycha verfasste Buch „Die SED. Geschichte einer deutschen Partei" (Verlag C. H. Beck, München, das von der Bundeszentrale für politische Bildung unter dem Titel „Geschichte der SED. Von der Gründung bis zur Linkspartei" übernommen wurde). Für das 2014 im Mitteldeutschen Verlag erschienene Buch „Im geheimen Krieg der Spionage", das er zusammen mit Nicole Glocke erarbeitete, schrieb er ein 260 Seiten langes biografisches Porträt über den DDR-Geheimdienstchef Markus Wolf. Von 1989 bis 2007 war Peter Jochen Winters Mitglied der Fachkommission zur Gestaltung des Prinz-Albrecht-Geländes – im „Dritten Reich" Sitz der SS-Führung, der Gestapo und des Reichssicherheitshauptamtes – und des Arbeitsausschusses der Stiftung „Topographie des Terrors" in Berlin. Seit 1999 ist er Mitglied des Fördervereins der Gedenkstätte und des Museums Sachsenhausen e. V. in Oranienburg.

Reihe ZeitgeschichteN

Herausgegeben von Sonja Häder und Ulrich Wiegmann

Band 1

Ulrich Wiegmann

Machtprobe

Die Staatssicherheit und der Kampf um die Schule in M…z

ISBN 978-3-936411-21-8

2003 · 160 Seiten · 14,00 Euro

Band 2

Annette Leo

Umgestoßen. Provokation auf dem Jüdischen Friedhof in Berlin Prenzlauer Berg 1988

ISBN 978-3-938690-06-2

2005 · 156 Seiten · 16,00 Euro

Band 3

Heinz Schneppen

Odessa und das Vierte Reich. Mythen der Zeitgeschichte

ISBN 978-3-938690-52-9

2007 · 280 Seiten · 19,00 Euro

Band 4

Sebastian Richter

Norm und Eigensinn. Die Selbstlegitimation politischen Protests in der DDR 1985–1989

ISBN 978-3-938690-62-8

2007 · 223 Seiten · 18,00 Euro

Band 5

Wanja Hargens

Der Müll, die Stadt und der Tod

Rainer Werner Fassbinder und ein Stück deutscher Zeitgeschichte

ISBN 978-3-938690-81-9

2010 · 277 Seiten · 19,00 Euro

Band 6

Angelika Benz

Der Henkersknecht

Der Prozess gegen John (Iwan) Demjanjuk in München

ISBN 978-3-86331-011-0

2011 · 248 Seiten · 19,00 Euro

Band 7

Heinz Schneppen

Walther Rauff. Organisator der Gaswagenmorde. Eine Biografie

ISBN 978-3-86331-024-0

2011 · 232 Seiten · 19,00 Euro

Band 8

Sergei Kropachev

Von der Lüge zur Aufklärung. Verluste durch „Großen Terror“ und Krieg in der sowjetischen und russischen Historiografie

ISBN 978-3-86331-056-1

2011 · 207 Seiten · 19,00 Euro

Band 9

Armin Fuhrer

Tod in Davos. David Frankfurter und das Attentat auf Wilhelm Gustloff

ISBN: 978-3-86331-069-1

2012 · 192 Seiten · 19,00 Euro

Band 10

Markus Roth · Annalena Schmidt

Judenmord in Ostrów Mazowiecka

Tat und Ahndung

ISBN: 978-3-86331-120-9

2013 · 144 Seiten · 16,00 Euro

Band 11

Patricia Pientka

Das Zwangslager für Sinti und Roma in Berlin-Marzahn

Alltag, Verfolgung und Deportation

ISBN: 978-3-86331-159-9

2013 · 239 Seiten · 19,00 Euro

Band 12

Adriaan in 't Groen

Jenseits der Utopie

Ostprofessoren der Humboldt-Universität und
der Prozess der deutschen Einigung

ISBN: 978-3-86331-160-5

2013 · 192 Seiten · 19,00 Euro

Band 13

Matthias Steinbach

Der Fall Hodler

Krieg um ein Gemälde 1914–1919

ISBN: 978-3-86331-197-1

2014 · 125 Seiten · 14,00 Euro